COLECCIÓN
ESTUDIOS PARA LA INTEGRACIÓN REGIONAL

2

TRANSPARENCIA, DEMOCRACIA Y BUENA ADMINISTRACIÓN EN LOS ÁMBITOS ESTATALES Y EN LOS PROCESOS DE INTEGRACIÓN REGIONAL

COLECCIÓN
ESTUDIOS PARA LA INTEGRACIÓN REGIONAL

2

TRANSPARENCIA, DEMOCRACIA Y BUENA ADMINISTRACIÓN EN LOS ÁMBITOS ESTATALES Y EN LOS PROCESOS DE INTEGRACIÓN REGIONAL

Dirección

Carlos Francisco Molina del Pozo

Catedrático de Derecho Administrativo y Catedrático Jean Monnet «Ad Personam» de Derecho de la Unión Europea, Universidad de Alcalá de Henares (Madrid). Presidente IELEPI. (España) Titulo «Nuevos elementos a considerar para redefinir un concepto actual de democracia en la Unión Europea».

Coordinación

Liliana Bertoni

Abogada, Profesora. Universidad de Buenos Aires (UBA) Facultad de Derecho, Directora del Departamento de Publicaciones IELEPI.

Jamile Bergamaschine Mata Diz

Profesora de la Facultad de Derecho de la Universidad Federal de Minas Gerais. Directora del Centro de Excelencia Europeu UFMG. Doctora en Derecho Público/Derecho Comunitario por la Universidad Alcalá de Henares - Codirectora del Departamento de Publicaciones IELEPI.

COLEX 2024

© Editorial Colex, S.L.
Calle Costa Rica, número 5, 3.º B (local comercial)
A Coruña, 15004, A Coruña (Galicia)
info@colex.es
www.colex.es

I. S. B. N.: 978-84-1194-626-1
Depósito legal: C 1309-2024

ÍNDICE DE AUTORES

- **Aída Kemelmajer**. Premio Konex de Brillante a la personalidad distinguida en el área de las humanidades 2016. Académica de número de la Academia Nacional de Derecho de Bs. As. (Argentina); doctora honoris causa de la Universidad de París XII y Montpellier en Francia, de las universidades argentinas de Buenos Aires, Litoral, Rosario, Córdoba, Tucumán, Cuyo, entre otras. Ex jueza de la Suprema Corte de la provincia de Mendoza, Argentina.
- **José Javier J. Fernandez Fernandez**. Miembro de la función pública europea en la Secretaría General del Parlamento Europeo y cosecretario de la Asamblea Parlamentaria Euro-Latinoamericana (EuroLat) desde su creación en 2006 hasta 2021. (Bruselas)
- **Elizabeth Accioly**. Doctora en Derecho Internacional, Universidad de Sao Paulo (Brasil), Profesora Asociada de la Universidad Europea de Lisboa (Portugal).
- **Pedro Rodrigues Duarte**. Administrador jurídico de la Unidad de Transparencia, Dirección General de la Presidencia, Parlamento Europeo (Bruselas).
- **Jaime Rodríguez-Arana Muñoz**. Catedrático de Derecho Administrativo en la Universidad de La Coruña. Preside el Foro Iberoamericano de Derecho Administrativo. (España)
- **Juan Miguel de la Cuétara Martinez**. Catedrático de Derecho Administrativo, (España)
- **Claudia Storini**. Directora Doctorado en Derecho, Universidad Andina Simón Bolivar. Sede Ecuador, en coautoría con Gustavo García Brito, (Ecuador)
- **César Montaño Galarza**. Abogado, Rector de la Universidad Andina Simón Bolivar, (Ecuador)
- **Miguel Ángel Ciuro Caldani**. Profesor honorario de la Universidad Nacional de Rosario. Profesor Emérito de Derecho de la Integración de la Universidad de Buenos Aires (UBA). (Argentina)

- **Carlos Francisco Molina del Pozo**. Catedrático de Derecho Administrativo y Catedrático Jean Monnet «Ad Personam» de Derecho de la Unión Europea, Universidad de Alcalá de Henares (Madrid). Presidente IELEPI. (España)
- **Liliana Bertoni.** Profesora Universidad de Buenos Aires (UBA) Facultad de Derecho, Presidenta de la asociacion de Estdios de integración, Secretaria Académica Unión de Parlamentarios del Mercosur (UPM). Secretaria Legal y Técnica Bloque Argentino UPM. Directora del Departamento de Publicaciones IELEPI. (Argentina).
- **Jamile Bergamaschine Mata Diz**. Dra. en Dereito, Profesora UFMG, Diretora do Centro de Excelencia Europeu Jean Monnet UFMG, en Coautoria con Alana Carvalho Miranda: Mestranda em Direito na Universidade Federal de Minas Gerais. (Brasil).

SUMARIO

PRESENTACIÓN DEL TEMA DE LA OBRA

(Pág. 15)

Dra. Liliana Bertoni

Armado del proyecto 15
La evolución del concepto de democracia 16
Deterioro de las democracias modernas 17
La democracia y la transparencia 19

PRÓLOGO

(Pág. 21)

Dra. Aida Kemelmajer de Carlucci

Prólogo 21

CAPÍTULO I. BUENA GOBERNANZA, TRANSPARENCIA Y RENDICIÓN DE CUENTAS DEMOCRÁTICAS EN LA UNIÓN EUROPEA

(Pág. 25)

Pedro Rodrigues-Duarte

Buena gobernanza, transparencia y rendición de cuentas democráticas en la Unión Europea 25

CAPÍTULO II.
LA LÓGICA INSTITUCIONAL COMO RECURSO IMPRESCINDIBLE EN LAS UNIONES SUPRAESTATALES. EL CASO DE LA U.E.

(Pág. 37)

Juan Miguel de la Cuétara Martínez

Presentación 38

2.1. Aproximación al objeto de estudio: las instituciones en los tratados europeos 39

2.2. La prevalencia de la lógica orgánica sobre la institucional en los Estados miembros y en la Unión. Visión global 40

2.3. Situación en los Estados Miembros 41

2.4. Situación en la Unión Europea 42

2.5. Valoración de ambas situaciones 43

2.6. La confiabilidad de las instituciones como sostén de la seguridad y el progreso de las entidades supranacionales 44

2.7. El caso de la democracia representativa en los Estados miembros 45

2.8. El caso de las políticas sectoriales de la U.E. 46

2.9. Pensamiento institucional y cultura jurídica: un reciente alegato a favor de su integración 48

2.10. Consideraciones finales 48

Referencias bibliográficas 49

CAPÍTULO III.
NUEVOS ELEMENTOS A CONSIDERAR PARA REDEFINIR UN CONCEPTO ACTUAL DE DEMOCRACIA EN LA UNIÓN EUROPEA

(Pág. 51)

Prof. Dr. h. c. (mult.) Carlos Francisco Molina del Pozo

Introducción 52

3.1. La división de poderes 53

3.2. El Estado de derecho como exigencia en la normativa comunitaria 58

3.3. La situación del Estado de derecho en algunos países miembros de la Unión Europea 59

3.4. La exigencia de un escrupuloso cumplimiento de los derechos fundamentales en la Unión Europea 64

3.5. La democracia europea 68

3.6. Papel adecuado a la modernidad de los partidos políticos 71

Bibliografía 74

CAPÍTULO IV.
LA NUEVA ARQUITECTURA DEMOCRÁTICA DEL PARLAMENTO EUROPEO Y EL FUTURO DE LA UE

(Pág. 75)

Elizabeth Accioly

Introducción 76
4.1. Respeto de los valores de la UE 77
4.2. Incumplimiento del artículo 7 del TUE: el caso de Hungría y Polonia. 81
4.3. La democracia en la UE 84
Conclusión 86
Referencias 88
Legislación 88
Jurisprudencia y comunicaciones 88
Sentencias del TJUE 88
Prensa consultada 88

CAPÍTULO V.
PROTECCIÓN DE LOS DERECHOS HUMANOS COMO BASE DE LA DEMOCRACIA EN LOS PROCESOS DE INTEGRACIÓN

(Pág. 91)

Claudia Storini
Gustavo García Brito

5.1. La Unión Europea y la protección de los derechos humanos 92
5.2. El reconocimiento, protección y garantía de derechos en la Comunidad Andina 98
Conclusiones 107

CAPÍTULO VI.
DEMOCRACIA, TRANSPARENCIA Y BUENA GOBERNANZA EN EL DIÁLOGO POLÍTICO PARLAMENTARIO BIRREGIONAL ENTRE LA UNION EUROPEA Y AMERICA LATINA Y EL CARIBE

(Pág. 109)

José Javier J. Fernández Fernández

6.1. Principios democráticos en los sistemas de integración regional en Europa y América Latina, retos internos y enemigos comunes en el conflicto sistémico que enfrenta a los sistemas democráticos con los autocráticos y totalitarios 111
6.2. 50 años de democracia y transparencia en el dialogo político parlamentario birregional entre la Unión Europea y América Latina 117

6.3. La Asamblea Parlamentaria EuroLat como máximo exponente de la regularidad y transparencia del diálogo político parlamentario birregional frente a la discontinuidad y opacidad del diálogo ministerial y la diplomacia tradicional . . . 125
6.4. Asimetría en la composición, forma de elección y competencias de los diversos parlamentos que componen la Asamblea EuroLat y buena gobernanza . . . 134
6.5. Conclusiones . . . 138
Bibliografía . . . 141
Monografías . . . 141
Obras colectivas . . . 141
Artículos de revista . . . 142

CAPÍTULO VII. LA BUENA ADMINISTRACIÓN EN EUROPA

(Pág. 145)

Jaime Rodriguez-Arana

7.1. Introducción . . . 146
7.2. ¿Qué es una buena Administración? . . . 148
7.3. Principales características de la buena Administración pública . . . 151
7.3.1. Centralidad de la persona . . . 151
7.3.2. Apertura a la realidad . . . 152
7.3.3. Metodología del entendimiento . . . 152
7.3.4. Promoción de la participación . . . 153
7.3.5. Vinculación ética . . . 156
7.3.6. Innovación y sociedad del conocimiento . . . 160
7.3.7. Sensibilidad social . . . 163
7.4. El derecho ciudadano a la buena Administración pública . . . 164
7.5. Conclusiones . . . 180
Bibliografía . . . 182

CAPÍTULO VIII. EDUCACIÓN PARA LA INTEGRACIÓN JURÍDICA EUROLATINOAMERICANA

(Pág. 185)

Miguel Angel Ciuro Caldani

8.1. Ideas básicas . . . 186
8.2. Análisis de la educación para la integración . . . 192
8.2.1. Educación para la integración jurídica en general . . . 192
8.2.1.1. Educación respecto a la dimensión sociológica de la integración . . . 192

8.2.1.2. Educación respecto a la dimensión normológica de la integración . . . 197
8.2.1.3. Educación respecto a la dimensión dikelógica de la integración 198
8.2.2. Educación para las especificidades de la integración . . . 201
8.2.2.1. Educación para las especificidades materiales . . . 201
8.2.2.2. Educación para las especificidades espaciales . . . 203
8.2.2.3. Educación para las especificidades temporales . . . 203
8.2.2.4. Educación para las especificidades personales . . . 203
8.2.3. Educación para la estrategia de la integración . . . 204
8.3. Conclusión . . . 205

CAPÍTULO IX. ORDENAMIENTOS JURÍDICOS DE LA INTEGRACIÓN EN SUDAMÉRICA: DIVERSIDAD Y COMPLEJIDAD

(Pág. 207)

César Montaño Galarza

Introducción . . . 208
9.1. El ADN de los procesos de integración . . . 209
9.2. El derecho de la integración en Sudamérica . . . 210
9.3. La Comunidad Andina, organización internacional de integración y su ordenamiento jurídico supranacional . . . 213
9.4. El derecho de la integración en el caso del proceso de integración andino 219
9.5. Situación actual y perspectivas del ordenamiento jurídico de la integración en Sudamérica . . . 223
9.6. Comentarios finales . . . 227
Bibliografía . . . 230
Normativa . . . 231

CAPÍTULO X. DEMOCRACIA E DIREITOS HUMANOS: EUROPA E MERCOSUL

(Pág. 233)

Jamile Bergamaschine Mata Diz
Alana Carvalho Miranda

10.1. Introdução . . . 234
10.2. Democracia e direitos humanos . . . 235
10.3. Democracia nos processos de integração . . . 236
10.3.1. Mercosul . . . 237
10.3.2. União Europeia . . . 239

10.4. Democracia e o acordo de associação mercosul-União Europeia 240
10.5. Conclusões 243
Referências 244

PRESENTACIÓN DEL TEMA DE LA OBRA

Dra. Liliana Bertoni

Armado del proyecto

Cuando iniciamos el estudio del tema que nos propusimos poner bajo análisis en esta obra y recoger los conceptos y opiniones de los diversos autores, profesores, catedráticos y hacedores de la vida diaria en nuestra sociedad de hoy.

Lo hicimos a partir de observar que existe un desdibujamiento de varios de los conceptos aun cuando sus definiciones clásicas siguen vigentes mucho distan de acercarse a la realidad actual.

Es decir, encontramos un distanciamiento entre el significado clásico de conceptos como el de soberanía, gobernanza, democracia entre otros que en muchas ocasiones no condicen con las acciones y los acontecimientos del presente.

Sin embargo, cabe destacar que no estamos ante un acontecimiento nuevo o novedoso, esta situación de distanciamiento se ha reiterado a lo largo del tiempo con los cambios y transformaciones de cada una de las épocas por las que atraviesa la humanidad, y ello hace que tanto las palabras como las áreas conceptuales pierdan en este transcurrir, su significado.

Puede suceder entonces que un término empiece a usarse, como símil o metáfora, para nombrar un concepto alejado de su significado original y ello es muy común, la democracia nos proporciona un claro ejemplo, resulta hoy que la gran mayoría de los países se autodenominan, por alguna razón, democráticos, ¡incluso China! y Venezuela.

En este contexto, si nos acercamos a observar que sucedió con la democracia, podemos destacar dos cuestiones, una de ellas la evolución del concepto de democracia que tuvo relación directa con los cambios de época y los aconteceres políticos y la otra es la existencia de un proceso de deterioro del sistema democrático. Un proceso que se inició ya a finales del siglo pasado y vino evolucionando negativamente hacia el presente siglo en que el sistema democrático se encuentra devaluado ante democracias débiles o de baja intensidad. Lo cual llevo a muchos a hablar de la crisis del sistema democrático.

La evolución del concepto de democracia

La evolución del concepto o conceptualización de la democracia encaminada hacia la búsqueda de un nuevo sistema de gobierno, podríamos sostener que sufrió una evolución acorde a su tiempo de maduración.

El concepto de democracia ha cambiado con el tiempo y formando parte de las ideas de los distintos pensadores en diferentes etapas de la historia y comenzó a definirse más sostenidamente a partir del siglo XX.

Ciertamente la democracia que conocemos hoy en día es muy diferente a la planteada por los filósofos griegos del siglo V. y la democracia actual dista ostensiblemente de la democracia planteada entre el siglo XVII y a lo largo del siglo XVIII en que los devenires políticos provocaron el choque entre la sociedad estamental, caracterizada por el sistema de privilegios legales y políticos, y la nueva sociedad burguesa y capitalista, impulsada por los cambios políticos, sociales, económicos, culturales e intelectuales de esos años que dieron forma a las democracias del mundo moderno y al surgimiento de pensadores como Thomas Hobbes (1588-1679) John Locke (1632-1704) Montesquieu (1689-1755 Voltaire (1694-1778) que entre la teoría liberal de Locke y Montesquieu y la democrática de Rousseau contribuyeron a la evolución de las democracias modernas.

La democracia es un concepto dinámico y como vemos de formación continua que a lo largo del tiempo se ha ido transformando. y adaptándose a los distintos tiempos y circunstancia, tratando de conservar su esencia.

El concepto moderno de democracia surgió en una fase muy corta de la historia, en primer lugar, como consecuencia de la Revolución Inglesa, la Independencia de EEUU y la Revolución Francesa. Durante el transcurso del siglo XVII y principios del siglo XIX germina la idea de la incorporación de la preponderancia de la voluntad popular relacionada a un orden político legítimo.

En lo que respecta a nuestra Región la Carta Democrática Interamericana[1] en su Asamblea General del año 2001, los Estados sostuvieron que la democracia representativa es indispensable para la estabilidad, la paz y el desarrollo de la Región y que uno de los propósitos de la OEA es promover

1 https://www.oas.org/charter/docs_es/resolucion1_es.htm

y consolidar la democracia representativa dentro del respeto del principio de no intervención.

Es decir, más allá de los conceptos generales vertidos en la Asamblea, cada Estado verá la forma más conveniente de implementar los estándares democráticos necesarios para contar con una Administración justa y eficiente, en el convencimiento que el ejercicio de la democracia representativa es la base del Estado de derecho y de los regímenes constitucionales de los Estados Miembros de la Organización de los Estados Americanos.

La democracia representativa se refuerza y profundiza con la participación permanente, ética y responsable de la ciudadanía en un marco de legalidad conforme al respectivo orden constitucional.

Ciertamente si observamos el presente cercano, veremos que la democracia en sus versiones contemporáneas viene enfrentando los cambios introducidos por la globalización, el integracionismo, y la cada vez más influyente participación de la sociedad civil en la relación entre gobernados y gobernantes,

La construcción de la democracia y su desarrollo practico es fruto de una construcción social activa El re posicionamiento de la sociedad civil contemporánea que cada vez con más asiduidad y de distintas formas expresa públicamente sus reclamos y exigencias ha puesto en escena un sujeto de fuerte actuación en la producción de los cambios.

Sujeto, que aun fuera del *stablisment*, participa activamente en las decisiones gubernamentales y cambios en la democracia representativa, la **sociedad civil** es hoy un espacio político, pluralista y moderno de interacción social.

En este contexto se suma hoy el avasallante mundo de la sociedad tecnológica y los cambios comunicacionales y tecnológicos que han modificado totalmente las pautas de actuación tanto de los Estados en sus programas de gestión como en los cuadros institucionales. El panorama político contemporáneo plantea una serie de complejos retos mundiales a las democracias.

Deterioro de las democracias modernas

Las democracias sufren hoy una erosión continua que afecta no solo los órdenes nacionales sino también a los procesos de integración regional iniciados por los Estados, que a pesar de contar en su mayoría con clausulas democráticas, se ven afectados en su operatividad.

En general la época post pandemia marcó un hito negativo en las economías mundiales a lo que se sumó una enorme frustración social en gran parte de los habitantes del planeta, situación difícil de superar que generó cantidad de demandas sociales.

Esta situación en el orden internacional dejo a la vista la ineficacia e ineficiencia de los sistemas y organizaciones internacionales y a la vez puso en evidencia los débiles y vetustos aparatos estatales que, sumado al debilitamiento y fragmentación del sistema de partidos políticos, cada vez más fragmentados y debilitados no pudieron dar respuestas satisfactorias para cubrir las necesidades de la sociedad.

El contexto que rodea las democracias contemporáneas no es el mejor no solo por las circunstancias actuales sino por la aparición de variable que dejan ver un alto grado de deterioro de los estándares democráticos entre ellos el declive normativo de los principios de división de poderes, representación política y el deslucido desempeño institucional son algunos de ellos.

Todos estos factores evidencian la debilidad de los sistemas democráticos y comienza a dificultar la gobernabilidad.

En Latinoamérica el deterioro de las democracias y el malestar de los ciudadanos con el funcionamiento de sus sistemas políticos se asocia, en buena medida, a las dificultades de las instituciones democráticas para promover un desarrollo económico justo y sostenible.

De hecho, uno de los principales problemas estructurales de la Región es la incapacidad de las democracias para impulsar y facilitar ese desarrollo y generar políticas que otorguen bienestar a la población.

Esta situación es lo que algunos autores califican como fenómeno de «fatiga de las democracias» (Manuel Alcántara)[2] o «democracias deprimidas» (Andrés Oppenheimer)[3] y es lo que lleva a autores como Daron Asemoglu, catedrático de la Universidad de Massachuet a lo largo de su extensa obra[4] a explicar las razones por las que han fracasado los países y el debilitamiento de las democracias. Por su parte Steven Levitsky y Daniel Ziblatt en su libro *Como mueren las democracias*[5] sugieren que las democracias de hoy no se acaban como las del pasado por muerte súbita, de un momento a otro, con la irrupción de un régimen autoritario que las sustituye.

Sostiene los autores que en los tiempos que corren la muerte de las democracias es más bien una agonía donde lentamente la vigencia de los principios democráticos se va erosionando imperceptiblemente, Sostienen que en la muerte de las democracias actuales las constituciones siguen formal-

---

2 Los partidos y la fatiga de la democracia, especial referencia al caso de América Latina Manuel Alcántara Sáez* DOI 10.35242/RDE_2019_28_1

3 «Oppenheimer: La "depresión democrática" de América Latina» 11 sept 2021—«Oppenheimer: La "depresión democrática" de América Latina» | Opinión https://t.co/FBZ41JH4xb #Opinión

4 *Porque fracasan los países ,los orígenes del poder, la prosperidad y la pobreza* Daron Acemoglu, James A. Robinson Booket- 97884234189.

5 *Cómo mueren las democracias*, Steven Levitsky y Daniel Ziblatt, Barcelona, Ariel, 2018 ISBN 978-84-344-2770-9

mente vigentes, las instituciones conservan sus nombres y sus edificios, la prensa opera y a simple vista se siente como si no estuviera pasando nada.

Es decir, como sostuvimos en párrafos iniciales de este comentario los instrumentos que sostienen el concepto y sistema democrático siguen intactos, aunque la realidad nos muestra situaciones completamente diferentes.

La aparición de este fenómeno no es privativo de uno u otro continente se verifica tanto en Europa como en Estados Unidos y su onda expansiva se extiende también en América Latina, como muestra de lo que ocurre en América Central y el Caribe, baste solo mencionar países como, El Salvador, Honduras, Nicaragua y Haití y en América del Sur, Venezuela, países en que sus representante son inicialmente elegidos por las urnas y luego se han convertido en autoritarios y autocráticos defraudando las expectativas de sus votantes.

Como vemos en los últimos años investigadores de todas partes del mundo han indagado sobre una preocupación presente que pone bajo análisis las instituciones democráticas y el futuro de la democracia, al menos tal y como la hemos venido entendiendo hasta el momento.

La democracia y la transparencia

En el convencimiento en cuanto a que la democracia continúa siendo la mejor alternativa para enfrentar cualquier transformación es que resulta necesario, introducirse en la revisión del concepto de democracia, fundamentalmente para re diseñar las políticas públicas y como complemento necesario para optimizar los estándares democráticos.

Y es aquí donde surge con fuerza el concepto de transparencia como un instrumento esencial asociado a la profundización de la democracia.

La transparencia como política pública asociada a la profundización democrática, contribuirá a incentivar y promover la buena gobernanza, atendiendo temas como la prevención y combate de uno de los flagelos que azotan a la mayoría de los países que es la corrupción.

Poco a poco en la sociedad contemporánea ha ido tomando relevancia el concepto de transparencia. La transparencia y el derecho de acceso a la información posibilitó la re conversión de aquellos Estados con una visión restringida de la difusión de los actos de gobierno que amparándose en el llamado «secretos de Estado», restringían el acceso a la información a los asuntos colectivos y el conocimiento de los actos de gobierno. Esa postura hizo por mucho tiempo perder legitimidad a la actuación de las administraciones de gobierno.

Hoy las nuevas Administraciones en busca de una buena gobernanza, intentan dar publicidad a sus actos de gobierno y hacer posible que el poder sea más abierto y responsable ante los ciudadanos, intentando que las instituciones estatales no provoquen dudas ni desconfianza sobre la forma en que se manejan los bienes y las políticas públicas.

Esta nueva realidad ha llevado a que en los ámbitos públicos modernos se implementan las vías de comunicación necesarias, con apertura a todas las redes, y se instrumenten las reglas y normas que permitan a los ciudadanos acceder a los bancos de información que producen las instituciones administrativas.

La Transparencia es hoy parte de una nueva dinámica institucional y se encuentra en la base de los valores de la democracia, la transparencia es el camino que permite que el manejo del poder sea accesible a los ciudadanos, es la consolidación del derecho a la información que invocan los ciudadanos en las democracias modernas.

En este sentido, la nueva gobernabilidad de la cual es parte medular la transparencia, da sentido a la reconstrucción institucional del Estado para asegurar el ejercicio democrático de la gestión pública.

En el ámbito de la reconstrucción del Estado, también ocupa un lugar preponderante la gobernanza porque alude de modo directo no sólo al ejercicio del poder, sino a cómo se gobierna la sociedad para que esta se sienta comprendida en el buen gobierno.

La transparencia se inscribe hoy en la lógica de las tendencias democráticas que apuntan a que el poder sea más público y, en consecuencia, más responsable ante los depositarios últimos de sus actos, los ciudadanos. Si incorporamos la transparencia a la buena gobernanza podríamos calificar entonces al poder democrático como un poder responsable donde la efectividad de la gestión no depende solo de sí mismo, sino de las condiciones en que decide someterse a la vigilancia y supervisión de los ciudadanos.

Sobre estas bases es que diseñamos esta obra con el fin de contribuir a tener una visión del modo y la forma en que se conjugan la democracia, la transparencia y la buena gobernanza a modo de contribuir a una sana convivencia.

PRÓLOGO

Dra. Aida Kemelmajer de Carlucci

El Instituto Eurolatinoamericano de Estudios para la Integración proporciona al lector una nueva prueba escrita de sus serios aportes para la construcción de puentes entre Europa y América Latina. Esta vez lo hace con un tema esencial para la consolidación de la democracia y el Estado de derecho, cual es la transparencia y la buena administración, mediante los valiosos aportes de reconocidos profesores de uno y otro lado del Atlántico (Pedro Rodríguez Duarte; Juan Miguel de la Cuétara Martínez; Carlos Francisco Molina del Pozo; Elizabeth Accioly; Claudia Storini, Gustavo García Brito; José Javier J. Fernández Fernández; Jaime Rodríguez-Arana Muñoz, Miguel Ángel Ciuro Caldani, Cesar Montaño Galarza, Jamile Bergamaschine Mata Diz, Alana Carvalho y Liliana Bertoni, coordinadora de la obra).

La desconcertante realidad política de nuestros días es prueba suficiente de la importancia de la temática. En mi opinión, los impactantes resultados de las elecciones en ambos continentes son expresión del descontento de las nuevas generaciones. En la mayoría de los casos, a través del voto, se quejan de gobiernos que, aunque elegidos por la forma constitucionalmente prevista, carecen de transparencia y conocimientos técnicos suficientes para mejorar la vida de los seres humanos y su entorno ambiental.

Por lo tanto, reflexionar sobre la democracia hoy implica interrogarnos sobre qué hemos hecho mal y qué debemos hacer para que los grandes valores que gestaron nuestro sistema de derechos fundamentales vuelvan a poner en el centro, eficazmente, la dignidad de la persona humana.

A lo largo de los diez capítulos de esta obra los autores y la coordinadora de este libro muestran, al mismo tiempo, esperanza y escepticismo, pero los une una idea común; la integración regional sirve para alcanzar ese fin a través de instrumentos renovados como la rendición de cuentas, la lógica institucional, el diálogo (especialmente parlamentario), la educación y hasta el propio concepto de democracia, como lo propone Carlos Molina del Pozo, la persona que más ha trabajado desde el viejo continente para que los latinoamericanos comprendamos el alto valor que tiene integrarnos).

Hay que reflotar la expresión «La democracia vale más que una elección». Hay que impedir que los países se conviertan en una «autocracia electoral» (o sea, un sistema constitucional en el que se celebran elecciones, pero no se respetan las normas y estándares de derechos humanos).

La Justicia regional tiene un gran rol en esta construcción. Diversos artículos de esta obra muestran casos concretos emanados del Tribunal de Justicia de la Unión Europea, del Tribunal Europeo de Derechos Humanos, de la Corte Interamericana de Derechos humanos y, lamentablemente, en menor medida, de las débiles construcciones judiciales del Mercosur. Esos casos sirven para reflexionar sobre las carencias de transparencia en los sistemas judiciales nacionales, que tanto perjudican a los sistemas democráticos, especialmente por la impunidad de la mayoría de los hechos que configuran ilícitos de corrupción.

La acción eficaz de la justicia no es suficiente para revertir la crisis. Hay que actuar sin dilaciones para que todos alcancen un nivel de vida digna, de modo que los derechos económicos, sociales, culturales y ambientales no sean simples declamaciones contenidas en tratados internacionales.

El aumento de la falta de solidaridad hacia los sectores más vulnerables de la sociedad es palmario. La española Adela Cortina acuñó la palabra «Aporofobia», que significa «rechazo al pobre», y la obra publicada bajo su dirección en 2017 lleva por subtítulo «Un desafío para la democracia». Como enseña Gabriel García Márquez en su insuperable *Cien años de soledad*, dar nombre a estos fenómenos es importante para visualizarlos: «El mundo era tan reciente, que muchas cosas carecían de nombre, y para mencionarlas había que señalarlas con el dedo». Es que, en cierta medida, la historia humana consiste en ir poniendo nombres a las cosas para incorporarlas al mundo humano del diálogo, la conciencia y la reflexión. Es imposible indicar con el dedo la democracia, la libertad, la conciencia, el totalitarismo, la belleza, la hospitalidad o el capitalismo, la xenofobia, el racismo, la misoginia, la homofobia, el antisemitismo, la cristianofobia o la islamofobia.

De allí, el rol decisivo que juegan las empresas en la distribución de la riqueza, incluso para la propia supervivencia del sistema capitalista, y la necesidad de que en una economía globalizada haya instrumentos regionales de integración que trabajen con eficacia para controlar y sancionar las prácticas monopólicas perjudiciales para el acceso al consumo sostenible. Como se afirma al final de este libro, la integración, en sus diversas posibilidades, significa avances en la *solidaridad* de un *proyecto vital compartido.*

Con gran acierto, varios artículos de esta obra también señalan la importancia del acceso a la información veraz y al diálogo abierto. En América Latina, el Acuerdo Regional sobre el Acceso a la Información, la Participación

Pública y el Acceso a la Justicia en Asuntos Ambientales en América Latina y el Caribe, adoptado en Escazú (Costa Rica) el 4 de marzo de 2018, es reconocido como un instrumento eficaz no solo para la protección del ambiente, sino para la democracia participativa en general.

Ciertamente, la libertad tan proclamada requiere educación, incluso, para poder analizar la información. La síntesis la expresa con maestría el filósofo Miguel Ciuro Caldani casi al final de este libro: «El humanismo requiere libertad, igualdad y comunidad (para algunos, fraternidad), como lo destacó el lema revolucionario francés. La libertad reclama liberalismo político, la igualdad exige democracia y la comunidad necesita *"res publica"*. Alguien educado tiene mejores condiciones para ser libre y para reconocer su igualdad con los demás y su pertenencia a la comunidad humana. Los procesos de integración intensifican esos requerimientos y los viabilizan. Para la integración hay que educar hacia la libertad, la igualdad y la comunidad».

Es un camino largo, pero parece que es el único posible.

CAPÍTULO I.

BUENA GOBERNANZA, TRANSPARENCIA Y RENDICIÓN DE CUENTAS DEMOCRÁTICAS EN LA UNIÓN EUROPEA[1]

Pedro Rodrigues-Duarte*

Resumen: Este artículo pretende, de forma didáctica, comparada y no exhaustiva, abordar los esfuerzos de la Unión Europea, al igual que de otras organizaciones internacionales y actores nacionales, para valorar aspectos relevantes de la experiencia democrática como la buena gobernanza y la transparencia en los procesos de toma de decisiones.

Palabras-clave: Democracia. Gobernanza. Gestión pública. Transparencia. Acuerdos de la Unión Europea.

* Licenciado pre-Bolonia en Relaciones Internacionales (perspectiva política y cultural) por la Universidad Técnica de Lisboa. Licenciado pre-Bolonia en Derecho por la Universidad Católica de Lisboa. Posgrado en Estudios Europeos (perspectiva política y económica) por la Universidad de Lisboa. Posgrado en Guerra de Información por la Academia Militar de Lisboa. Asesor jurídico del Ministerio de Asuntos Exteriores portugués, actualmente destacado en el Parlamento Europeo como experto nacional.

1 Versión adaptada y actualizada de su ponencia «Buen Gobierno: Ética, Transparencia y Rendición de Cuentas», Universidad de Alcalá de Henares (12 de febrero de 2024). El castellano no es la lengua materna del autor. Este artículo es responsabilidad única y exclusiva del autor y no compromete de ninguna manera cualquiera posición institucional. Mayo 2024.

Abstract: This article aims, in a didactic, comparative and non-exhaustive manner, to address the efforts of the European Union, similar to other international organizations and national actors, to value relevant aspects of the democratic experience such as good governance and transparency in decision-making processes.

Keywords: Democracy. Governance. Public Management. Transparency. European Union agreements.

El llamado buen gobierno es un tema muy actual y transversal en la gestión pública. Sus fundamentos son la democracia inclusiva, participativa, transparente y responsable y su objetivo es la mejoría de la legitimidad y credibilidad de las instituciones públicas, así como el respeto a los derechos humanos y las libertades fundamentales. Podemos decir que la gobernanza es un pilar del Estado de derecho y una garantía de igualdad de oportunidades y de acceso equitativo a bienes y servicios públicos.

La finalidad última del buen gobierno será permitir la buena coexistencia entre los pueblos, ya sea política, antropológica, ecológica, cultural o religiosa, y la cooperación entre actores políticos formales, ya sean Estados, bloques económicos o militares; repúblicas o monarquías.

La transparencia, la integridad y la rendición de cuentas promueven la buena gobernanza tras generar más confianza ciudadana en el proceso de formulación de políticas públicas. También son herramientas políticas muy importantes para prevenir enfermedades del sistema democrático[2], tales como malas prácticas administrativas, corrupción o populismo[3].

Para José Vidal-Beneyto, *«[l]a palabra gobernanza, cuya primera aparición en el siglo XV es francesa bajo la forma de gouvernance, recala en el mundo anglosajón a finales del XVII —Governance— y, desde entonces, es de circulación habitual allí como sinónimo de ejercicio del poder, de actividad de gobierno. De forma inesperada, a mediados de los años ochenta irrumpe con fuerza en los ámbitos institucionales ligados a los problemas del desarrollo, en especial en las organizaciones económicas internacionales, con un significado nuevo y más preciso»*[4].

---

2 «Lo que estamos viviendo no es una crisis, sino la expresión de problemas constantes, enfermedades crónicas de la democracia que están ligadas a su esencia y a la humanidad misma», ha dicho el filósofo Frédéric Worms (leído en https://www.radiofrance.fr/franceinter/podcasts/le-club-des-idees/lire-les-maladies-chroniques-de-la-democratie-du-philosophe-frederic-worms-2963156), aquí, a propósito de su libro *Las enfermedades crónicas de la democracia*, publicado por Desclée de Brouwer. Worms es director de la Ecole Normale Supérieure de Francia y ex-miembro del Comité Consultivo Nacional de Ética de Francia.

3 «El virus del populismo opera prometiendo soluciones demagógicas y fantasiosas que sabe que no puede cumplir. Y a cambio de efímeras satisfacciones presentes, termina siempre por sacrificar el futuro, al debilitar el progreso, las instituciones democráticas y el imperio del Estado de Derecho», ha dicho el ex-presidente de Chile, Sebastián Piñera, en su discurso en la sesión inaugural del 76.° periodo de sesiones de la Asamblea General de la ONU (leído en https://news.un.org/es/story/2021/09/1497112).

4 «Gobernabilidad y gobernanza, Tribuna: Las palabras del imperio (I)», *El País*, 12 de abril de 2002.

Esa tendencia reciente de involucrar las políticas de desarrollo por actores más allá del Estado-nación, tales como empresas, ONG (Organizaciones No Gubernamentales) y autoridades locales o informales, nos ha llevado a la gobernanza híbrida que tratan Francesco Colona y Rivke Jaffe[5]: a partir de sus estudios en Kingston (Jamaica) y Nairobi (Kenya) se han dado cuenta del nuevo contexto de la gobernanza de los recursos naturales, cuya seguridad es proporcionada, respectivamente, por cuadrillas y por milicias de residentes, en un entrelazamiento de actores estaduales y non-estaduales, a través del concepto de organización híbrida y de acuerdos de gobernanza. El valor agregado de esto enfoque parece residir en las líneas difusas entre los diferentes actores implicados.

Volviendo a las instituciones públicas, la noción de integridad implica el uso de sus poderes para fines oficialmente autorizados y públicamente justificados y todo esto también es válido no solamente para Estados, si non para organizaciones tales como el Consejo de Europa y la Unión Europea (UE).

El Consejo de Europa es una organización internacional de cooperación, creada en 1949, un año antes que la primera de las comunidades europeas (la del Carbón y del Acero). Es la institución europea en funcionamiento más antigua y sus objetivos son, esencialmente, políticos: la promoción de la democracia y de la estabilidad política y social en Europa. La dimensión más conocida de su actividad es su contribución a la consolidación de los derechos fundamentales: libertad de expresión, de prensa y de reunión; protección de las minorías, de los niños y de las mujeres; lucha contra el racismo; abolición de la pena de muerte y garantía de protección judicial; defensa de la diversidad cultural.

Todos los Estados miembros de la UE son miembros del Consejo de Europa...

Su Comité de Ministros ha adoptado recientes recomendaciones a los Estados miembros sobre buena gobernanza democrática[6] y democracia deliberativa[7]. La primera se desarrolla en torno a 12 principios-clave y establece como sus fundamentos la protección y promoción de la democracia, el respeto a los derechos humanos y al Estado de derecho, la ética e integridad públicas, la buena administración y la prestación de servicios públicos de calidad. La segunda, tras reconocer que su proceso debe ser legal, justo, transparente, inclusivo, responsable y auditable, establece los principios de

5 COLONA, Francesco & JAFFE, Rivke. (2016). «Hybrid Governance Arrangements». *European Journal of Development* Research (EJDR), 28, 175-183. 10.1057/ejdr.2016.5.

6 Recomendación CM/Rec(2023)5 del Comité de Ministros a los Estados miembros sobre los principios de buena gobernanza democrática (Aprobada por el Comité de Ministros el 6 de septiembre de 2023)

7 Recomendación CM/Rec(2023)6 del Comité de Ministros a los Estados miembros sobre la democracia deliberativa (Aprobada por el Comité de Ministros el 6 de septiembre de 2023).

la democracia deliberativa, tales como supervisión y buena gobernanza, rendición de cuentas y evaluación y aprendizaje.

Estas dos recomendaciones aplican las decisiones que se tomaron en la 4.ª cumbre de jefes de Estado y de Gobierno del Consejo de Europa (Reikiavik, 16 y 17 de mayo de 2023), en concreto en la Declaración de Reikiavik: «unidos en torno a nuestros valores»[8] y en los Principios de Reikiavik para la democracia, en los que los Estados miembros se comprometieron a *«asegurar y reforzar la democracia y la buena gobernanza a todos los niveles en toda Europa»* y a *«permitir y fomentar activamente la participación democrática en los niveles nacional, regional y local a través de elecciones libres y justas».*

También el Consejo de Derechos Humanos de las Naciones Unidas ha definido los atributos esenciales de la buena gobernanza: transparencia, responsabilidad, participación, rendición de cuentas y capacidad de respuesta (a las necesidades de la población). Aunque no exista una definición internacional, parece que «buena gobernanza» incluye: Estado de derecho; respeto de los derechos humanos; legitimidad y pluralismo político; procesos e instituciones transparentes que rindan cuentas; sector público eficiente y eficaz; participación efectiva y empoderamiento político de la población; responsabilidad, solidaridad y tolerancia; equidad; y sostenibilidad[9].

La Comisión de Estadística del Consejo Económico y Social de las Naciones Unidas ha debatido el «Informe del Grupo de Praia de Estadísticas sobre Gobernanza»[10], donde se presentó un resumen de sus actividades recientes y de la orientación de las labores para el periodo 2020-2025, incluyendo los tres pilares en los que se basa su nuevo plan de trabajo (trabajo metodológico, desarrollo de capacidades y promoción) y los nuevos equipos de tareas del Grupo (la no discriminación y la igualdad y la participación en asuntos políticos y públicos).

La OCDE, a través de sus comités de Política Regulatoria y Gobernanza Pública, también se ha dedicado a colaborar con los gobiernos de sus Estados Miembros en el diseño de estrategias e implementación de políticas basadas en hechos (y no en convicciones) que, al fortalecer la buena gobernanza, respondan a desafíos diversos y disruptivos y cumplan con los compromisos a los ciudadanos. Y estos desafíos que hacen que la gobernanza actual sea muy incierta y compleja son, por ejemplo, la economía digital, las tecnologías disruptivas como la robótica, el cambio climático y el invierno demográfico, los flujos de refugiados y migrantes, la ruptura de la confianza pública y

8 Que se puede leer aquí: https://rm.coe.int/4th-summit-of-heads-of-state-and-government-of-the-council-of-europe/1680ab40c1)

9 «El ACNUDH y la buena gobernanza» fue leído en 01.05.2024 aquí: https://www.ohchr.org/es/good-governance/about-good-governance.

10 https://ecosoc.un.org/sites/default/files/documents/2023-10/2022-29-PraiaGroup-S.pdf (53er período de sesiones, de 1 a 4 de marzo de 2022).

las erosiones tributarias. Un ejemplo es la Recomendación de la OCDE sobre Integridad Pública, de 26.01.2017, que ha destacado «promover un sector público profesional, basado en el mérito, dedicado a los valores del servicio público y la buena gobernanza»[11].

¿Y entonces la UE? De las credenciales democráticas de su base constitucional hacen parte las reglas de transparencia, buena administración y participación ciudadana en las decisiones. Sus tratados establecen el principio de una toma de decisiones abierta, que debe llevarse a cabo *«lo más estrechamente posible al ciudadano»* (artículo 10, apartado 3, TUE), y prescribe que tanto a los ciudadanos como a las asociaciones representativas se les debe dar la oportunidad de *«divulgar e intercambiar públicamente sus puntos de vista en todos los ámbitos de la Unión»* (artículo 11, apartado 1, TUE). Estas disposiciones están vinculadas con la obligación de actuar públicamente (artículo 15, apartado 1 y 2, TFUE) y con el derecho de los ciudadanos a acceder a los documentos en poder de las instituciones de la Unión (artículo 15, apartado 3, TFUE).

Uno de los primeros actos relevantes de la Unión en materia de gobernanza fue la Comunicación de la Comisión, de 25/07/2001, sobre «La gobernanza europea - Un Libro Blanco» [ref. COM (2001) 428 final][12]. Según esa Comunicación, la gobernanza europea necesitaba una reforma que acercara los ciudadanos a las instituciones europeas, basada en cinco principios acumulativos: transparencia; participación; responsabilidad; eficacia; coherencia.

Luego en 2003, su Comunicación sobre «Gobernanza y desarrollo» estableció una definición que sigue actual:

> *«La gobernanza se refiere a la capacidad del Estado para servir a los ciudadanos, a las reglas, procesos y comportamientos mediante los cuales se articulan los intereses, se gestionan los recursos y se distribuye el poder ejercido en la sociedad. [...] Como los conceptos de derechos humanos, democratización, el Estado de derecho, la sociedad civil, el poder descentralizado y una buena gestión de las finanzas públicas, una sociedad se convierte en un sistema político más sofisticado y la gobernanza evoluciona hacia una buena gobernanza»*[13].

No se trata aquí de gobernanza empresarial, ni de cadenas de valor sostenibles, ni de responsabilidad social y laboral o por el cambio climático. Esas resultan de las políticas normativas y reglamentarias de la UE, en materia de

---

11 Ref. [C(2017)05]: https://www.oecd.org/gov/ethics/recomendacion-sobre-integridad-es.pdf.

12 V. Diario Oficial C 287 de 12.10.2001.

13 *Comunicación de la Comisión al Consejo, al Parlamento Europeo y al Comité Económico y Social Europeo*, de 20 de octubre de 2003, «Gobernanza y desarrollo» [COM (2003) 615 final], no publicada en el Diario Oficial, pero disponible en https://eur-lex.europa.eu/ES/legal-content/summary/governance-and-development.html

Derecho de empresas. Aquí cuidamos del buen gobierno de la propia UE y de sus asociados.

La creciente demanda de transparencia y acceso a información junto de las instituciones es una exigencia de mayor legitimidad y un deber de rendición de cuentas. La transparencia es *«parte integrante de un principio de gobernanza democrática»*[14]. Esto afecta también la formulación de las políticas la UE (Hillebrandt, Curtin y Meijer, 2014)[15], incluso su importante política comercial, por ejemplo, al hacer públicos los proyectos de negociación de Acuerdos de Libre Comercio (la Comisión Juncker). Para la Comisión von der Leyen, «Hacer el comercio más transparente» ha sido una de sus prioridades[16].

Esta exigencia de transparencia se impone a todos los actores. Por eso, Ostry (*External Transparency In Trade Policy*, 2004)[17] y Coremans[18] hacen una

---

14 BIANCHI A., «On Power and Illusion: The Concept of Transparency in International Law» in *Transparency in International Law* (2013): «No one would ever dare to contest something that is universally perceived as a positive value» (https://academic.oup.com/icon/article/12/3/820/763810)

15 HILLEBRANDT, M. Z., CURTIN, D., & MEIJER, A. (2014). «Transparency in the EU Council of Ministers: An institutional analysis». *European Law Journal*. 20. 10.1111/eulj.12051. Para estos autores, el acceso a documentos y reuniones abiertas por parte del Consejo de Ministros de la UE ha cambiado muchísimo: hasta 1992 no existían disposiciones formales de transparencia; entre 1992 y 2006, aquellas aumentaron significativamente, y desde 2006 estabilizaran. Este desarrollo llevó al cambio de políticas forzado por los recursos de poder de los principales Estados-miembros, por las estructuras sociales y por la presión de actores externos cada vez más influyentes, en particular el Parlamento Europeo. La estabilidad actual se deberá al afianzamiento de las posiciones de la coalición pro-transparencia y de los «escépticos» del Consejo, estos quizás temiendo que la toma de decisiones en el Consejo se vea afectada por demasiada interferencia de las «partes interesadas».

16 The EU trade policy is increasingly confronted with demands for more transparency. This article aims to investigate how transparency takes shape in EU trade policy. First, we operationalize the concept of transparency along two dimensions: a process dimension and an actor dimension. We then apply this framework to analysis of EU Free Trade Agreements (FTAs). After analyzing transparency in relation to FTAs from the perspective of the institutional actors (Commission, Council and Parliament), the different instruments and policies that grant the public actors (civil society and citizens) access to information and documents about EU FTAs are explored by discussing Regulation 1049/2001, which provides for public access to European Parliament, Council and Commission documents, and the role of the European Ombudsman. The article is based on an analysis of official documents, assessments in the academic literature and case-law of the Court of Justice of the European Union. The ultimate aim is to assess current initiatives and identify relevant gaps in the EU's transparency policies. This article argues that the EU has made significant progress in fostering transparency in the negotiation phase of FTAs, but less in the implementation phase [MARX, VAN DER LOO; *Transparency in EU Trade Policy: A Comprehensive Assessment of Current Achievements*, Politics and Governance 9(1):261-271, March 2021].

17 Ed. Group of Thirty, 2004 ISBN 9781567081282 (ISBN10: 1567081282)

18 Evelyn COREMANS (2020) «Opening up by closing off: how increased transparency triggers informalisation in EU decision-making», *Journal of European Public Policy*, 27:4, 590-611, DOI: 10.1080/13501763.2019.1599043

distinción entre transparencia pública e institucional, la segunda al difundir y compartir información entre los actores institucionales. A su vez, la transparencia pública se centra en la relación entre las partes interesadas externas, «el público», por un lado, y las instituciones de la UE (Parlamento, Consejo y Comisión), por otro.

La transparencia se ha visto reforzada, al menos formalmente, con el Tratado de Lisboa tras el fortalecimiento del derecho del Parlamento —la única institución de la UE elegida directamente por los ciudadanos europeos— a ser *«inmediata y plenamente informado»* en todas las fases del procedimiento de negociar y celebrar acuerdos comerciales, bajo artículo 218, apartado 10. También en virtud del artículo 218, apartado 6, letra a), inciso v), TFUE, el PE obtuvo el derecho a dar su consentimiento a acuerdos comerciales, ya que se trata de un ámbito en el que se aplica el procedimiento legislativo ordinario (artículo 207, apartado 2). Pero aquí ha sido un cambio en el equilibrio legislativo-procesual, no de gobernanza.

Al conferirse este derecho al Parlamento, la Comisión y el Consejo deben conocer su posición ya durante las negociaciones para evitar el rechazo del acuerdo en las etapas finales del proceso de ratificación. Y el Parlamento ya lo ha hecho, como en el caso del Acuerdo Comercial de Lucha Contra la Falsificación (ACTA, 2012), del Acuerdo SWIFT (sobre el intercambio con EE. UU. de datos de transferencias bancarias) y del Acuerdo de Asociación con Marruecos sobre pescas (2011).

El Acuerdo de Asociación UE-Mercosur intentó ser más que un acuerdo comercial. La UE se lo pensó estratégicamente como herramienta de actuación más coherente y coordinada en su acción exterior, sea económica sea geopolítica. En el competitivo panorama internacional actual, la UE se ve obligada a repensar los acuerdos comerciales y de asociación, en el contexto de la avasalladora dinámica global Norte-Sur.

Desde este punto de vista, la política exterior de la UE necesitaba de nuevos estándares, tales que sostenibilidad, digitalización, derechos laborales y bienestar animal y, por eso, los «acuerdos comerciales 2.0» van mucho más allá de la simple reducción de aranceles o derechos de aduana y abarcan estándares comunes, certificación de origen, propiedad intelectual, protección de inversiones, contratación pública y mucho más... como buena gobernanza y transparencia.

Las recientes medidas comerciales unilaterales de la UE, como el llamado Reglamento de Deforestación, que prohíbe la importación de ciertos productos originarios de áreas deforestadas, han complicado negociaciones en curso por que, para algunos, la visión de la UE debe irse allá de transacciones económicas o de sermones sobre el futuro del planeta, reconociendo que la globalización es compleja y allí interaccionan factores geopolíticos, ambientales, tecnológicos y otros.

El papel de la UE como potencia normativa internacional y su capacidad para exportar normas de buena gobernanza (en particular, la democracia y la protección de los derechos humanos[19] tales que laborales y ambientales) ha empezado en los años 90 con dos zonas regionales, el Mediterráneo Sur (Marruecos, Argelia, Egipto, Turquía, Jordania, Palestina, Israel) y los Balcanes Occidentales (Bosnia, Serbia, Montenegro, Kosovo). El objetivo fue evaluar el potencial de democratización, favoreciendo procesos de reforma política local o, al menos, fijando un marco de cooperación regional (como la Asociación Euro-mediterránea), basada en mucho más que cuestiones comerciales y financieras sino también seguridad (migración, racismo, xenofobia y terrorismo), desarrollo social y cuestiones culturales (es decir, el dialogo interreligioso).

La estrategia política general de la UE para los Balcanes ha sido fijada en las conclusiones del Consejo Europeo de febrero de 1996, cuando se previó, al lado de una condicionalidad económica para el apoyo regional de la UE, una también política[20]: estabilización de la región, respeto de los derechos humanos y de las minorías y adopción de principios democráticos[21].

Otro ejemplo de cómo la buena gobernanza y la transparencia pueden salvar o matar una alianza es el TTIP (acuerdo de asociación transatlántico de comercio e inversiones) entre la UE y los EE. UU. Además de las preocupaciones (incluso por parte de eurodiputados) sobre el potencial impacto negativo sobre seguridad ambiental, protección del consumidor y estándares alimenticios, muchas partes interesadas se quejaron sobre las negociaciones «secretas», sin informar suficientemente al público. También el CETA (Acuerdo Económico y Comercial Global entre la UE y Canadá) ha puesto en duda el papel de los parlamentos nacionales de los Estados miembros.

19 Del reconocimiento de los derechos de las minorías a la reducción de la corrupción, de la abolición de la pena de muerte a la despenalización de la homosexualidad: v. Heather GRABBE, «How can the EU keep its credibility for accession conditionality to work?» 18 December 2023 (https://www.bruegel.org/newsletter/how-can-eu-keep-its-credibility-accession-conditionality-work). Pero hay quien considere que la política de condicionalidad de la UE es «un delicado ejercicio de equilibrio entre mantener a los países candidatos en el camino de la adhesión y defender los valores fundamentales». Algunos líderes de los candidatos de los Balcanes Occidentales están llevando a sus países cada vez más hacia una dirección autoritaria, estableciendo regímenes antiliberales en la región (Beáta HUSZKA, Zsolt KÖRTVÉLYESI; «EU enlargement policy and human rights» In: *The European Union and Human Rights*. Jan WOUTERS, Manfred NOWAK, Anna-Luise CHANÉ, Nicolas HACHEZ, Oxford University Press (2020). © The Several Contributors. DOI: 10.1093/oso/9780198814191.003.0016).

20 Christian PIPPAN (2004), «The Rocky Road to Europe: The EU's Stabilisation and Association Process for the Western Balkans and the Principle of Conditionality», in *European Foreign Affairs Review*, 9: 219-245.

21 También Lorand Bartels, profesor de Derecho Económico Internacional en la Universidad de Edimburgo, ha estudiado esas nuevas cláusulas de condicionalidad de derechos humanos en los acuerdos de asociación, de comercio o cooperación de la UE. Su finalidad es facultar la UE a tomar medidas apropiadas, incluida la suspensión del acuerdo, en caso de que sean violados los derechos humanos o los principios democráticos: v. BARTELS, Lorand. (2005). *Human Rights Conditionality in the EU's International Agreements*. Oxford University Press. ISBN: 978019927719310.

Muchas de estas dudas se refutan con normas de conducta en las instituciones de la UE. La situación particular del Consejo, compuesto por ministros nacionales cuya conducta —en ausencia de normas comunes de la UE— es regulada por las respectivas normas nacionales aplicables, el Parlamento[22] y la Comisión adoptaron códigos de conducta, es decir, normas específicas en materia de ética, integridad[23] y transparencia que los eurodiputados y los comisarios deben cumplir durante y mismo después de sus mandatos, resaltando el deber de servir únicamente el interés público y de actuar bajo principios rectores sobre, entre otros, cómo prevenir conflictos de intereses, aceptar obsequios y declarar los intereses profesionales y financieros. Los miembros del «staff» de la UE también están sujetos a un conjunto de obligaciones que se establecen en el Estatuto de los funcionarios.

La Unión Europea es un ejemplo de buena gobernanza si la entendemos como la gestión democrática pluridimensional de políticas con el objetivo del desarrollo, interno y externo. La Unión, como actor global que lo es, actúa en consonancia con los Objetivos de Desarrollo Sostenible y la Agenda 2030, sin embargo, el proceso de integración pueda poner en cuestión algunos de esos objetivos[24].

Finalmente, otra componente esencial de la formulación transparente de políticas y normas es el acceso a los documentos (al que ya nos referimos arriba) y los tratados de la UE otorgan a los ciudadanos y residentes de los Estados miembros de la UE el derecho de acceso a los documentos de sus instituciones (artículo 15, apartado 3, del TFUE). Los principios generales que rigen este derecho y sus límites están establecidos en la legislación secundaria[25] y en la jurisprudencia:

- el acceso sólo puede denegarse sobre la base de una de las excepciones previstas en el Reglamento, por ejemplo, la necesidad de prote-

---

22 «En el marco de sus funciones, los diputados al Parlamento Europeo: a) han de adoptar como guía y han de respetar los siguientes principios generales de conducta: actuación desinteresada, integridad, transparencia, diligencia, honradez, responsabilidad y respeto de la reputación del Parlamento [...]» - v. artículo 1 (Principios Rectores).

23 «La integridad pública se refiere a la alineación consistente con, y el cumplimiento de, los valores, principios y normas éticos compartidos, para mantener y dar prioridad a los intereses públicos, por encima de los intereses privados, en el sector público» (definición de la *OCDE* - ver nota al pie 10, arriba).

24 José Ángel Sotillo Lorenzo, «La Unión Europea y la gobernanza global del desarrollo». *Araucaria. Revista Iberoamericana de Filosofía, Política y Humanidades*, vol. 19, núm. 37, pp. 427-454, 2017.

25 Reglamento (CE) 1049/2001 del Parlamento Europeo y del Consejo, de 30 de mayo de 2001, relativo al acceso del público a los documentos del Parlamento Europeo, del Consejo y de la Comisión: «Las excepciones al derecho de acceso a los documentos se basan en una evaluación de los posibles daños que pueda causar su divulgación *(harm test)*»: *cfr. Cuadernos de Derecho Público*, núm. 26 (septiembre-diciembre 2005), La transparencia en la Unión Europea, Carmen Martínez Capdevila, pp 169-193.

ger el proceso de toma de decisiones de las instituciones y el interés público en materia de relaciones externas, seguridad pública y asuntos militares;

- como estas excepciones derogan un derecho constitucional de los ciudadanos, han sido siempre interpretados de manera restrictiva por el TJUE, que sigue aclarando y desarrollando el principio del acceso más amplio posible a los documentos legislativos (v. procesos C-39/05 P y C-52/05 P, Reino de Suecia y Maurizio Turco contra Consejo; T-540/15, De Capitani/Parlamento Europeo).

Teniendo en cuenta la creciente percepción pública de falta de rendición de cuentas del Consejo, en marzo de 2017 el Defensor del Pueblo europeo *(Ombudsman)* abrió una investigación sobre la transparencia del trabajo legislativo del Consejo, al nivel de las instancias preparatorias del Consejo *(working parties)*, y al final consideró que las prácticas administrativas del Consejo constituyan mala administración, recomendando que las posiciones de los Estados miembros quedasen registradas sistemáticamente y que el Consejo fijase criterios claros y públicos sobre la clasificación de los documentos «LIMITE» (aquellos que no deben ser públicos).

Para seguir impulsando la transparencia legislativa en la UE, el Defensor también llevó a cabo una investigación sobre las negociaciones legislativas interinstitucionales de la UE, conocidas como *trilogues* (diálogos tripartitos entre Parlamento, Consejo y Comisión). Como resultado, las tres instituciones fueron llamadas a poner a disposición del público documentos-clave relacionados con esas reuniones tripartitas, sobretodo la llamada *four-column table*. El Tribunal General de la UE fue en la misma dirección en su decisión en el proceso T-540/15, De Capitani/Parlamento Europeo, declarando que el Parlamento debe en principio otorgar acceso, a previa solicitud específica, a los documentos relacionados con los diálogos tripartitos.

Libertad de información o generación de confianza pública han sido buenas razones para la regulación de acceso en la UE a principios de este siglo. Pero como dice Emily O'Reilly, actual Defensora del Pueblo en la Unión, *«Hay información muy importante que no sale a la luz»*[26], no porque no se haga un esfuerzo de transparencia en las instituciones, pero porque, mientras tanto, mucho del trabajo se volvió digital y las personas ya no emiten opiniones y dan instrucciones sólo en documentos formales en papel, sino también oralmente, por teléfono, por correo electrónico, a través de medios de comunicación instantánea (por ejemplo, WhatsApp), entre otras innovaciones que están dado forma al siglo XXI.

26 «Transparency, Interrupted», *EU SCREAM*, el podcast de *EU OBSERVER*, Bruselas, 03.01.2022 (https://euobserver.com/news/ar01451f00)

La Resolución del Parlamento Europeo, de 13 de julio de 2023, sobre el acceso público a los documentos: informe anual para los años 2019 a 2021[27], ha enumerado los principales ejes de este derecho fundamental[28] de los ciudadanos a acceder a los documentos de las instituciones, organismos y agencias que forman parte de la UE[29]: i) la transparencia del proceso de toma de decisiones contribuye para generar confianza en la Unión y atestigua la legitimidad y responsabilidad de la administración; ii) la participación de los ciudadanos y de la sociedad civil en la vida democrática de la UE fomenta la buena gobernanza; iii) el acceso a información rigurosa puede prevenir la desinformación y, en general, el control público de la acción legislativa es otra forma de ejercicio de los derechos democráticos; iv) la denegación del acceso debe estar debidamente justificada y sus límites deben ser interpretados de forma restringida y no amplia (según el TJUE - Tribunal de Justicia de la Unión Europea); v) una futura revisión del Reglamento 1049/2001 deberá tener en cuenta, por ejemplo, la definición de «documento»[30] y los avances tecnológicos, la prueba del interés público y la jurisprudencia del TJUE y del TEDH - Tribunal Europeo de los Derechos Humanos; vi) hay que fijar normas claras y uniformes de registro, clasificación[31], desclasificación, archivo y eliminación de documentos.

Conclusión:

Con sociedades cada vez más calificadas y desafiantes, si no polarizadas, hay repetidos llamados para que las instituciones democráticas se abran más, sean más exigentes en los procesos deliberativos y alineen sus órdenes de trabajo con las expectativas de los ciudadanos, los contribuyentes y los votantes. Estas expectativas apuntan, entre otras ambiciones, a elevar los niveles de integridad, transparencia y rendición de cuentas de sus representantes.

---

27 Ref. 2022/2015(INI). Leer aquí: https://www.europarl.europa.eu/doceo/document/TA-9-2023-0295_ES.html

28 Artículo 42 de la Carta de los Derechos Fundamentales de la Unión Europea: «Todo ciudadano de la Unión y toda persona física o jurídica que resida o tenga su domicilio social en un Estado miembro tiene derecho a acceder a los documentos de las instituciones, órganos y organismos de la Unión, cualquiera que sea su soporte».

29 Seguimos de cerca Una radiografía actual sobre el acceso a los documentos públicos de la Unión Europea, Miguel Ángel Blanes Climent, in *Blog de Transparencia y Gobierno Abierto* (https://miguelangelblanes.com/2024/02/27/una-radiografia-actual-sobre-el-acceso-a-los-documentos-publicos-de-la-union-europea/), consultado en 01/05/2024.

30 Por ejemplo, en la investigación de la Defensora de Pueblo de la Unión a la adquisición por parte de la Comisión de vacunas contra la COVID19 se habrían planteado dudas sobre los mensajes de texto entre la presidenta de la Comisión y el consejero delegado de una empresa farmacéutica.

31 Según datos de esa resolución, de un total de 3.586 documentos añadidos a su registro en 2021, el Consejo clasificó 1.327 documentos legislativos como «LIMITE», pero unos 23,34 % (839 documentos) se han publicado posteriormente tras una solicitud, dando la idea de uso excesivo y quizás desnecesario de aquella clasificación.

Y con la Unión Europea en una encrucijada geopolítica, comercial y social, el cumplimiento de esas expectativas podría ser la salvación de un proyecto que empezó como un proyecto de paz, se convirtió en un mercado interior ejemplar en el mundo y, más recientemente, ha evolucionado hasta convertirse en una casi-federación. Todavía existen algunas diferencias conceptuales entre los veintisiete, mañana quizás treinta y dos (defensa y relaciones exteriores, cohesión y unión de capitales, por ejemplo).

Esperemos que, respecto al modelo de democracia liberal, no suscite tantas vacilaciones como se temía y que los jóvenes que votarán en las elecciones (¿decisivas?) al Parlamento Europeo de 2024 den una señal de que, cuando les llegar el turno de representarnos, no dudarán en profundizar en todos los valores del buen gobierno....

CAPÍTULO II.

LA LÓGICA INSTITUCIONAL COMO RECURSO IMPRESCINDIBLE EN LAS UNIONES SUPRAESTATALES. EL CASO DE LA U.E.

Juan Miguel de la Cuétara Martínez*

Resumen: La presente colaboración trata de determinar si existe alguna tendencia observable en la Unión Europea, paralela a la apreciada en los Estados miembros, según la cual las principales instituciones jurídico-políticas estatales se están degradando por la prevalencia dada en su gestión a la lógica organizativa sobre la institucional.

Un rápido examen de la situación en los Estados y la Unión muestra que, efectivamente, tal degradación se da también en las instituciones comunitarias, y por la misma causa: la desatención a la lógica institucional en la gestión de los problemas que la U.E. ha tenido que afrontar en los últimos decenios.

Dos mini-estudios de caso y el testimonio de un cualificado observador de la cultura jurídica contemporánea confirman lo apuntado. El texto finaliza invitando a los lectores a utilizar con mayor asiduidad la cadena *«observación → aprendizaje → cooperación»* propia de pensamiento institucional, en una invitación cuyo seguimiento permitiría a los constructores de entidades supranacionales en Europa e Iberoamérica una mejor visión de su tarea en el complicado mundo global y posmoderno del s. XXI.

---

* Catedrático de Derecho Administrativo y abogado (R).
c/ Pasaje de Enrique Ruano n.° 2, 3.° izq. 28001 Madrid
jmcuetaramartinez@gmail.com
Tfno. (Es) 629 060768

Sumario: Presentación. 2.1. Aproximación al objeto de estudio: las instituciones en los tratados europeos. 2.2. La prevalencia de la lógica orgánica sobre la institucional en los Estados miembros y en la Unión. Visión global. 2.3. Situación en los Estados Miembros. 2.4. Situación en la Unión Europea. 2,5. Valoración de ambas situaciones. 2.6. La confiabilidad de las instituciones como sostén de la seguridad y el progreso de las entidades supranacionales. 2.7. El caso de la democracia representativa en los Estados miembros. 2.8. El caso de las políticas sectoriales de la U.E. 2.9. Pensamiento institucional y cultura jurídica: un reciente alegato en favor de su integración. 2.10. Consideraciones finales. Nota bibliográfica.

Palabras clave: Estado. Institucionalidad. Instituciones supraestatales.

Presentación

Permítaseme comenzar con un apunte personal. Después de varios años estudiando los límites del Estado y el papel que juegan las instituciones estatales en su determinación, antes o después tenía que prestar atención a las instituciones supraestatales. No sólo para valorar sus efectos en la degradación observada a nivel estatal, sino también en la esperanza de encontrar en ellas algún medio de solución para la misma.

Utilizo conscientemente el calificativo *«supraestatal»* para evitar cualquier pronunciamiento sobre el tipo de unión que deba resultar de la integración europea. Después del fracaso de un proyecto de Constitución en cuyo horizonte aparecía un posible Estado Federal, y de la supresión del término *«comunidad»* de los orígenes, que la CECA y la CEE exhibían con orgullo, sería osado por mi parte poner nombre al resultado del inestable proceso de integración en curso.

Mi atención y lo que ofrezco a los lectores se centra, pues, en las instituciones concretas que están ya en funcionamiento y que aparecen en los tratados constitutivos de la U.E. con *«nombre y apellidos»*, dotadas de una esencia jurídica perfectamente reconocible. Quien desee conocer mi punto de partida, que es la progresiva pérdida de sentido institucional en las instituciones estales, lo encontrará en mis publicaciones sobre los límites del Estado (2019), las instituciones públicas (2021) y la necesaria recuperación de las instituciones (2023), reseñadas en la nota bibliográfica final.

Como seguidamente veremos, mi aportación al IELEPI consiste en un recordatorio de que en toda organización política (las supraestatales lo son) hay una infraestructura orgánica y una superestructura institucional cuya convivencia no siempre es fácil. Cada una de ellas actúa según su propia lógica y, a nivel de Estado, es fácil observar un neto predominio de la organizativa sobre la institucional. Sería deseable que a nivel de la U.E. dicho predominio se suavizase un tanto, aunque, como tendremos ocasión de comprobar, la observación de las instituciones supranacionales no alimenta muchas esperanzas.

2.1. Aproximación al objeto de estudio: las instituciones en los tratados europeos

Estamos hablando de una Unión de Estados con una larga trayectoria a sus espaldas. Construida, como es sabido, a partir de tres comunidades iniciales (las referidas CECA, CEE y Euratom), ha tenido sucesivas ampliaciones, sobre todo tras la disolución de la URSS, con numerosos éxitos y algunos fracasos, tales como el proyecto de Constitución europea o el *Brexit*. A lo que ahora importa, debe destacarse que las instituciones comunitarias han sido y son comúnmente utilizadas en referencia al resultado de los numerosos acuerdos de la Unión adoptados a lo largo de su vida con mejor o peor fortuna.

Actualmente tales referencias están recogidas en el *Tratado de la Unión Europea* (TUE, 1992) y en el *Tratado del Funcionamiento de la Unión Europea* (TFUE, 2007), sobre los siguientes ejes:

TUE:

1. La Unión desarrollará un marco institucional único para su funcionamiento democrático y eficaz (Preámbulo)
2. Las instituciones tienen capacidad de emitir actos obligatorios aplicando los principios de proporcionalidad y subsidiariedad (arts. 4 y 5)
3. Las instituciones aplicarán todos los principios democráticos de la Unión (arts. 9 y ss)
4. El marco institucional de la Unión tiene siete componentes básicos: Parlamento, Consejo Europeo, Consejo, Comisión, Tribunal de Justicia, Banco Central y Tribunal de Cuentas, expresamente regulados en el TUE (arts. 13 y ss)
5. El Tribunal de Justicia puede enjuiciar la validez de los actos adoptados por las instituciones (art. 19)

Basten estos breves apuntes para aceptar que el marco institucional de referencia tiene un importante contenido jurídico-político sustitutivo de la *non nata* constitución europea; ahora bien, tanto el TUE como el TFUE hacen constantes referencias indiferenciadas a las *«instituciones, órganos y organismos»* de la Unión, lo que hace pensar que, además de las siete nominadas expresamente, hay otras en la U.E. con su misma configuración y objetivos. Veamos qué nos dice el segundo Tratado.

TFUE:

- En primer lugar, su extenso texto tiende a unificar la totalidad del aparato operativo de la U.E. bajo la denominación indicada de «instituciones, órganos y organismos» y establece los principios y reglas que deben aplicar sin diferenciar su carácter orgánico o institucional.
- Y, en segundo lugar, las constantes referencias a las «instituciones» (que aparecen 58 veces en su texto) desprenden un nítido aroma a preocupaciones organizativas y procedimentales imposible de ocultar.

Para muestra, un botón. Los arts. 223 y ss del TFUE contienen las *«Disposiciones institucionales» que afectan a* los siete grandes centros decisorios definidos en el TUE y sus relaciones recíprocas. Tras lo cual el art. 288 fija los medios a utilizar, que son los cinco tipos de actos jurídicos el él contemplados: reglamentos, directivas, decisiones, recomendaciones y dictámenes. Todo ello da lugar a un prolijo desarrollo de carácter orgánico, que contrasta fuertemente con el modo liviano con que se afronta la ordenación de los aspectos de carácter más institucional en los arts. 295 y 296:

> Art. 295.- El Parlamento Europeo, el Consejo y la Comisión llevarán a cabo consultas recíprocas y organizarán de común acuerdo la forma de su cooperación. A tal efecto y dentro del respeto de los tratados podrán celebrar acuerdos institucionales que tendrán carácter vinculante.
>
> Art. 296.- Cuando los Tratados no establezcan el tipo de acto que deba adoptarse, las instituciones decidirán en cada caso conforme a lo procedimientos aplicables y el principio de proporcionalidad.

La igual consideración entre *instituciones,* de un lado, y *órganos y organismos*, de otro, de la estructura operativa de la Unión se confirma en numerosos preceptos del TFUE. P. ej., el art. 266, al establecer la posibilidad de plantear ante el Tribunal de Justicia cualquier caso de inactividad culposa del Parlamento, el Consejo Europeo, el Consejo o la Comisión, añade:

> El presente artículo se aplicará, en las mismas condiciones, a los órganos y organismos de la Unión que se abstengan de pronunciarse

Lo que se reafirma al apreciar la capacidad del Tribunal de Justicia de examinar prejudicialmente los actos adoptados por las *instituciones, órganos u organismos de la Unión* con cualquier motivo (art. 267).

Cabría seguir aportando muestras de la equiparación entre *«instituciones»* y *«organismos»* en el Derecho originario de la Unión, pero no parece necesario. Lo que nos interesa es determinar si las instituciones comunitarias están sufriendo el mismo deterioro derivado de su incorporación al aparato orgánico de los Estados y observable en éstos, para lo cual necesitamos conocer al menos lo esencial de este proceso.

2.2. La prevalencia de la lógica orgánica sobre la institucional en los Estados miembros y en la Unión. Visión global

Como es sabido, la lógica organizativa tiende al reparto del poder, sea en forma de competencias y atribuciones, sea de personal, fondos y medios. Consecuencia inevitable de ello es que, tanto los Estados como las entidades supranacionales, acaban dotados de organizaciones de gran complejidad. El punto crítico surge cuando apreciamos que el reparto tiene límites, especialmente al afectar a valores humanos de cierta envergadura, que es precisamente donde la Unión Europea tiene formulada su mayor apuesta.

Pensemos, por ejemplo, en el problema de la distribución de la población en el interior de la U.E. La creación de una ciudadanía y pasaportes europeos no plantearon mayores problemas al ser gestionados por los Estados miembros bajo el principio de subsidiariedad. La libre circulación tampoco presentó mayores complicaciones al ser opcional para los Estados. Los verdaderos problemas surgieron con la ola de inmigrantes llegados a la Unión por distintos caminos, legales e ilegales, que fue cuando los dirigentes europeos sintieron la necesidad de construir auténticas instituciones de acogida.

La solución inicial —orgánica— del reparto voluntario de esta población entre los Estados miembros no funcionó. Por una parte, sobrecargaba de tareas a los Estados-frontera y, por otra, era muy ingenua: las personas no son paquetes distribuibles mediante técnicas logísticas. La pronta intervención de ONGs de protección de los derechos humanos acabó poniendo de relieve la insuficiencia de la repuesta comunitaria/estatal a un problema que afecta de lleno a los derechos fundamentales que la U.E. pretende servir.

Adquirida la conciencia de la necesidad, emergió la de su dificultad. Construir instituciones no es cuestión de *«querer»* hacerlo sino de *«saber»* hacerlo. Lo cual es fácil de decir, pero difícil de conseguir, cuando hay tantas voluntades e intereses en juego. De hecho, en esta materia las instituciones europeas tienen que articularse —al menos— con:

a) Las autoridades nacionales del control de fronteras.

b) La política europea común del derecho de asilo.

c) La agencia de la ONU para los refugiados (ACNUR)

d) Las ONGs actuantes en el sector.

Todo lo cual nos pone sobre aviso de que necesitamos saber algo más del remedio aquí postulado, el pensamiento institucional, si queremos que su introducción en la urdimbre del Derecho de la Unión resulte eficaz.

2.3. Situación en los Estados Miembros

Para abreviar, transcribiré aquí tres de las conclusiones de mi última publicación sobre la materia: *Escritos sobre la recuperación de las Instituciones*, Reus Madrid 2023, págs 152-153. Las siguientes:

1. *El Estado de derecho es, por definición, un Estado limitado, y por naturaleza, un ávido creador/acaparador de instituciones.*

2. *La ocupación del aparato del Estado por un entramado político-burocrático con intereses ajenos a los institucionales está generando una intensa manipulación de las instituciones estatalizadas, de gravedad creciente.*
3. *Es necesario recuperar el correcto funcionamiento de las instituciones estatalizadas. La vía para ello es activar la cadena «lógica → inteligencia → conocimiento» institucionales en todas y cada una de ellas, asentando en lo posible su garantía constitucional.*

La dinámica política española confirma las conclusiones transcritas. Tomemos como muestra los partidos políticos, de vida institucional cada día más pobre, enzarzados en un *«juego de tronos»* de incierto final. En sus continuos enfrentamientos aprovechan todos los recursos del Estado a su disposición, sin especial respeto a la necesaria *«contención institucional»*; en este caldo de cultivo, la manipulación de las instituciones brota por sí misma.

Tal manipulación tiene dos características principales: la primera, el intenso uso de la lógica organizativa, con prevalencia sobre la institucional; y, la segunda su canalización a través de estructuras orgánicas cada vez más opacas, pese a su preconizada transparencia formal. De hecho, la instrumentación política de la organización pública suele producirse por medios ocultos que solo afloran aquí y allá en los casos de corrupción que devienen públicos. La consecuencia es clara: algo falla en la dinámica de nuestro Estado de Derecho en el que la prevalencia de lo organizativo y la opacidad de las estructuras auténticamente decisorias dan lugar a una vida institucional muy pobre.

Todos los Estados miembros de la Unión Europea comparten dichas prevalencia y opacidad, con independencia de su tamaño y población. Lo cual hace pensar que una Unión de 27 Estados de distintos tamaños y conformación presentará un panorama similar. Dicho de otro modo: el desequilibrio entre los aspectos organizativos y los institucionales en el seno de la U.E. tendrá las mismas características que el observado en sus Estados miembros; al fin y a la postre, son de la misma naturaleza profunda, sin perjuicio de reconocer la diferencia entre el Derecho Internacional Público que sostiene la U.E. y el Derecho Público Interno de los Estados. Veámoslo.

2.4. Situación en la Unión Europea

La Unión Europea es, en primer lugar, una organización de Estados soberanos nacida de la voluntad concorde de sus miembros para la gestión en común de las áreas así definidas en los tratados (principio de atribución). En segundo lugar, nace con una estructura orgánica propia conscientemente limitada frente a la de los Estados miembros (principios de proporcionalidad y subsidiariedad). Y, por último, está dotada de un marco institucional en el que toman cuerpo los principios y valores de la Carta de los Derechos Fundamentales de la Unión del 2000 y dentro del que actúan las instituciones previstas en el TUE.

A nivel de intenciones está claro que los constructores de la Unión han tratado de minimizar la carga burocrática derivada de la superposición de su propia organización político-administrativa a la de los Estados miembros. Su intención primigenia era ofrecer a la ciudadanía europea un espacio de *libertad, seguridad y justicia sin fronteras interiores* (art. 3,2 TUE), y de hacerlo *por los medios apropiados* (art. 3,5 TUE) esto es, con un correcto equilibrio entre lo orgánico y lo institucional, digno de encomio.

Ahora bien, del mismo modo que en los Estados miembros la pérdida del sentido institucional de la acción pública se extendió subrepticiamente mediante múltiples decisiones orgánicas, así también en la Unión Europea la prevalencia de lo organizativo sobre lo institucional está penetrando por diversos caminos más o menos disimulados.

Algunos de ellos son fácilmente comprensibles: el rápido proceso de ampliación del número de Estados miembros hasta los veintisiete actuales, elevó al primer nivel de atención las cuestiones organizativas, dándose por supuesto que la implantación de acervo jurídico común tardaría un tiempo en asimilarse. Y la complejidad a la que inevitablemente tienden las relaciones internacionales, generó nuevas técnicas operativas, entre las que destaca la *«comitología»*, encargada de articular las actuaciones de la Unión y de los Estados miembros en todo tipo de situaciones.

Otros tienen que ver con las nuevas normas requeridas por la existencia en el seno de la Unión de muy distintas estructuras estatales, determinadas por la evolución histórica y social de cada país, con distintos niveles de centralización o descentralización, individualismo o colectivismo etc.

Por último, la dinámica política contemporánea ha generado una notable tendencia a remodelar una y otra vez el complejo orgánico-institucional de la Unión, coincidente con una cierta insatisfacción ante las repuestas de los Estados contemporáneos a los desafíos de la globalización y la posmodernidad. Con lo cual las cuestiones organizativas han acabado centrando la atención de nuestros dirigentes de un modo casi obsesivo y adquirido la prevalencia aquí denunciada.

2.5. Valoración de ambas situaciones

Si el carácter *«acaparador de instituciones»* del Estado contemporáneo se proyecta sobre sus distintas agrupaciones, lo razonable sería reconsiderar la prevalencia de lo orgánico sobre lo institucional en ambos casos; ¿es aplicable una solución de este tipo a las situaciones descritas?

Desde luego, lo es, aunque con algunos matices. El primero de ellos es que, en las organizaciones multinacionales, los equilibrios de poder entre voluntades políticas son de corto plazo y escaso aliento, poco atentos a visiones institucionales de amplia proyección. En otros términos, el omnipresente ciclo *«confrontación-colisión-conflicto»* de la política desbanca en ellas al institucional *«observación-aprendizaje-cooperación»* que daría solidez a las acciones comunes proyectadas.

Una segunda particularidad es que la lógica organizativa, con sus repartos de poder, tiende a incorporar soluciones dañinas para las instituciones pese a su aparente inocuidad. De hecho, las reformas políticas de mayor fuste acaban tomando la forma de *«reorganizaciones»* en las que nadie recuerda la necesidad de mantener una vida institucional sana.

Finalmente, y para no alargarme, debo observar que la lógica institucional está muy próxima a la lógica jurídica y que ésta, en las organizaciones supranacionales, conduce a la generación de un ordenamiento jurídico común de indudable valor. En el caso de la Unión Europea se trata del acervo jurídico comunitario (el *acquis communitaire*), al que en mi opinión es muy necesario aplicar la conclusión elaborada en uno de mis escritos precedentes para los Derechos nacionales:

> La lógica institucional, pariente próximo de la lógica jurídica, debe ser incorporada a la urdimbre del Derecho público y aplicada por funcionarios y tribunales en razón al respeto debido a las instituciones.

Véase: *Las instituciones públicas. Una mirada al armazón del Estado,* Libro elect. de libre acceso en www.hayderecho.com (pg. 200).

Conviene insistir en que cuanto queda dicho tiene sentido una vez reconocida la necesidad de articular entre sí las lógicas implicadas, tanto en los Estados como en las organizaciones supraestatales, cualquiera que sea la forma que éstas últimas adopten. Seguidamente centraré la atención en ellas.

2.6. La confiabilidad de las instituciones como sostén de la seguridad y el progreso de las entidades supranacionales

En diversas ocasiones he escrito que la inteligencia institucional es de carácter distribuido y práctico, generada en común para sostener la cooperación entre desconocidos en las sociedades civilizadas. Esto es cierto tanto en pequeñas comunidades como en todo tipo de agrupaciones supranacionales y de ahí mi apelación ahora al buen uso de la lógica que requieren.

La palabra clave es *«cooperación»*. La expresión *«institucionalizar»* implica la creación de pautas de comportamiento comunes en grupos humanos duraderos, que se puede producir con o sin una cabeza visible, pero que, en todo caso: a) han de contribuir la seguridad y progreso del grupo; y, b) han de regirse por una lógica debidamente equilibrada con la jurídica y la organizativa en la crispada situación actual de la vida política.

La cuestión se complica al observar que ahora tenemos tres lógicas en juego: la jurídica, la organizativa y la institucional, junto a la política, que las sobrevuela a todas. Por fortuna disponemos de un criterio sólido para priorizar su uso: en el caso de la Unión Europea consiste en su apuesta decida para ofrecer a sus ciudadanos paz, seguridad, justicia y progreso tras las convulsiones sufridas en las guerras y crisis económicas del S. XX. Pues bien, una vez establecida esta finalidad, se hace patente la necesidad de trabajar más las lógicas institucional y jurídica, ante la manipulación de la organizativa y los crecientes desencuentros a que da lugar la actual dinámica política.

En este punto hay que ser claros. La población europea desconfía notablemente de sus dirigentes políticos, como acreditan los sondeos demoscópicos de los últimos decenios, y ha visto demasiadas reformas organizativas inútiles de los centros de poder como para confiar en ellas. Pero sigue estimando la seguridad y progreso que la ofrece la Unión, aunque, para ser exacto, debería decir *«que le ofrecen las instituciones de la Unión»*.

Pues bien, lo que aquí postulo es simple: si necesitamos recuperar/reforzar la aplicación de la lógica institucional para corregir la deriva de la U.E. hacia colisiones políticas cada vez más violentas, debemos dotarnos de un mejor conocimiento concreto de lo que esta lógica significa. En el epígrafe siguiente mostraré brevísimamente lo que quiero decir a través de un caso concreto de nivel estatal, complementado en el ulterior con otro de nivel europeo.

2.7. El caso de la democracia representativa en los Estados miembros

Las instituciones democráticas son componentes indispensables tanto del Derecho de la Unión como del de los Estados miembros: su buen funcionamiento es esencial para disponer de un ordenamiento jurídico eficaz y una convivencia pacífica. Esto está fuera de toda discusión. El totalitarismo o el fundamentalismo religioso son excepciones al margen de los derechos humanos fundamentales. Es cierto que, además de la representativa, hay otras formas de democracia (directa, asamblearia, por sorteo...), utilizables por grupos humanos reducidos o para decisiones específicas (un plebiscito, un referéndum...); pero también lo es que, a nivel de Estado o comunidades superiores, la representativa es la adecuada a nuestras sociedades, que deben normativizar e institucionalizar sus complejos mecanismos electoral, informativo, de opinión y creencias etc, de los que depende la convivencia.

Aquí está el *«quid»* de la cuestión: acabo de decir que lo que se debe *normativizar* son los detalles de la vida democrática y es bien sabido que en los detalles está el peligro. La evolución de la política contemporánea nos ha hecho penosamente conscientes de que todos los diseños normativos que cabe imaginar pueden usarse para introducir sesgos ilegítimos en los procesos democráticos; de hecho, en la lógica organizativa actual el peso de las consideraciones tácticas para encaminar el poder en un sentido u otro es abrumador; la encargada de evitarlo es la lógica institucional que pierde impulso a pasos agigantados.

En España lo hemos comprobado en numerosas ocasiones, sobre todo tras haber introducido un elevado policentrismo en nuestro Estado autonómico. Para muestra un botón. Antes incluso de la Constitución de 1978, tras las elecciones derivadas de la Ley de Reforma Política (1977), la primera legislatura democrática del Congreso exigió un mínimo de 15 diputados para constituir grupo parlamentario propio, lo que dejó sin él a muchos votantes cuya presencia era apreciable tan solo en su circunscripción.

Ello llevó a las minorías catalana y vasca, que no alcanzaban el mínimo exigido, a integrarse en un grupo mixto único con el que perdían notoriedad y voz en la cámara. Obviamente, Convergencia y Unión y el Partido Nacionalista Vasco reaccionaron vivamente contra esta situación, y tres meses después consiguieron su grupo parlamentario propio, con 13 y 8 diputados respectivamente.

La unidad precedente, aunque un tanto forzada, tenía sentido institucional —desanimar un excesivo regionalismo, estimular políticas compartibles— pero desapareció a través de una medida aparentemente inocua: al fin y al cabo ¿qué representa un grupo parlamentario más o menos?

El problema es que, hoy, España es uno de los países europeos en los que el separatismo y el secesionismo llevan la voz cantante, sin nada que ver con la Europa de las Regiones soñada por algunos hace varias décadas, y con un indisimulado proceso de debilitación de la unidad estatal por las fuerzas independentistas.

Otro supuesto equivalente lo tenemos en la no sustitución de los cargos directivos del Consejo General del Poder Judicial español durante varios años, en un notable bloqueo orgánico producido al margen de cualquier consideración institucional. Se trata de una disfunción de la democracia representativa muy clara, en la que la apelación a las autoridades europeas no resuelve el problema.

Pero hay otros casos que nos están esperando en la Unión Europea y es hora de examinar alguno de ellos.

2.8. El caso de las políticas sectoriales de la U.E.

Desde sus orígenes, la U.E. ha tratado de establecer un espacio común de justicia y bienestar en su territorio dotando a sus ciudadanos de cuatro libertades fundamentales: libre circulación de personas, mercancías, capitales y servicios. La institucionalización de este gran propósito se ha venido procurando a través de instrumentos tales como el mercado único o mercado interior, la moneda única (el euro), el impuesto único (el IVA, junto a algunos especiales) y la libertad de comercio e industria. Y, como de lo que se trata es de actuar sobre la realidad, todo ello se acaba concretando en diversas políticas sectoriales que podemos considerar como *«Europa en Acción»*.

Las autoridades de la U.E. canalizan su actuación al servicio de estos fines mediante agendas estratégicas con diversas prioridades (cuatro para el Consejo y seis para la Comisión), de las cuales las del período 2019-2024 están a punto de finalizar. Su lectura en la página web oficial de la U.E., deja claro que, efectivamente, se trata de fijar objetivos y gestionar recursos activando un complejo aparato administrativo, a cuyo fin las grandes políticas sectoriales sirven de guías básicas.

Fijémonos, por ejemplo, en las cuatro prioridades del Consejo para 2019-2024.

- Proteger los ciudadanos y las libertades.

- Desarrollar una base económica sólida y dinámica.

- Construir una Europa climáticamente neutra, ecológica, justa y social.

- Promover los intereses y valores europeos en el mundo.

- Se trata, efectivamente, de planteamientos político-organizativos, al servicio de los cuales deberán ponerse todas las instituciones de la Unión. La primera prioridad, por ejemplo, tiene el siguiente contenido:

> «Garantizar un control efectivo de las fronteras exteriores de la UE y seguir desarrollando una política migratoria global. Luchar contra el terrorismo y la delincuencia transfronteriza/en línea, aumentando la resiliencia de la UE frente a los desastres naturales y antropogénicos».

La mera lectura de estas líneas nos conduce al mundo organizativo de la determinación de objetivos y la asignación de medios, donde existen muchas variantes. La construcción, p. ej., de una Europa *«climáticamente neutra»* admite muchas configuraciones distintas, no solo a nivel europeo sino estatal o regional, mientras que el control de fronteras requiere su tratamiento unificado.

A lo que ahora interesa, lo realmente trascendente es que toda política sectorial europea trae consigo un aparato jurídico-organizativo que acaba prevaleciendo sobre la visión institucional de la acción emprendida. Sirva de muestra la Red Natura 2000, cuyo último *«marco de acción prioritaria»* en España (período 2021-2027) ha acabado convertido en un simple plan de financiación.

Es suficiente. No se trata de resolver todas y cada una de las cuestiones que afloran, sino de indicar el camino a seguir; las instituciones jurídico-políticas europeas seguirán dando que hablar durante mucho tiempo.

2.9. Pensamiento institucional y cultura jurídica: un reciente alegato a favor de su integración

No quiero acabar esta pequeña aportación a los *Estudios para la Integración Regional* del IELEPI sin al menos una mínima referencia al reciente libro de Christian Starck *«Instituciones y Derechos»* (Ed. Olejnick, Santiago de Chile, 2022, 203 págs). Su autor hace en él una encendida defensa de los logros de la cultura jurídica en la que ha desarrollado su ya larga vida (nació en 1937), que es la alemana integrada en la europea. Ni que decirlo tiene, los ladrillos de esta cultura son las instituciones que aquí nos ocupan y están siendo afectados por lo que Starck denomina *«extravíos y perversiones del Derecho»*.

Sin entrar en los problemas de fondo filosóficos o políticos derivados de la idea de cultura jurídica *común* o *compartida*, debo señalar que lo que preocupa a Starck es precisamente el escaso sentido institucional que he venido denunciando en mis últimas publicaciones. Es la carencia de lógica institucional y la politización de las grandes y pequeñas cuestiones de la vida en común, aquí denunciadas. Insisto en lo dicho párrafos atrás: *«el peligro está en los detalles»*.

El simple nombramiento espurio de un cargo político de segunda fila, por mucha lógica organizativa que tenga (p. ej. al garantizar su fidelidad en un punto concreto de la cadena jerárquica), es repudiable en cuanto implique un deterioro institucional apreciable. Quizá a la *«cultura jurídica»* general le pase desapercibida la extensión de este tipo de conducta en aplicación de la regla *«de minimis»*; pero el pensamiento institucional no debe, en modo alguno, pasarla por alto, atendiendo al daño que dicho precedente puede causar en el futuro.

2.10. Consideraciones finales

Cuando se emplean palabras de sentido tan amplio como las que acabo de usar *(«cultura jurídica», «instituciones» o «extravíos del Derecho» etc)* es fácil incurrir en una cierta polisemia, involuntaria la mayoría de las veces. De hecho, el elemento principal de las ideas aquí propuestas, consistente en incrementar la aplicación de la lógica y el pensamiento institucionales, probablemente haya resultado a muchos lectores excesivamente genérico. Permítanseme unas últimas consideraciones al respecto.

En primer lugar, vaya en mi descargo que aporto referencias directas a varios trabajos míos recientes, incluido uno de acceso gratuito, donde expongo mis tesis con algo más de extensión y con análisis de casos de imposible incorporación aquí.

En segundo término y como expongo en la introducción, lo que he tratado de hacer es una mera llamada de atención sobre un problema concreto que tiene muchas facetas, expresamente en lo relativo a la *«integración jurídi-*

co-política» de las comunidades de naciones europeas y —no se olvide— iberoamericanas. Las culturas jurídicas compartidas en una y otra afrontan problemas propios (los residuos de la descolonización en Iberoamérica o la *«locomotora» alemana en Europa, p. ej.*) que obviamente no han podido ser abordados.

Por último, debo advertir que las cadenas *«confrontación → colisión → conflicto»* de la pugna política y *«observación → aprendizaje → cooperación»* de la dinámica institucional, tienen un gran potencial de desarrollo dentro del Derecho contemporáneo; la primera, para frenarla; y, la segunda, para impulsarla, que queda apenas apuntado en las páginas precedentes y que, en la medida de mis fuerzas, procuraré abordar en alguna próxima ocasión.

Referencias bibliográficas

En cuanto a bibliografía, los interesados tienen a su disposición:

1. *Por lo que hace a las Instituciones*: los trabajos indicados en los índices onomástico y temático de mi libro *Límites del Estado. Un ensayo sobre lo público y lo privado* (Reus, Madrid, 2019, 239 págs); las referencias hechas en la bibliografía adjunta a mi publicación electrónica «Las Instituciones Públicas. Una mirada al armazón del Estado» (*hayderecho.com*, 2021, 211 págs); y las recogidas en el anexo bibliográfico de mis recientes *Escritos sobre la recuperación de las instituciones* (Reus, Madrid, 2023, 164 págs.).
2. *En lo atinente a las Comunidades y Unión Europea*: la amplísima documentación disponible en Internet, sobre todo en la procedente de webs oficiales, así como la recogida en los textos de Derecho Europeo al uso. Entre estos últimos no puedo dejar de mencionar el *Manual de Derecho de la Comunidad Europea* del presidente de IELEPI y buen amigo, Carlos F. Molina del Pozo, cuya sexta edición es de 2022.

Personalmente guardo en mi biblioteca la primera edición de su manual de 1987 (565 págs.), todavía útil para recordar los pasos iniciales de una Unión permanentemente «in fieri»; para la problemática más reciente puede añadirse la reciente publicación dirigida por el mismo autor *Hacia la construcción de un verdadero proyecto federal para la Unión Europea* (Colex, 2023, 500 págs).

CAPÍTULO III.

NUEVOS ELEMENTOS A CONSIDERAR PARA REDEFINIR UN CONCEPTO ACTUAL DE DEMOCRACIA EN LA UNIÓN EUROPEA

Prof. Dr. h. c. (mult.) Carlos Francisco Molina del Pozo*

Resumen: Desde hace unos años la Unión Europea se encuentra inmersa en un momento delicado para las democracias de los Estados miembros, el incesante proceso de globalización experimentado, especialmente, por Occidente, ha conducido a un aumento preocupante de los partidos políticos de carácter populistas, principalmente, de extrema derecha, que frente a los partidos convencionales, los cuales parecen no saber responder a los nuevos desafíos imperantes, optan por ofrecer a los ciudadanos propuestas demagógicas, que se manifiestan y llevan a cabo, esencialmente, a través del socavamiento progresivo de la democracia, el Estado de derecho y los derechos más fundamentales de una gran parte de los ciudadanos europeos.

Ante este fenómeno es necesario replantear estos nuevos elementos, para redefinir el concepto de democracia, así como proponer nuevas herramientas para su defensa.

* Catedrático Emérito de Derecho Administrativo y Catedrático Jean Monnet «ad personam» de Derecho de la Unión Europea.
Universidad de Alcalá.
Presidente del Instituto Eurolatinoamericano de Estudios para la Integración (IELEP).

Summary: for some years now, the European Union has been going through a delicate moment for the democracies of its member states. The relentless process of globalization experienced, especially in the West, has led to a concerning rise of populist political parties, mainly of the far-right. Faced with conventional parties that seem unable to respond to the new prevailing challenges, these populist parties opt to offer citizens demagogic proposals. These are essentially manifested and carried out through the progressive undermining of democracy, the rule of law, and the most fundamental rights of a large portion of European citizens.

Given this phenomenon, it's necessary to reconsider these new elements to redefine the concept of democracy and propose new tools for its defense.

Palabras clave: democracia, División de Poderes, Estado de derecho, Partidos políticos, Unión Europea, Ciudadanía europea, Derechos Fundamentales, Derecho de la Unión Europea.

Keywords: democracy, Separation of Powers, Rule of Law, Political Parties, European Union, European Citizenship, Fundamental Rights, European Union Law.

Sumario: Introducción, 3.1. La División de Poderes, 3.2. El Estado de derecho como exigencia en la normativa comunitaria, 3.3. La situación del Estado de derecho en algunos países miembros de la Unión Europea, 3.4. La exigencia de un escrupuloso cumplimiento de los Derechos Fundamentales en la Unión Europea, 3.5. La democracia europea, 3.6. Papel adecuado a la modernidad de los partidos políticos.

Introducción**

Una primera cuestión fundamental que debe plantearse gira en torno a la definición del concepto de la democracia. Así, podemos entender la democracia en sentido estricto, como la toma de decisiones por parte de la mayoría. Sin embargo, creemos que es necesario rechazar con rotundidad, que la democracia sea solo esto, más aún, cuando algunos Estados europeos, hace no tantos años, llevaron a cabo auténticas atrocidades contra determinadas minorías de la población, argumentando que se hacían teniendo en cuenta que ellos actos en los que se basaban gozaban de la aprobación de la mayo-

** El autor quiere manifestar su agradecimiento a Cristian Magro Valencia, colaborador de mi Cátedra Jean Monnet «ad personam» de Derecho de la Unión Europea en la Universidad de Alcalá, por su apoyo inicial en la preparación de este trabajo.
Molina del Pozo C.F.: «Derechos Fundamentales y Libertades Públicas: Marco Esencial para la Democracia Participativa», en la obra *La Cumbre de Guadalajara 2004: ¿Una Alianza Histórica o una Asociación Estratégica entre la Unión Europea, América Latina y el Caribe?* Edita ECSA-México y Fundación Friedrich Ebert, México, 2004, págs. 79 a 90.

ría instalada en el Poder (este era el caso, por ejemplo, de lo que sucedió en la Alemania de Adolf Hitler). En consecuencia, puede afirmarse que, tanto en los textos constitucionales de todos los Estados miembros pertenecientes a la Unión Europea, como en el tenor de los preceptos que conforman el contenido de los Tratados constitutivos de la Unión, en todo momento, se ha cuidado mucho la compatibilidad de la toma de decisiones democráticas, con el más escrupuloso respeto a los derechos fundamentales que son comunes a todos los ciudadanos.

Por tanto, cabe definir la democracia como aquel sistema por el cual los ciudadanos toman de manera mayoritaria o a través de sus representantes elegidos en elecciones, aquellas decisiones que afectan a la sociedad, con un estricto respeto a los derechos fundamentales establecidos en sus textos constitucionales además de los derechos humanos.

A continuación, consideramos oportuno analizar todo el conjunto de aquellos elementos que componen y están relacionados con la democracia.

Para que podamos hablar de democracia en una sociedad, será preciso que dicha sociedad se configure regida, fundamentalmente, por el principio de la división de poderes, además de constatarse la existencia y ejercicio de un verdadero Estado de derecho y la realización de un escrupuloso respeto por el cumplimiento de los derechos fundamentales. Asimismo, sus gobernantes han de gobernar de una manera transparente y pensando en orientar sus acciones de gobierno, principalmente y, ante todo, hacia los ciudadanos.

3.1. La división de poderes

Como es bien conocido, la teoría moderna de la división de poderes nace en el siglo XVII, con John Locke y, sobre todo, con Montesquieu. Se trata, en definitiva, de una teoría formulada y recogida por el filósofo francés Montesquieu, quien defendía que, han de existir tres poderes, el poder legislativo que elabora las leyes, el poder ejecutivo, el cual administra y, el poder judicial, que vela por el cumplimiento de las leyes. Esta teoría pretendía, principalmente, el reparto del poder entre diferentes instancias, evitando así una acumulación de poder por parte de una única persona o de un reducido grupo de personas.

La misma existencia y el juego de los Partidos políticos han comprendido y hecho efectivo tradicionalmente la implementación de la teoría de la división de poderes. Sin embargo, se observa que, desde hace unos años a esta parte, algo viene sucediendo en el esquema de funcionamiento normal de la Política y respecto al desarrollo original de la anunciada teoría de la división de poderes.

En efecto, la división de poderes tenía como objetivo esencial el lograr la efectiva separación de los tres poderes, evitando la confusión entre los mismos, así como una acumulación peligrosa en pocas manos del ejercicio práctico de estos. Pero, actualmente, se puede constatar que, la famosa teoría que se aplicara con bastante éxito durante largas décadas parece ceder ante situaciones muy diferentes y ante un mundo diverso que pretende orientar la táctica de la política por derroteros diferentes, siendo que, puede apreciarse un evidente y progresivo debilitamiento de los ejes básicos sobre los que basculaba la teoría del reparto de los poderes en el contexto de los sistemas democráticos.

Aunque en los Estados modernos la división de poderes constituye, por lo general, la forma que vertebra la organización según la cual se reparten los poderes de toma de decisiones y, también, de control entre distintos órganos dependientes entre sí, lo cierto es que, en la actualidad, se observan nuevos elementos que implantan sus raíces para modelar el ejercicio de las facultades habituales empleadas en la adopción de decisiones dentro de la organización. Por ello, podemos afirmar que, la teoría de la división de los poderes se encuentra en serio peligro de desconfiguración.

La división de poderes es un sistema que busca la independencia entre el poder legislativo, el ejecutivo y el judicial para evitar con ello el abuso de poder. En consecuencia, el incorrecto funcionamiento de los Partidos políticos, los cuales parecen haber perdido su sentido de la orientación en un mundo en constante cambio, con sus constantes injerencias en la vida política de algunos países, está llegando a provocar la frustración y abandono de la vieja teoría de la separación de poderes.

Como se ha puesto de relieve, «el Principio Constitucional de división de poderes, definido como técnica de distribución de funciones para garantizar el mayor ámbito de libertad para el ciudadano, cuya esencia se ha mantenido inmutable no obstante adecuarse en su instrumentación a los diferentes contextos históricos; a fin de analizar las bases y las transformaciones que ha sufrido el Principio y sus nuevas manifestaciones, para que a través de conclusiones que integramos con algunas reflexiones poder realizar algunos aportes al debate en torno al Derecho Constitucional actual y los desafíos que debe asumir de la mano de la globalización y sus múltiples efectos»[1].

Como ya hemos expuesto anteriormente, del principio de división de poderes debe destacarse su esencia, esto es, la de impedir la concentración despótica del poder para salvaguardar la libertad de los ciudadanos, una herramienta para la realización de la libertad, con una visión de los poderes que se integran y complementan para el cumplimiento de las funciones encargadas por la Constitución de cada país.

En consecuencia, puede mantenerse que, actualmente, abordar el principio mencionado desde el esquema tripartito de órganos y funciones, propio del liberalismo clásico, sería hacerlo desde una perspectiva incompleta que

---

1 Lucas Garin A. (2009). «Nuevas dimensiones del principio de división de poderes en un mundo globalizado», en *Revista SciELO Analytics*, Estudios Constitucionales, año 7, n.° 2, Santiago de Chile, págs. 241-253.

no permite abordar la compleja realidad normativa e institucional característica de la «organización constitucional» en pleno siglo XXI. No es posible pensar en un verdadero «equilibrio» entre poderes para impedir el exceso.

Como afirma LUCAS GARÍN, si bien el principio fue consagrado con valor de dogma por el constitucionalismo clásico para una sociedad esencialmente homogénea, muy diferente a nuestra sociedad caracterizada por la heterogeneidad y la complejidad de la vida moderna que ha llevado al Estado contemporáneo a diversificar sus órganos y funciones, nos resulta factible afirmar la vigencia actual de este principio, dado que su *telos* originario se mantiene tan vivo como cuando fuera expuesto por Montesquieu y Locke: se trata de una técnica de distribución de funciones para garantizar el mayor ámbito posible de libertad para el ciudadano.

Además, conviene precisar —como hace GARCÍA ROCA— que, el fundamento y origen del principio de división y equilibrio de poderes, no procede tanto de su positivización en normas (momento siempre posterior en el tiempo) sino de su lenta génesis y construcción a través de repetidas prácticas y experiencias jurídicas[2].

Si bien el principio fue consagrado con valor de dogma por el constitucionalismo clásico para una sociedad esencialmente homogénea, muy diferente a nuestra sociedad caracterizada por la heterogeneidad y la complejidad de la vida moderna que ha llevado al Estado contemporáneo a diversificar sus órganos y funciones, es posible afirmar la vigencia actual de este principio, dado que su *telos* originario se mantiene tan vivo como cuando fuera expuesto por Montesquieu y Locke: técnica de distribución de funciones para garantizar el mayor ámbito posible de libertad para el ciudadano[3].

Tal como señala LUCAS GARÍN[4], en palabras de Elías Díaz: «La separación de poderes constituye, en efecto, el resultado histórico de la lucha contra el

2 *Vid.* GARCÍA ROCA J.: «Del principio de la división de poderes», en *Revista de Estudios Políticos, Nueva Época* (108/abril-junio/2000). Disponible en www.cepc.es/rap/Publicaciones/Revistas/3/REPNE_108_043.pdf, pág. 42. Citado por LUCAS GARÍN A.: «Nuevas dimensiones del principio de división de poderes en un mundo globalizado», en *Revista SciELO Analytics*, Estudios Constitucionales, año 7, n.° 2, Santiago de Chile, 2009, págs. 241 a 253.

3 HOFFMAN-REM W. (2007). «La división de poderes como principio de ordenamiento», en *Anuario de Derecho Constitucional Latinoamericano* (Año 2007), pág. 214. En su trabajo, el autor explica que el principio moderno de división de poderes fue fijado normativamente por primera vez en el Bill of Rights de Virginia en el año 1776 y que la Declaración Francesa de los derechos humanos y cívicos de 1789 volvió a recurrir al mencionado principio. Citado por LUCAS GARIN A. (2009). «Nuevas dimensiones del principio de división de poderes en un mundo globalizado», en *Revista SciELO Analytics*, Estudios Constitucionales, año 7, n.° 2, Santiago de Chile, págs. 241-253.

4 LUCAS GARÍN A.: «Nuevas dimensiones del principio de división de poderes en un mundo globalizado», en *Revista SciELO* Analytics, Estudios Constitucionales, año 7, n.° 2, Santiago de Chile, 2009, págs. 241 a 253.

absolutismo de los reyes en nombre de los derechos del pueblo: legislativo popular, pues, intentando limitar el poder omnímodo del ejecutivo, en amplia medida dominado por el rey. Y junto a ello, lucha por la independencia de la función judicial. El sentido histórico e ideológico del principio de la separación de poderes es, así, evitar la concentración de poder en manos, sobre todo, del titular del poder ejecutivo, a fin de lograr el respeto a los derechos y libertades de los ciudadanos que, representados democráticamente, constituyen ahora el poder legislativo»[5].

Pues bien, teniendo en consideración cuanto ha quedado expuesto hasta el momento, parece ahora llegada la hora de reflexionar sobre la división de poderes en las diferentes democracias europeas.

En este mismo sentido, puede afirmarse que, en la mayor parte de Estados, los órganos de gobierno del poder judicial se eligen por medio de los Parlamentos nacionales, lo que provoca, de manera indirecta, que en gran cantidad de ocasiones el partido de gobierno, es decir, el que ostenta el poder ejecutivo, que suele contar con una mayoría parlamentaria suficientemente amplia, pueda controlar —como decimos— de manera indirecta, órganos importantes del poder judicial. Este hecho es el que, precisamente, está sucediendo en países como Polonia o Hungría. En los dos países esta situación ha tenido unos efectos muy nocivos para las democracias de ambos Estados, ya que los partidos gobernantes en cada uno de los aludidos países, vienen utilizando esta técnica desde hace ya una gran cantidad de años, resultando de ello que la justicia, en los dos casos, muestre un importante deterioro en lo que hace referencia a su grado de independencia, la cual se encuentra gravemente afectada, puesto que, en muchos casos, ha dejado de existir un verdadero control jurisdiccional capaz de garantizar la imprescindible protección que debe otorgarse a los ciudadanos frente a ciertas decisiones de carácter manifiestamente arbitrario.

Esta realidad que ha quedado explicitada, la podemos constatar, en el momento en que intentamos validar ante los órganos jurisdiccionales de estos países, leyes tan polémicas como la Ley de Educación Superior, aprobada en 2017 en Hungría, la cual, según el Tribunal de Justicia de la Unión Europea, buscaba coartar la libre fundación de universidades o la libertad de cátedra. O también, puede citarse, la famosa ley conocida como Ley Anti-LGTBI húngara, oficialmente denominada «Ley por la que se toman medidas más estrictas contra la pedofilia y de enmienda de ciertas leyes de protección de la infancia», la cual restringe hasta la libertad de publicación de libros o de películas. En un Estado con una constitución garantista como es la húngara, si el poder judicial fuese auténticamente independiente, no sucedería todo esto que acabamos de reseñar, ya que se habría procedido con absoluta diligencia a anular todo este tipo de leyes, que de manera notoria y obvia lesionan los derechos fundamentales de los ciudadanos de Hungría.

---

5 *Vid.* DIAZ E.: *Estado de Derecho y sociedad democrática*, Edita Taurus, Madrid, 1988, pág. 47.

En base a lo expuesto es por lo que pudiera afirmarse que, la manera de elección indirecta de ciertos órganos judiciales por parte del resto de poderes, si no se lleva a cabo con una gran dosis de coherencia y estableciendo los necesarios filtros que aseguren un férreo control sobre las decisiones adoptadas, podría llegar a facilitar una vía por la que se deteriorarían los correspondientes estados de derecho, y esto es lo que —desgraciadamente— estamos presenciando actualmente en Europa, resultando que, la eficacia del poder judicial a la hora de proteger la democracia e independencia judicial se socava si los órganos judiciales se eligen, de forma exclusiva y única, por parte del poder ejecutivo y/o del legislativo.

En este orden de ideas, hemos de recordar que, en la Unión Europea existe un órgano jurisdiccional de carácter y competencia supranacional, que no es otro que el Tribunal de Justicia de la Unión Europea. Acerca del mencionado Tribunal debemos de recalcar la importancia fundamental de esta institución comunitaria de cara a la preservación de la democracia[6], ya que a lo largo de los años ha quedado demostrado en bastantes ocasiones el hecho de que, ha sido gracias a este tribunal, el motivo por el cual algunos Gobiernos de los Estados miembros se han visto obligados a renunciar a ciertas reformas legales, como por ejemplo, ocurrió en el caso de Polonia, dónde el Tribunal de Justicia de la Unión Europea declaró la reforma que se había llevado a cabo internamente en el citado país contraria a la legalidad exigida en el contexto de la Unión y, en consecuencia, al Derecho Comunitario, dado que se trataba de una reforma cuyo propósito era controlar a los jueces e incluso prejubilarlos, si un órgano disciplinario, cuya independencia estaba en duda, así lo decidía[7].

Por lo tanto, ante la existencia real de situaciones similares a las descritas y que pueden ocasionarse en otros Estados miembros en cualquier momento, parece evidente la necesidad de reforzar el papel del Tribunal de Justicia de la Unión Europea[8] ya que por su propia composición y por la manera en la que se eligen sus jueces, ofrece más garantías de independencia que ciertos órganos jurisdiccionales nacionales establecidos en algunos países, y consecuentemente, pudiera ser el último recurso para proteger las democracias europeas.

6 Molina del Pozo C. F.: *El Tribunal de Justicia de la Unión Europea: procedimiento y recursos*, Edita Aranzadi, Pamplona, 2020.

7 *Vid.* Sentencia del TJUE, del 15 de julio de 2021, asunto C-791/19, Comisión Europea contra República de Polonia.

8 Molina del Pozo C.F.: «El Tribunal de Justicia de la Unión Europea después de la entrada en vigor del Tratado de Lisboa», en la obra de C.F. Molina del Pozo y C. Pizzolo (Coordinadores): *La Administración de Justicia y la Unión Europea y el Mercosur: un análisis para su fortalecimiento*. Edita EUDEBA, Buenos Aires, 2011, págs. 127 a 150.

3.2. El Estado de derecho como exigencia en la normativa comunitaria

Puede derivarse de lo expuesto anteriormente que, en los últimos tiempos, preocupa severamente en el contexto de la Unión Europea el evidente crecimiento de los movimientos antieuropeístas, que muestran su oposición frontal y, en ocasiones, también, de manera velada, a los valores que la Unión defiende, siendo que, de entre todos ellos, el que se está viendo más perjudicado no es otro que el Estado de derecho. El mencionando Estado de derecho, regulado en el artículo 2 del TUE, caracteriza a todos los poderes públicos, por su independencia e imparcialidad, debiendo actuar dentro de los márgenes legales y de conformidad con los valores de la democracia y los derechos fundamentales.

El Estado de derecho engloba e implica la aceptación y observancia de varios principios, como puede señalarse: el de legalidad, el de seguridad jurídica, el de tutela judicial efectiva, el de separación de poderes o, también, el de igualdad ante la ley.

Todos estos principios reseñados son considerados como la base democrática que permite garantizar la protección de los derechos fundamentales, así como también representan los pilares primordiales que sostienen el andamiaje y hacen posible que se produzca el correcto funcionamiento de la Unión Europea. De hecho, se comprende que, sin la protección y la confianza que el Estado de derecho difunde entre los ciudadanos, la Unión Europea no podría ser sustentada ni tampoco cumplimentar adecuadamente sus objetivos y fines, dado que no existiría, por ejemplo, la confianza necesaria para el reconocimiento mutuo de decisiones nacionales.

En este mismo sentido, puede recordarse que, ya en el año 2019, la Comisión presentó una Comunicación[9] que buscaba reforzar el Estado de derecho y, de la que resulta posible inferir que, en la misma se contemplaban tres claros ejes de actuación, a saber: la promoción del Estado de derecho, la prevención de las posibles violaciones al mismo y, por último, la concreción de las necesarias respuestas ante las mismas violaciones.

En base a cuanto precede, se ha creado un marco estructural de diálogo que posibilite la prevención de las posibles amenazas a las que se enfrenta el Estado de derecho en cualesquiera de los Estados miembros, con el objetivo de evitar la aplicación de mecanismos, ya existentes, que son considerados por éstos de mayor intervencionismo. Sin embargo, es conveniente reconocer que, la creación y puesta en marcha de cuanto hemos indicado más atrás, no fue suficiente para solucionar las crecientes inobservancias que estaban y han continuado teniendo lugar en diversos Estados miembros.

---

9 Comunicación de la Comisión al Parlamento Europeo, al Consejo Europeo y al Consejo «Reforzar en mayor medida el Estado de Derecho en la Unión. Situación y posibles próximas etapas», COM (2019) 163 final, de 3 de abril de 2019.

Semejante situación condujo a que, en julio del año 2021, la Comisión presentase el Informe anual sobre el control de la aplicación del Derecho de la Unión Europea[10], que revisaba las actuaciones realizadas durante el año anterior. En dicho documento, concretamente en la parte dedicada al «Estado de Derecho y derechos fundamentales», la Comisión hacía hincapié en las distintas

herramientas existentes, tales como el mecanismo del Estado de derecho, que, teóricamente, previene el agravamiento de situaciones problemáticas, o también, los procedimientos de infracción.

Con todo esto que estamos referenciando, observamos que, la Comisión, habitualmente, propugna y defiende los instrumentos con los que cuenta la Unión para la protección del Estado de derecho, pese a que la situación no haya mejorado mucho desde la primera vez que el Ejecutivo comunitario pidió un reforzamiento de este.

En este mismo orden de ideas, debe advertirse que, la Comisión ha establecido medidas y adoptado normas que ponen en práctica el conocido como Plan de Acción para la Democracia. Así, por ejemplo, con el paquete de Defensa de la Democracia aprobado en diciembre de 2023, la Comisión propuso nuevas reglas para mejorar la transparencia y la rendición de cuentas democrática al establecer requisitos de transparencia para los representantes de intereses extranjeros que pretendan influir en la formulación de políticas. También el paquete incluye recomendaciones para promover elecciones libres, justas y resilientes, y para protegerlas de ataques cibernéticos u otros esfuerzos para manipular nuestro entorno democrático. El paquete, asimismo, propone nuevos mecanismos para arraigar mejor el compromiso cívico y la participación ciudadana en la vida política a nivel nacional.

3.3. La situación del Estado de derecho en algunos países miembros de la Unión Europea

Por lo que se refiere a la situación existente en cada uno de los Estados miembros, se debe recordar que, el análisis realizado en la mencionada Comunicación toma como base los informes por capítulos presentados por los países[11], en los cuáles la Comisión estudiaba los mismos temas, aunque, ciertamente, dedicaba cada uno a un Estado miembro distinto. Entre estas cuestiones analizadas por la Comisión caben ser destacados: los cambios

10 Informe de la Comisión sobre el «Control de la aplicación del Derecho de la Unión Europea». Informe anual de 2020, COM (2021) 432 final, de 23 de julio de 2021.

11 Comunicación de la Comisión al Parlamento Europeo, al Consejo, al Comité Económico y Social Europeo y al Comité de las Regiones, «Informe sobre el Estado de Derecho en 2021. Situación del Estado de Derecho en la Unión Europea», COM (2021) 700 final, de 20 de julio de 2021.

más significativos producidos en el último año o, también, los problemas detectados, y todo ello con el objetivo de reflejar la gravedad de la situación dentro del contexto del Estado en específico, a la vez que se mostraban hechos que permitiesen la comparación entre todos los Estados miembros.

De esta manera, la Comunicación diferencia cuatro importantes temáticas: primero, los sistemas judiciales; segundo, la lucha contra la corrupción; tercero, la libertad y el pluralismo de los medios de comunicación; y, en cuarto lugar, otras cuestiones relacionadas con los controles y equilibrios institucionales.

En primer lugar, en el ámbito de los sistemas judiciales, son considerados elementos esenciales del Estado de derecho: la independencia, la calidad y la eficiencia de éstos. Teniendo en cuenta que, en la actualidad, casi todos los Estados miembros continúan realizando reformas en sus respectivos sistemas judiciales, podemos constatar la enorme importancia de esta cuestión.

Pese a poseer los Estados miembros la competencia en relación con la modificación de sus sistemas, éstos deben adecuarse y atenerse a las correspondientes disposiciones del Derecho de la Unión Europea, así como a la jurisprudencia del Tribunal de Justicia de la Unión Europea, con el objetivo evidente de conseguir la garantía de los derechos fundamentales.

Consideramos oportuno advertir que, la independencia judicial, considerada como una condición de base para salvaguardar la tutela judicial efectiva, no está presente en todos los Estados miembros de la misma manera. La aludida situación puede deberse a que, por ejemplo, el nombramiento de los jueces se lleva a cabo siguiendo pautas y formalidades diversas en los diferentes Estados, pudiendo destacarse, entre otras muchas, la decisión de Luxemburgo de crear un Consejo independiente del Poder Judicial, lo que lo sitúa entre los países con mayor índice de independencia.

Ahora bien, puede observarse cómo, en algunos Estados miembros, en vez de intentar solventar los problemas con la finalidad de alcanzar una mayor garantía de la aludida independencia, se han adoptado medidas que reducen dicha característica, motivo por el cual lo único que se consigue es agravar el problema. En este mismo sentido, cabe destacar la situación de Polonia, dónde las reformas de los últimos años han llevado a mermar la independencia de la Sala Disciplinaria del Tribunal Supremo, lo que repercute en las decisiones de los jueces, o el propio Tribunal Constitucional, que, como pudo observar el Tribunal Europeo de Derechos Humanos, no está establecido, precisamente, de acuerdo con la ley.

Asimismo, la Comisión Europea señala la situación del Reino de España[12] dado que, en este país se mantiene la problemática a la hora de renovar

---

12 *Vid.* asimismo, la Comunicación de la Comisión al Parlamento Europeo, al Consejo, al Comité Económico y Social Europeo y al Comité de las Regiones, «Informe sobre el Estado de Derecho en 2021. Situación del Estado de Derecho en la Unión Europea», COM (2021) 700 final, de 20 de julio de 2021.

el Consejo General del Poder Judicial, que es el órgano de gobierno de los jueces en España, desde el año 2018, en el que, de conformidad con el imperativo constitucional, tendrían que haberse producido los correspondientes cambios y nombramientos para su nueva composición en un siguiente mandato.

En segundo lugar, se encuentra la lucha contra la corrupción. Con el objetivo de mantener la confianza de los ciudadanos, esta contienda es esencial para preservar el Estado de derecho. Si bien es verdad que la gran mayoría de los Estados miembros presentan unos Índices de Percepción de la Corrupción no muy altos, lo cual significa que existe menos corrupción, en los últimos años, ciertos países, como Polonia, Hungría o Malta, han empeorado sus niveles.

Por ello, la Comisión señala la necesidad de establecer estrategias nacionales para hacer frente a la corrupción, que se traduzcan en la adopción de medidas concretas por parte de los organismos políticos, tales como presupuestos adecuados o evaluaciones periódicas por entidades ajenas.

En tercer lugar, la diversidad y libertad de los medios de comunicación es clave para el correcto funcionamiento del Estado de derecho. Los periodistas deben sentirse seguros para poder informar con total libertad, debiendo los Estados miembros proteger a estos trabajadores.

Es por ello por lo que cuentan con el instrumento *Media Pluralism Monitor*, encargado de evaluar los riesgos que corren los periodistas en cuatro ámbitos: 1) protección de la libertad; 2) pluralidad del mercado; 3) independencia política; y, 4) inclusión social.

La independencia política de los medios de información está en tela de juicio, dado que, por regla general, los canales de comunicación suelen mostrar un claro sesgo político, sobre todo si éstos son de pertenencia estatal. Pese a que en 2018 se aprobó una Directiva[13] con disposiciones sobre la independencia de las autoridades nacionales encargadas de regular los medios de comunicación, hoy en día, existen en ciertos Estados, como España, ciertas preocupaciones sobre la adecuación de los recursos de ésta y por la influencia política.

En cuarto y último lugar, encontramos cuestiones de control y equilibrio institucional. En el caso español, se han adoptado medidas que favorezcan la elaboración de políticas más inclusivas y contrastadas con datos mediante

13 Directiva (UE) 2018/1808 del Parlamento Europeo y del Consejo, de 14 de noviembre de 2018, por la que se modifica la Directiva 2010/13/UE sobre la coordinación de determinadas disposiciones legales, reglamentarias y administrativas de los Estados miembros relativas a la prestación de servicios de comunicación audiovisual (Directiva de servicios de comunicación audiovisual), habida cuenta de la evaluación de las realidades del mercado, *DOUE* L 303 de 28 de noviembre de 2018, p. 69/92.

la aprobación del IV Plan de Gobierno Abierto 2020-2024, para fortalecer la relación entre las autoridades públicas y los ciudadanos.

A través de este breve estudio, podemos ver las diferencias entre los Estados miembros en lo que se refiere a la salvaguardia del Estado de derecho. Mientras que ciertos Estados, como Luxemburgo, han mostrado mayores protecciones, otros, como Polonia, han ido desvinculándose cada vez más de los valores esenciales de la Unión, previstos en el artículo 2 del TUE, perjudicando el Estado de derecho.

La odisea europea y polaca, con el apoyo de Hungría, se inició en el 2020, cuando estos Estados miembros presentaron resistencia a la ratificación de la necesitada ampliación presupuestaria, con objetivo de financiar las ayudas COVID-19, debido a que consideraban sofocante la vigilancia del Estado de derecho que acompañaba a éstos.

Pese a que finalmente alcanzaron un acuerdo, y se pudieron aprobar los presupuestos, la problemática polaca alcanzó un nuevo nivel el 29 de marzo de 2021. El Primer Ministro presentó una petición al Tribunal Constitucional, considerado anteriormente como ilegítimo, sobre la primacía de las disposiciones europeas y si éstas y la tutela judicial efectiva eran compatibles con la Constitución polaca.

Estas medidas polacas han derivado en varias resoluciones judiciales[14] del Tribunal de Justicia de la Unión Europea en las cuales éste declara que las actuaciones nacionales presentan una clara oposición a la normativa europea, pudiendo destacarse, el novedoso régimen disciplinario de los jueces o el traslado sin consentimiento.

La petición del Primer Ministro fue resuelta el 7 de octubre de 2021, declarando el Tribunal Constitucional que la normativa europea era incompatible con la Constitución polaca en diversos aspectos, negando así el principio sublime del Derecho Comunitario, es decir, la primacía del Derecho de la Unión Europea sobre cualquier disposición interna de los Estados miembros sea cual sea el rango que la misma ocupe en la jerarquía de las normas a nivel de cada país.

Al día siguiente, la presidenta de la Comisión Europea, la señora Úrsula von der Leyen, efectuó una declaración[15] en la cual transmitía su preocupación por los nuevos acontecimientos y la situación de vulnerabilidad en la que quedaban posicionados los ciudadanos polacos.

---

14 *Vid*: Auto del Tribunal de Justicia de 14 de julio de 2021, Comisión/Polonia, C-204/21 R (ECLI:EU:C:2021:593), o la Sentencia del Tribunal de Justicia de 6 de octubre de 2021, W.Z., C-487/19, (ECLI:EU:C:2021:798).

15 Comisión Europea. «Declaración de la presidente de la Comisión, Úrsula von der Leyen», de 8 de octubre de 2021, <https://ec.europa.eu/commission/presscorner/detail/es/statement_21_5163?s=09>.

Con este nuevo golpe a uno de los valores esenciales del Estado de derecho, el Parlamento Europeo presentó un documento[16] sobre la crisis, estableciendo que, dicha situación planteaba un peligroso precedente que ningún otro Estado debiera seguir.

Asimismo, recordaba que, al adherirse a la Unión Europea, la República de Polonia, realizando un referéndum que la ciudadanía ratificó, aceptó estos valores y principios bases de la Unión, como son el Estado de derecho y la primacía de las normas europeas. De hecho, señalaba que, el artículo 91 de la Constitución polaca establece que, un acuerdo internacional ratificado entra a formar parte del ordenamiento jurídico interno, y, por consiguiente, debe aplicarse directamente, prevaleciendo sus disposiciones en caso de conflicto de leyes.

Sin embargo, el Parlamento Europeo no puede hacer más que pedir al Consejo y a la Comisión Europea que tomen medidas para poner fin a dichas vulneraciones, en base a los artículos 6 y 7 del TUE[17].

El mecanismo sancionador del artículo 7 del TUE se aplica en casos de violaciones serias y persistentes a los valores de la Unión, entre ellos el Estado de derecho. Ahora bien, dicho proceso resulta complejo de activar, dado que requiere amplias mayorías para iniciarse e, incluso, la unanimidad del Consejo Europeo[18].

En 2018, se activó por primera vez para el caso húngaro, pero no se logró una respuesta consolidada que pusiese fin a la inobservancia de los valores democráticos, lo que nos lleva a preguntarnos si el mecanismo es suficiente o se está dando una puesta en práctica deficiente.

Pues bien, como se ha mencionado en diversas ocasiones a lo largo de estas páginas, el Estado de derecho constituye en la actualidad un elemento esencial de cualquier país democrático, motivo por el cuál la Unión Europea ha tenido como una de sus misiones principales en los últimos años la de proteger y promover su cumplimiento, tanto por parte de los propios Estados miembros como en el contexto mundial, a través de los instrumentos que proporciona la cooperación internacional al desarrollo.

---

16 Resolución del Parlamento Europeo, de 21 de octubre de 2021, sobre la crisis del Estado de Derecho en Polonia y la primacía del Derecho de la Unión (2021/2935(RSP)).

17 Molina del Pozo, C. F.: «Aplicación del Derecho comunitario y potestad sancionadora en el contexto de la Unión Europea», *Asamblea, Revista Parlamentaria de la Asamblea de Madrid*, ISSN 1575-5312, N.º 25, 2011, págs. 95-124.

18 Parlamento Europeo. «Qué puede hacer la UE ante la vulneración de los valores europeos» <https://www.europarl.europa.eu/news/es/headlines/eu-affairs/20180222STO98434/que-puede-hacer-la-ue-ante-la-vulneracion-de-los-valores-europeos-infografia?xtor=AD-78-[Social_share_buttons]-[whatsapp]-[en]-[news]-[eu_affairs]-[article-7]>.

No obstante, la constatación del incumplimiento efectuado por parte de ciertos Estados miembros, así como la mínima reacción europea frente a éstos, pudiera acarrear la reacción adversa por la que, el resto de los países llegasen a obviar a la Unión Europea en tanto que promotora del Estado de derecho, perdiendo ésta, finalmente, su posición geopolítica precursora en dicha materia.

La Unión Europea no puede permitirse el perder los avances logrados, por consiguiente, parece oportuno y necesario adoptar medidas sancionadoras que declaren su firmeza frente a los quebrantamientos normativos y, en caso de continuar con los aludidos incumplimientos, la Unión deberá buscar soluciones más relevantes y extremas, que sean rigurosas, como, por ejemplo, la posible cesación, para el Estado miembro afectado, de su posición de permanencia, transitoria o, incluso, definitiva, en tanto que Estado miembro de la organización supranacional.

3.4. La exigencia de un escrupuloso cumplimiento de los derechos fundamentales en la Unión Europea

En efecto, estamos plenamente convencidos de que, el respeto a los derechos fundamentales forma parte integrante de lo que constituye el núcleo esencial de la democracia. En este sentido, es preciso afirmar que, no resulta posible hablar de un Estado democrático, si en el territorio de este no se cumplimentan de manera adecuada los derechos fundamentales.

Así, el respeto estricto de derechos tales como la igualdad, la libertad en todas sus vertientes y manifestaciones, entre otras las de expresión, manifestación, movimiento, prensa, comunicación, etc., el derecho a la integridad física, la prohibición de la tortura..., son absolutamente esenciales para poder hacer referencia a un concepto estricto de democracia.

Como expresa Lucas Garín[19], la fuerte demanda de transparencia que se observa de cara al interior de los Estados por parte de la sociedad civil obliga al emprendimiento de medidas especiales que aseguren, desde el acceso a la información pública a la transparencia de los procesos de creación de actos estatales, anteriormente tan orientados al secretismo y al ocultamiento.

Asimismo —aprecia el autor citado—, con relación a los derechos humanos, se constata una tendencia que avanza hacia un Estado Social de Derecho en el que, el Estado garantiza no sólo los derechos civiles sino también los derechos económicos, sociales y culturales, resultando que, todos ellos van a ser incluidos en las Constituciones.

19 Lucas Garín A.: «Nuevas dimensiones del principio de división de poderes en un mundo globalizado», en *Estudios Constitucionales*, Año 7, N.° 2, 2009, págs. 241 a 253.

El Estado contrae responsabilidades de prestación específica, asumiendo la cuestión social, no siendo ya sostenible la división tajante entre el Estado y la Sociedad, algo que había sido una realidad desde el inicio del Estado de derecho.

Entre las diferentes herramientas utilizadas, el Estado cuenta con lo que en el Derecho anglosajón se ha denominado «acción positiva o afirmativa» y ello con la finalidad de conseguir ese orden económico, social y cultural que permita la igualdad real entre los distintos ciudadanos que integran la población de un territorio estatal. En el mismo sentido, y en relación con las minorías, puede decirse que, a través de las «acciones positivas» se procura alcanzar la igualdad, produciéndose una protección especial que genera una discriminación inversa.

Pues bien, sobre la base del artículo 2 del TUE que, como ya hemos mencionado anteriormente, contiene y enumera los valores comunes en los que se fundamenta la Unión Europea, otro precepto del mismo Tratado, concretamente, el artículo 6, establece que, la Unión reconoce los derechos, libertades y principios enunciados en la carta de los Derechos Fundamentales de la Unión Europea, proclamada el 7 de diciembre de 2000 y adoptada con ciertas modificaciones por el Parlamento Europeo el 12 de diciembre de 2007. A la referida Carta se le concede idéntico valor jurídico que los Tratados, es decir, forma parte del Derecho originario dentro del contexto de las fuentes obligatorias del Derecho Comunitario[20].

Hay que precisar que, la Carta de los Derechos Fundamentales de la Unión Europea recoge todos los derechos individuales, civiles, políticos, económicos y sociales de los cuales disfrutan todas las personas en el territorio de la Unión Europea.

Además, conviene destacar que, la reiterada Carta complementa los sistemas nacionales, no los sustituye, no ampliando en modo alguno las competencias de la Unión tal como quedan definidas en los Tratados. De esta manera, en el supuesto de que los derechos fundamentales de una persona no se respetasen, los tribunales nacionales deberán pronunciarse sobre la cuestión.

Los particulares también pueden dirigirse al Tribunal Europeo de Derechos Humanos, que resuelve sobre las violaciones de los derechos civiles y políticos establecidos en el Convenio Europeo para la Protección de los Derechos Humanos y de las Libertades Fundamentales, anteriormente citado.

En casos específicos, cuando un Estado miembro no respeta la legislación de la Unión Europea e infringe los derechos de una persona, la Comisión

20 *Vid*. el Protocolo n.° 8 anexo al Tratado, relativo a la adhesión de la Unión al Convenio Europeo para la Protección de los Derechos Humanos y de las Libertades Fundamentales, firmado en Roma el 4 de noviembre de 1950.

Europea también puede llevar al Estado miembro ante el Tribunal de Justicia de la Unión Europea.

Por su parte, la Agencia de los Derechos Fundamentales de la Unión Europea es el órgano independiente de la Unión especializado en este sector, siendo que, su mandato abarca todo el ámbito de los derechos contemplados en la Carta.

El mencionado artículo 6 del TUE, en su apartado 3, determina que, los derechos fundamentales que garantiza el anteriormente citado Convenio Europeo para la Protección de los Derechos Humanos y de las Libertades Fundamentales y los que son fruto de las tradiciones constitucionales comunes a los Estados miembros, formarán parte del Derecho de la Unión Europea en tanto que principios generales.

Cabría preguntarse cuál es el papel que desempeña el Parlamento Europeo en estas cuestiones relativas a los derechos Fundamentales en el contexto de la Unión Europea. En este sentido, habría que afirmar que, el Parlamento Europeo está plenamente comprometido con el respeto de los derechos fundamentales en todo el territorio de la Unión.

Teniendo como base los trabajos llevados a cabo en el seno de la Comisión de Libertades Civiles, Justicia y Asuntos de Interior, los diputados se ocupan de debatir y aprobar las distintas resoluciones que se elaboran durante la celebración de las sesiones plenarias que tienen lugar en el Parlamento Europeo en torno a la Unión Europea y acerca de los diversos asuntos específicos que guardan relación con el ámbito de la protección de los derechos fundamentales en los Estados miembros.

Como consecuencia de sus propias competencias y conjuntamente con el Consejo, el Parlamento Europeo prepara y aprueba la correspondiente legislación sobre materia de derechos fundamentales con el objetivo fijado en conseguir la mejora de la protección de estos.

Un buen ejemplo de esta aludida legislación lo constituyen el conjunto de normas jurídicas que el Parlamento Europeo ha aprobado con la finalidad de prohibir la discriminación y de garantizar la igualdad de trato de todas las personas en el trabajo.

Asimismo, otro importante logro ha sido el del establecimiento de la protección de la intimidad, así como el de poder asegurar que, la garantía del tratamiento de los datos personales se lleve a cabo en el marco del pleno respeto de la legislación de la Unión Europea adoptada para proteger este derecho fundamental. En este mismo orden de ideas, conviene precisar que, serán los diferentes Estados miembros los que quedan obligados a adoptar las medidas necesarias que posibiliten la aplicación efectiva de todas estas disposiciones a nivel nacional.

Finalmente resaltar el hecho de que, en los últimos años, el Parlamento Europeo también ha intervenido en mayor medida en asuntos relacionados con el Estado de derecho y la democracia. Así, por ejemplo, en 2016 aprobó una resolución en la que abogaba por el establecimiento de un mecanismo propio de la Unión Europea, capaz de hacer más viable y facilitar el absoluto cumplimiento de la democracia, el Estado de derecho y los derechos fundamentales en el interior de los distintos Estados miembros, así como también en el desenvolvimiento habitual de las diversas instituciones de la Unión Europea.

En definitiva, puede decirse que, el respeto de los derechos fundamentales resulta ser una de las obligaciones esenciales de la Unión Europea. En consecuencia, no cabe la menor duda de que, estos derechos deben ser respetados y cumplimentados rigurosamente por parte de la Unión Europea en todas sus actuaciones y, esto, naturalmente, incluye cuando aplica las diferentes políticas comunes y comunitarias de carácter sectorial, así como, los numerosos y variados programas. El mencionado respeto y cumplimentación de los derechos fundamentales se extiende tanto al conjunto de todas las instituciones de la Unión Europea como a cada uno de sus Estados miembros.

Así pues, es preciso afirmar que, los ciudadanos, por el mero hecho de ser seres humanos son poseedores de una serie de derechos que son naturales, los cuales no les podrán ser arrebatados por otros ciudadanos, ni siquiera utilizando, es decir, mal utilizando el imperio y la fuerza de la ley. Puede decirse que, cualquiera de estas decisiones que afecten a los mencionados derechos fundamentales, carecen de legitimidad democrática, y esto es algo que, desgraciadamente, está sucediendo en algunos lugares del mundo, donde partidos políticos y, también, políticos caracterizados por su orientación populista, intentan confrontar los derechos de la mayoría imponiendo criterios y actitudes que, afortunadamente, son minoritarias y que, únicamente, representan una visión retrógrada de la historia más reciente.

Pues bien, en el contexto actual en el que puede observarse un evidente deterioro de las democracias en Europa y en el resto del mundo, en bastantes ocasiones los derechos fundamentales de los ciudadanos son las primeras víctimas de la erosión de los sistemas democráticos. Así, derechos como la libertad de expresión o de prensa, son —como ya quedó reflejando más atrás—, en muchas ocasiones, atacados por los gobernantes, al ser verdaderos medios de oposición a sus gobiernos. La Unión Europea ha concedido en todo momento una gran importancia al tema de la observancia de un riguroso respeto de los Derechos Fundaméntales, sobre todo en las últimas décadas, durante las cuales la Unión Europea intensificó su integración política y jurídica[21]. Los derechos fundamentales se vieron ostensiblemente reforzados con la ya anteriormente destacada adopción de la Carta de Derechos Fun-

21 Molina del Pozo C. F.: «Ciudadanía europea y derechos fundamentales en la Unión Europea: de los Tratados Fundacionales al Tratado de Ámsterdam», en *Revista Universitaria Europea*, n.° 1, págs. 59 a 98. Edita AUDESCO y Centros de Documentación Europea de varias Universidades, año 1.998.

damentales de la Unión Europea, una norma, que, tal como quedó reflejado más atrás, posee el mismo valor jurídico que el Tratado de la Unión Europea y Tratado de Funcionamiento de la Unión Europea, por lo que, al tratarse de Derecho originario, para su reforma, también se necesita la unanimidad, y las disposiciones de carácter nacional no pueden ser contrarias a los contenidos de dicha Carta, ni a la interpretación de ella que ha realizado el Tribunal de Justicia de la Unión Europea[22].

3.5. La democracia europea

Como ya hemos reiterado, resulta evidente que, la democracia es algo que se encuentra precisamente en el centro de lo que es la Unión Europea, desde sus orígenes como organización supranacional hasta la actualidad en tanto que modelo de proceso de integración, seguido en otras muchas experiencias puestas en marcha en distintas zonas del mundo. Según el tenor del artículo 2 del TUE, introducido como novedad en el texto del Tratado de Lisboa, la Unión se fundamenta en los valores de respeto de la dignidad humana, libertad, democracia, igualdad, Estado de derecho y respeto de los derechos humanos, incluidos los derechos de las personas pertenecientes a minorías. Todos estos valores mencionados resultan ser comunes a todos los Estados miembros en el contexto de una sociedad europea caracterizada por el pluralismo, la no discriminación, la tolerancia, la justicia, la solidaridad y la igualdad entre mujeres y hombres, algo esto último que, asimismo, se encuentra realzado en lo determinado por el artículo 8 del TFUE al explicitar que, en todas sus acciones, la Unión se fijará el objetivo de eliminar las desigualdades entre el hombre y la mujer y promover su igualdad[23].

En este mismo orden de ideas, hemos de destacar que, la Unión Europea está basada, en lo que a su sistema organizativo y de participación se refiere, por el principio de democracia representativa. De esta manera, los ciudadanos eligen a sus representantes directos a nivel de la Unión Europea en el Parlamento Europeo, mientras que, los representantes electos de los Estados miembros constituyen el Consejo Europeo y el Consejo. Por tanto, puede afirmarse que, los ciudadanos desempeñan un papel clave en la conformación del proceso de toma de decisiones en el ámbito de la Unión Europea.

Como acabamos de señalar, la Unión habrá de respetar en el desarrollo de todas las actividades que lleve a cabo, el principio de la igualdad entre todos

22 Molina del Pozo C.F.: «El principio de legalidad y su incorporación en el Derecho Comunitario Derivado», en el Libro: *Los Derechos Fundamentales y Libertades Públicas*. Volumen I. Edita Ministerio de Justicia. Madrid,1993, págs. 709 a 740.

23 Sobre esta cuestión, *vid.* asimismo, la Declaración relativa al artículo 8 del TFUE

sus ciudadanos, los cuales se beneficiarán por igual de la atención de sus instituciones, órganos y organismos[24].

Además, el sistema de democracia representativa —ya dijimos— es en el que se basa todo el funcionamiento de la Unión Europea, según determina el artículo 10 del TFUE. De esta manera, los ciudadanos se encuentran directamente representados en la Unión a través del Parlamento Europeo, algo que constituye una novedad dado que, a partir del Tratado de Lisboa, el Parlamento Europeo se convirtió en una institución definitivamente colegislativa, junto con el Consejo, cosa que anteriormente no sucedía ya que la institución asamblearia europea era definida como un órgano político que únicamente ejercía funciones de carácter consultivo y de control.

Así pues, si los ciudadanos europeos se hallan representados institucionalmente mediante el Parlamento Europeo, los Estados miembros van a tener su representación en el Consejo Europeo a través de su Jefe de Estado o de Gobierno, así como en el Consejo por su respectivo Gobierno a nivel de su correspondiente Ministro, los cuales serán democráticamente responsables, ya sea ante sus Parlamentos nacionales o bien ante sus ciudadanos de su país.

Pero es que, de otro lado, el TUE prevé que, todo ciudadano tiene derecho a participar en la vida democrática de la Unión, pues no debemos olvidar que, las decisiones que se adopten en la Unión serán tomadas de la forma más abierta y próxima posible a los ciudadanos[25]. Además, habrá de tenerse muy en cuenta el papel que van a jugar los Partidos Políticos a escala europea, puesto que tendrán como principal misión la de contribuir a la formación de la conciencia política europea y a expresar la voluntad de los ciudadanos de la Unión.

En consecuencia, como hemos expuesto, el derecho de los ciudadanos a participar en la vida democrática de la Unión Europea aparece consagrado en el tratado de la Unión Europea y en la Carta de Derechos Fundamentales de la Unión Europea cuando, en su artículo 39, regula el derecho de sufragio activo y pasivo en las elecciones al Parlamento Europeo. Por tanto, una de las principales formas en que los ciudadanos pueden participar en el proceso de toma de decisiones europeo es votando en las elecciones al Parlamento Europeo. En este mismo sentido, hay que destacar que, las próximas elecciones tendrán lugar del 6 al 9 de junio de este mismo año y ofrecerán a los ciudadanos de los 27 Estados miembros de la Unión Europea la oportunidad

24 *Vid.* Molina del Pozo C. F.: *Instituciones, Órganos y Organismos de la Unión Europea*, Edita Tirant lo Blanch, Valencia, 2023.

25 *Vid.* inciso segundo del artículo 1 del TUE, en donde se establece que, «el presente Tratado constituye una nueva etapa en el proceso creador de una unión cada vez más estrecha entre los pueblos de Europa, en la cual las decisiones serán tomadas de la forma más abierta y próxima a los ciudadanos que sea posible».

de elegir a los representantes que habrán de conferir forma a las diferentes políticas de la Unión Europea durante los próximos cinco años, debiendo hacer frente a los numerosos y complicados retos que aparecen y que se perfilan en el horizonte del proceso de integración en Europa.

Por último, reseñar que, existen, además, otras distintas formas mediante las que los ciudadanos pueden participar y llevar a cabo su papel en el desarrollo del proceso democrático de la Unión Europea. De una parte, la denominada Iniciativa legislativa ciudadana europea, la cual permite a un grupo de al menos un millón de ciudadanos de la Unión, que sean nacionales de un número significativo de Estados miembros, adoptar la iniciativa de invitar a la Comisión Europea, en el marco de sus atribuciones, a que presente una propuesta adecuada sobre cuestiones que estos ciudadanos estimen que requieren un acto jurídico de la Unión para lograr la aplicación efectiva de los Tratados. Es decir que, los ciudadanos podrán solicitar a la Comisión Europea que proponga legislación sobre los ámbitos propios en los que la Unión Europea tiene la responsabilidad de actuar. De otra parte, puede citarse, también, la importante labor desarrollada por los *paneles de ciudadanos europeos*, a través de los cuales, los ciudadanos de la Unión Europea tienen la posibilidad de compartir sus opiniones y puntos de vista, así como de formular recomendaciones acerca de las próximas propuestas que vaya a realizar la Comisión Europea. Finalmente, ha de mencionarse el reseñable papel que juega el sitio web *«Díganos lo que piensa»*, en el cual se ofrece a los ciudadanos y a las empresas la oportunidad de explicitar y compartir sus puntos de vista en torno a las nuevas políticas que deban ser adoptadas en el contexto la Unión Europea, así como acerca de la legislación que ya se encuentre en fase de cumplimiento o vigencia[26].

En otro orden de cosas, debemos insistir sobre la idea de que, resulta evidente que, la democracia no puede darse por sentada. Puede constatarse como, en el contexto actual de aumento de las tensiones geopolíticas y de creciente polarización, así como de aumento significativo de la difusión de la desinformación, la Unión Europea se esfuerza por salvaguardar sus democracias. Esta labor, por ejemplo, se realiza a través del *Plan de Acción para la Democracia Europea,* a través del cual, la Unión Europea pretende apoyar a las democracias resilientes en todos los Estados miembros mediante la protección de unas elecciones libres y justas, el refuerzo de la libertad de los medios de comunicación, a lucha contra la desinformación y el estímulo de un debate abierto y democrático libre de injerencias maliciosas provenientes, intencionadamente, de terceros países con intereses no declarables.

Qué duda cabe de que, el debate abierto y democrático prospera cuando los ciudadanos están bien informados sobre los temas que les preocupan.

---

26 *Vid.* el contenido completo del artículo 11 del TUE. Más específicamente, sobre el derecho de iniciativa ciudadana europea indirecta, *vid.* el artículo 24 del TFUE, en el que aparecen más datos e información acerca del procedimiento.

En el sentido apuntado, conviene precisar que, las instituciones de la Unión Europea se esfuerzan por garantizar que todos los ciudadanos de la Unión tengan acceso a la pertinente información y que ésta sea fácil de entender, sobre la legislación y los datos europeos ofrecidos por y sobre la Unión Europea, de modo que, los debates abiertos y democráticos puedan alimentarse de información veraz y fiable[27]

3.6. Papel adecuado a la modernidad de los partidos políticos

Una pieza fundamental de las democracias occidentales, son los partidos políticos, ya que estos desempeñan un papel crucial, al funcionar como instituciones que permiten y ordenan la representación y participación de los ciudadanos en la vida pública. Los partidos políticos constituyen la herramienta que pueden utilizar los ciudadanos para que se aprueben y se hagan realidad sus demandas sobre políticas públicas. Normalmente, los partidos políticos suelen tener financiación pública, permitiendo así una libre representación de los ciudadanos y expulsando los lobbies, al no depender de subvenciones de grandes empresas y grupos de poder. Así, algunas democracias como la española reservan a los partidos políticos este aspecto fundamental, por ejemplo, en el artículo 6 de la Constitución Española, además, normalmente, se exigen más requisitos de democracia interna y transparencia, en parte, para evitar corruptelas y el acaparamiento del poder por parte de un grupo determinado de políticos.

Así pues, otro aspecto a reflexionar consiste en analizar, brevemente, en qué medida los partidos políticos son los culpables o, al menos, en parte culpables, de la erosión que, continuadamente, vienen manifestando las democracias. En este sentido, muchos partidos políticos han sido culpados, e incluso, declarados culpables de la utilización reiterada de prácticas corruptas, o también, están tomando medidas que hacen socavar la confianza del ciudadano en las instituciones[28]

Esta realidad reseñada —que cada vez goza de mayor arraigo en nuestras sociedades— resulta algo palpable y que podemos observar en países como Hungría, dónde, en la última década, un partido político se ha convertido en hegemónico, así como también ha sucedido con su propio líder, y, por tanto, puede constatarse como, prácticamente, todas las decisiones son adoptadas por su líder y su grupo de confianza, quienes se apoyan de forma descarada en la institucionalidad del partido político al que pertenecen.

27 Publications Office of the EU, Número 126, correspondiente al mes de abril de 2024, ISSN 2315-0017. En vísperas de las elecciones europeas del mes de junio de este año, el boletín de abril pone el foco en la democracia europea

28 Chiaramonte A. & Emanuele V. *The deinstitutionalization of Western European party systems*. Cham: Palgrave Macmillan. 2022.

Así, puede apreciarse que, todas estas decisiones están provocando un efecto auténticamente letal para la democracia húngara, tal y como lo apuntan organismos internacionales como «The Freedom House»[29]. Por tanto, si en un principio los partidos políticos habían sido concebidos como una herramienta para facilitar la participación ciudadana en la vida pública, la realidad, es que, en algunas ocasiones, están sirviendo para facilitar el asentamiento de un grupo de personas, que cuando llevan un tiempo en las instituciones comienzan a tomar decisiones que destruyen el Estado de derecho, al tiempo que permiten que su partido se haga hegemónico.

Para evitar esta hegemonía, habría que proponer reformas legales, quizás desde las instituciones europeas. Una posible solución sería proponer un sistema de listas abiertas, permitiendo a los ciudadanos enmendar al líder del partido, que en ocasiones esta blindado desde el propio partido[30]. Otra opción, es impulsar desde la UE, mayor facilidad para acceder a financiación por parte de partidos minoritarios y asociaciones. Aunque la financiación de los grupos políticos es a veces vista con escepticismo por parte de los ciudadanos, es una de las formas de garantizar que los diferentes grupos de ciudadanos pueden hacer una oposición real al partido o partidos de gobierno.

Por tanto, sería interesante y, tal vez necesario, regular la financiación de los partidos políticos, partiendo de la perspectiva de garantizar una oposición real a los partidos gobernantes, ya que esto supondría una manera de ofrecer alternativas de gobierno a los ciudadanos.

Un principio esencial de las democracias tiene que ver con la transparencia y la buena gobernanza, siendo que ambos elementos son esenciales para conseguir la estabilidad y garantía de un sistema democrático. Estos referidos principios permiten que, las decisiones tomadas por el Poder Ejecutivo sean accesibles y por tanto, puedan quedar sometidas a escrutinio público por parte de los ciudadanos, lo que, sin lugar a dudas, propicia y ayuda a que las decisiones tomadas por los gobernantes sean más cuidadosas y más beneficiosas para los ciudadanos, quienes serán los que tengan la capacidad de poder proceder a las revisiones precisas y valorarán, para, con posterioridad, elegir a sus gobernantes a través de la celebración de elecciones libres, una vez hayan evaluado las acciones adoptadas[31] Además de lo ya expuesto, se debe añadir que, la transparencia ayuda a reducir los casos de corrupción, al tener que publicar todos los datos, procesos y gastos públicos. En España,

29 *The Freedom House*. «Freedom in the World 2023». https://freedomhouse.org/country/hungary/freedom-world/2023

30 https://www.hayderecho.com/2022/02/25/diez-propuestas-y-una-reflexion-para-una-mejor-democracia/

31 *Vid.* Molina del Pozo C. F.: «La III Cumbre Unión Europa-América Latina: Derechos Fundamentales y Libertades Públicas, Estado de Derecho, Gobernanza e Integración», en la obra *el Acuerdo Global entre México y la Unión Europea: Balance y Perspectivas*, Edita ECSA-México y Fundación Friedrich Ebert, México, 2005.

por ejemplo, actualmente, los portales de transparencia están garantizados por la Ley 19/2013, y puede considerarse que, en gran medida, han ayudado a dejar atrás aquellos tiempos en los que podía observarse como la corrupción era algo cotidiano y que se producía en todas las Administraciones. En consecuencia, es necesario reconocer, el gran esfuerzo realizado por el legislador europeo, que ha actuado siempre a favor de la transparencia, obligando siempre a los Estados menos garantistas, a realizar una transición desde unos regímenes que se caracterizaban por su tradicional modelo de corrupción, a la instalación de unas instituciones total y decididamente mucho más transparentes y, por tanto, bastante más democráticas.

En conclusión, las democracias occidentales y europeas se hallan viviendo un tiempo de crisis, donde están siendo amenazadas por personas que persiguen su destrucción a través de un inadecuado funcionamiento de los partidos políticos. En consecuencia, parece razonable y resulta fundamental, forjar y asegurar cada uno de los elementos mencionados en este capítulo, ya que cada uno de los mismos suponen o significan una condición *sine qua non* de la democracia.

Consideramos que, la democracia constituye el sistema legal y político que han elegido los ciudadanos europeos para convivir y, parece evidente que, sin que se consolide y cumplimente de forma adecuada y con la imprescindible eficacia cada uno de estos referidos elementos, la democracia tenderá a su progresivo deterioro y acabará por quedar debilitada hasta el extremo posible de sucumbir ante aquellas posiciones de configuración populista y autócratas que, lamentablemente, comienzan a estar nuevamente presentes en la sociedad europea actual y que, fueron durante más de siete décadas, marginadas y apartadas del ejercicio de la política activa, como reacción lógica al imperio generalizado de unos criterios avalados por la lógica democrática y el sentimiento común de la mayor parte de sus ciudadanos, que hicieron posible realidad el éxito del proceso de integración llevado a cabo en Europa a través de una organización supranacional denominada Unión Europea, la cual siempre ha actuado bajo el prisma y finalidad fundamental de una auténtica democracia.

Bibliografía

Chiaramonte, A. & Emanuele, V. « The deinstitutionalization of Western European party systems ». Cham: Palgrave Macmillan. 2022.

Comisión Europea: Comunicación de la Comisión al Parlamento Europeo, al Consejo Europeo y al Consejo «Reforzar en mayor medida el Estado de Derecho en la Unión. Situación y posibles próximas etapas», COM (2019) 163 final, de 3 de abril de 2019.

Comisión Europea: «Declaración de la presidenta de la Comisión, Úrsula von der Leyen», de 8 de octubre de 2021, https://ec.europa.eu/commission/presscorner/detail/es/statement_21_5163?s=09.

Comisión Europea: Comunicación de la Comisión al Parlamento Europeo, al Consejo, al Comité Económico y Social Europeo y al Comité de las Regiones, «Informe sobre el Estado de Derecho en 2021. Situación del Estado de Derecho en la Unión Europea», COM (2021) 700 final, de 20 de julio de 2021.

Díaz, E.: Estado de Derecho y sociedad democrática, Edita Taurus, Madrid, 1988.

García Roca, J.: «Del principio de la división de poderes», en Revista de Estudios Políticos, Nueva Época (108/abril-Junio/2000). Disponible en www.cepc.es/rap/Publicaciones/Revistas/3/REPNE_108_043.pdf.

Hoffman-Rem, W.: «La división de poderes como principio de ordenamiento», en Anuario de Derecho Constitucional Latinoamericano (Año 2007).

Lucas Garin, A. (2009). «Nuevas dimensiones del principio de división de poderes en un mundo globalizado», en Revista SciELO Analytics, Estudios Constitucionales, año 7, n.º 2, Santiago de Chile.

Molina del Pozo, C.F.: Instituciones, Órganos y Organismos de la Unión Europea, Edita Tirant lo Blanch, Valencia, 2023.

Molina del Pozo, C.F.: El Tribunal de Justicia de la Unión Europea: procedimiento y recursos, Edita Aranzadi, Pamplona, 2020.

Molina del Pozo, C.F.: «Aplicación del Derecho comunitario y potestad sancionadora en el contexto de la Unión Europea», Asamblea, Revista Parlamentaria de la Asamblea.

CAPÍTULO IV.

LA NUEVA ARQUITECTURA DEMOCRÁTICA DEL PARLAMENTO EUROPEO Y EL FUTURO DE LA UE

Elizabeth Accioly*

Resumen: Este artículo pretende abordar el estado de la democracia en la Unión Europea y el respeto a sus valores que, de incumplirse, pueden provocar graves consecuencias, especialmente en lo que se refiere a la arquitectura institucional y a la representatividad de sus ciudadanos en el Parlamento Europeo. Con ojo crítico, analizaremos la emergencia de un nuevo orden democrático en el viejo continente, con repercusiones que quizá puedan contaminar el proyecto europeo tal y como fue concebido por Jean Monnet y Robert Schuman hace más de siete décadas.

Palabras clave: Valores de la UE - Estado de derecho - Democracia - Derecho de la Unión Europea - Extrema derecha

Abstract: This article aims to look at the state of the art of democracy in the European Union and respect for the Union's values which, if violated, could have serious consequences, in particular with the institutional architecture and the representativeness of its citizens in the European Parliament. Under a critical eye, it analyzes the birth of a new democratic order on the old continent, with repercussions that could contaminate the European project as it was designed by Jean Monnet and Robert Schuman more than seven decades ago.

Keywords: EU Values - Rule of Law - Democracy - European Union Law - Far Right

* Doctora en Derecho Internacional – Universidade de São Paulo - USP - Brasil. Profesora Asociada de la Universidad Europea de Lisboa.

Sumario: Introducción. 4.1. Respeto de los valores de la UE. 4.2. Incumplimiento del artículo 7 del TUE: el caso de Hungría y Polonia. 4.3. La democracia en la UE. Conclusión. Referencias.

Introducción

En 2027 la construcción de una Europa unida habrá cumplido siete décadas de existencia. Nacida como Comunidad Económica Europea (CEE) el 25 de marzo de 1957, con la firma del Tratado de Roma, contó en sus inicios con seis países fundadores, en una hazaña que logró unir a dos grandes adversarios de la Segunda Guerra Mundial, Alemania y Francia, además de Italia, Bélgica, Países Bajos y Luxemburgo. Posteriormente, a través de las adhesiones, cuenta actualmente con veintisiete países, tras perder al Reino Unido en enero de 2020 con el traumático BREXIT.

Este edificio ha tenido como pilares la voluntad política y el respeto del Derecho de la Unión Europea, con sus normas supranacionales. Esta sólida fundación ha garantizado su éxito, culminando con una moneda común, una ciudadanía común y una Europa sin fronteras, avances nunca logrados en otros bloques de integración regional.

Los valores de la Unión, enumerados en el artículo 2 del TUE[1], son el «pasaporte» para que un país se convierta en miembro de la UE, y estos valores deben respetarse, pues de lo contrario los Estados incumplidores corren el riesgo de ser sancionados con la suspensión de ciertos derechos que les confieren los Tratados, como el derecho de voto en el Consejo de la UE, como veremos a continuación.

Ahora bien, si sólo los Estados democráticos pueden adherirse a la UE, y en la base de la democracia está el equilibrio de poderes, el artículo 7 del TUE[2], que sanciona a los infractores por violar el artículo 2 del TUE, nunca

1 Artículo 2 TUE
La Unión se fundamenta en los valores de respeto de la dignidad humana, libertad, democracia, igualdad, Estado de Derecho y respeto de los derechos humanos, incluidos los derechos de las personas pertenecientes a minorías. Estos valores son comunes a los Estados miembros en una sociedad caracterizada por el pluralismo, la no discriminación, la tolerancia, la justicia, la solidaridad y la igualdad entre mujeres y hombres.

2 Artículo 7 TUE
1. A propuesta motivada de un tercio de los Estados miembros, del Parlamento Europeo o de la Comisión, el Consejo, por mayoría de cuatro quintos de sus miembros y previa aprobación del Parlamento Europeo, podrá constatar la existencia de un riesgo claro de violación grave por parte de un Estado miembro de los valores contemplados en el artículo 2. Antes de proceder a esta constatación, el Consejo oirá al Estado miembro de que se trate y por el mismo procedimiento podrá dirigirle recomendaciones. El Consejo comprobará de manera periódica si los motivos que han llevado a tal constatación siguen siendo válidos.
2. El Consejo Europeo, por unanimidad y a propuesta de un tercio de los Estados miembros o de la Comisión y previa aprobación del Parlamento Europeo, podrá constatar la

se activaría, porque se supone que ningún Estado miembro quiere desestabilizar los cimientos del edificio comunitario. Sin embargo, mientras las autocracias se van afianzando en algunos países europeos, crece el temor de que la falta de respeto por los valores de la Unión pueda erosionar los pilares del proceso euro integracionista.

Este artículo pretende analizar la situación del orden democrático de la Unión Europea y el respeto de sus valores, con posibles repercusiones en la arquitectura integracionista, especialmente en la institución garante de la democracia, el Parlamento Europeo.

4.1. Respeto de los valores de la UE

El Derecho de la Unión Europea se compone tanto de Derecho primario como de Derecho derivado. El primero incluye los tratados institucionales[3] y el segundo los actos jurídicos de la UE[4].

existencia de una violación grave y persistente por parte de un Estado miembro de los valores contemplados en el artículo 2 tras invitar al Estado miembro de que se trate a que presente sus observaciones.
3. Cuando se haya efectuado la constatación contemplada en el apartado 2, el Consejo podrá decidir, por mayoría cualificada, que se suspendan determinados derechos derivados de la aplicación de los Tratados al Estado miembro de que se trate, incluidos los derechos de voto del representante del Gobierno de dicho Estado miembro en el Consejo. Al proceder a dicha suspensión, el Consejo tendrá en cuenta las posibles consecuencias de la misma para los derechos y obligaciones de las personas físicas y jurídicas. Las obligaciones del Estado miembro de que se trate derivadas de los Tratados continuarán, en cualquier caso, siendo vinculantes para dicho Estado.
4. El Consejo podrá decidir posteriormente, por mayoría cualificada, la modificación o revocación de las medidas adoptadas de conformidad con el apartado 3 como respuesta a cambios en la situación que motivó su imposición. 5. Las modalidades de voto que, a los efectos del presente artículo, serán de aplicación para el Parlamento Europeo, el Consejo Europeo y el Consejo se establecen en el artículo 354 del Tratado de Funcionamiento de la Unión Europea.

3 Tratados de Roma (CEE) (CEEA) de 25 de marzo de 1957; Acta Única Europea de 17 de febrero de 1986; Tratado de Maastricht de 7 de febrero de 1992; Tratado de Ámsterdam de 2 de octubre de 1997; Tratado de Niza de 26 de febrero de 2001; Tratado de Lisboa de 13 de diciembre de 2007.

4 Artículo 288 - ACTOS JURÍDICOS DE LA UNIÓN
Para ejercer las competencias de la Unión, las instituciones adoptarán reglamentos, directivas, decisiones, recomendaciones y dictámenes.
El reglamento tendrá un alcance general. Será obligatorio en todos sus elementos y directamente aplicable en cada Estado miembro.
La directiva obligará al Estado miembro destinatario en cuanto al resultado que deba conseguirse, dejando, sin embargo, a las autoridades nacionales la elección de la forma y de los medios.
La decisión será obligatoria en todos sus elementos. Cuando designe destinatarios, sólo será obligatoria para éstos.
Las recomendaciones y los dictámenes no serán vinculantes.

El Derecho originario incluye el artículo 2 del TUE, nacido en Maastricht, y el artículo 7 del TUE, nacido en Ámsterdam. Cabe señalar que en la fecha de los Tratados mencionados (1992 y 1997, respectivamente), la recién creada Unión Europea estaba compuesta por quince Estados miembros[5]. También hay que señalar que la redacción del artículo 7 del TUE era de carácter programático, sin pretensión alguna de llegar a aplicarse.

Sin embargo, en 2004, tras la mayor ampliación de la historia de la UE, con la adhesión de una decena de nuevos Estados (Estonia, Letonia, Lituania, Eslovaquia, Eslovenia, Polonia, Hungría, República Checa, Chipre y Malta), se imponía una mayor vigilancia sobre sus principios y valores fundacionales. Al fin y al cabo, el bloque económico pasaría de quince a veinticinco Estados miembros. Más tarde, en 2007, se incorporaron otros dos Estados: Rumanía y Bulgaria, y finalmente, en 2013, Croacia. Tras la salida del Reino Unido, la UE cuenta hoy con veintisiete Estados miembros.

La Comisión Europea, en su calidad de guardiana de los Tratados, como establece el artículo 17, apartado 1, del TUE[6], tiene el poder y el deber de velar por la correcta aplicación del Derecho de la Unión. Esto significa no sólo los Tratados, sino también el Derecho derivado, consistente en reglamentos, directivas, decisiones, recomendaciones y dictámenes. Y en esta función, la Comisión consideró, en una Comunicación publicada el 3 de abril de 2019, que:

> «El Estado de Derecho está consagrado en el artículo 2 del Tratado de la Unión Europea como uno de los valores en los que se fundamenta la Unión. En un Estado de Derecho, todos los poderes públicos actúan siempre dentro de los límites fijados por la ley, de conformidad con los valores de la democracia y los derechos fundamentales, y bajo el control de órganos jurisdiccionales independientes e imparciales. El Estado de Derecho engloba, entre otros principios, el de legalidad, que implica un proceso legislativo transparente, democrático, pluralista y sujeto a rendición de cuentas; de seguridad jurídica, que prohíbe el ejercicio arbitrario del poder ejecutivo; de tutela judicial efectiva por parte de órganos jurisdiccionales independientes e imparciales y control judicial efecti-

5 Francia, Alemania, Italia, Bélgica, Países Bajos, Irlanda, Dinamarca, Reino Unido, Grecia, Portugal, España, Suecia, Austria y Finlandia.

6 Artículo 17, 1 TUE – Comisión Europea
La Comisión promoverá el interés general de la Unión y tomará las iniciativas adecuadas con este fin. Velará por que se apliquen los Tratados y las medidas adoptadas por las instituciones en virtud de éstos. Supervisará la aplicación del Derecho de la Unión bajo el control del Tribunal de Justicia de la Unión Europea. Ejecutará el presupuesto y gestionará los programas. Ejercerá asimismo funciones de coordinación, ejecución y gestión, de conformidad con las condiciones establecidas en los Tratados. Con excepción de la política exterior y de seguridad común y de los demás casos previstos por los Tratados, asumirá la representación exterior de la Unión. Adoptará las iniciativas de la programación anual y plurianual de la Unión con el fin de alcanzar acuerdos interinstitucionales.

> vo, lo que incluye la protección de los derechos fundamentales; de separación de poderes; y de igualdad ante la ley. Estos principios han sido reconocidos por el Tribunal de Justicia de la Unión Europea y el Tribunal Europeo de Derechos Humanos (...)
>
> Si el Estado de Derecho no se protege adecuadamente en todos los Estados miembros, se resquebrajarán los cimientos de la Unión que son la solidaridad, la cohesión y la confianza indispensable para el reconocimiento mutuo de las decisiones nacionales, y el funcionamiento del mercado interior en su conjunto se verá perjudicado»[7].

No es fácil trazar la línea roja cuando se trata del incumplimiento del artículo 2 del TUE, que lleva a activar el temido apartado 3 del artículo 7 del TUE. Hasta ahora, sólo dos Estados miembros están en el punto de mira de la aplicación de este artículo: Polonia y Hungría.

Dada la diplomacia inherente a los Estados, que suele preceder a medidas más drásticas, el Consejo o la Comisión actúan primero en una fase previa, dando al Estado miembro en cuestión la oportunidad de defenderse. Posteriormente, si lo considera necesario, formulará recomendaciones o tomará decisiones, como estipula la parte final del apartado 1 del artículo 7 del TUE. No obstante, cabe destacar que las decisiones son vinculantes en su totalidad, pero las recomendaciones no son obligatorias, tal y como se establece en el penúltimo y último párrafo del artículo 288 del TFUE.

Llegados a una segunda fase, aún en el ámbito de la vía diplomática, el Consejo Europeo, por unanimidad, a propuesta de un tercio de los Estados miembros o de la Comisión, con la debida aprobación del Parlamento Europeo, y tras invitar al Estado miembro en cuestión a presentar sus observaciones, podrá comprobar la existencia de una violación grave y persistente por parte de un Estado miembro, contemplada en el artículo 2 del TUE, tal y como establece el apartado 2 del artículo 7 del TUE. Cabe señalar que, en caso de que se produzca la citada violación, el Estado miembro en cuestión quedará suspendido del derecho de voto en el Consejo Europeo o en el Consejo de la UE, las instituciones europeas que defienden los intereses de cada uno de sus 27 gobiernos, conforme a lo dispuesto en el artículo 354 del TFUE[8].

---

7 COMUNICACIÓN DE LA COMISIÓN AL PARLAMENTO EUROPEO, AL CONSEJO EUROPEO Y AL CONSEJO Reforzar en mayor medida el Estado de Derecho en la Unión [COM(2019) 163 final, 3.04.2019].

8 Artículo 354. A efectos del artículo 7 del Tratado de la Unión Europea, relativo a la suspensión de determinados derechos derivados de la pertenencia a la Unión, el miembro del Consejo Europeo o del Consejo que represente al Estado miembro de que se trate no participará en la votación y el Estado miembro de que se trate no será tenido en cuenta en el cálculo de la tercera parte o de las cuatro quintas partes de los Estados miembros contemplado en los apartados 1 y 2 de dicho artículo. La abstención de los miembros presentes o representados no obstará a la adopción de las decisiones contempladas en el apartado 2 del mencionado artículo.

Aunque el Estado miembro infractor quede excluido de la votación para aplicar el artículo 7 del TUE, por razones obvias, no es difícil prever la dificultad de alcanzar una decisión unánime en el Consejo Europeo, formado por los jefes de Estado o de Gobierno (artículo 15, apartado 2, del TUE)[9], o en el Consejo de la UE, integrado por representantes ministeriales (artículo 16, apartado 2, del TUE)[10], dados los intereses, acuerdos y alianzas que forman parte de la vida de los Estados.

Una vez superada la unanimidad requerida, el Consejo, por mayoría cualificada, puede decidir suspender determinados derechos al Estado miembro en cuestión, tal como se describe en el apartado 3 del artículo 7 del TUE, incluido el derecho de voto en el Consejo del representante del Gobierno de dicho Estado miembro, lo que debilita enormemente su peso decisorio en la UE.

Si se alcanza el objetivo de restablecer el Estado de Derecho, el artículo 7, apartado 4, del TUE, prevé la modificación o revocación de las medidas adoptadas, con el consiguiente retorno del Estado miembro suspendido al pleno ejercicio de sus funciones. Esta decisión debe adoptarse por mayoría cualificada, de conformidad con el artículo 7, apartado 5, del TUE, y sus normas se establecen en el artículo 354, párrafo segundo, del TFUE.

Aunque el artículo 7 del TUE se insertó quirúrgicamente en el TUE en la creencia de que no se aplicaría, por lógica integracionista, quizás con la misma lógica que el artículo 50 del TUE, que prevé la denuncia de los Tratados de la UE, con la certeza de que ningún Estado lo invocaría nunca —lo que no ha sucedido en absoluto, como nos demuestra el ejemplo del BREXIT—, lo cierto es que las violaciones del artículo 2 del TUE por parte de algunos Estados miembros empiezan a ser flagrantes. Dada esta observación, se puede concluir que el artículo 7 del TUE ya se ha aplicado efectivamente en varios casos. Con todo, esta conclusión no refleja la realidad.

El artículo 7, apartado 1, del TUE se ha invocado por ahora en dos casos concretos: Comisión c. Polonia, en 2017, y Parlamento Europeo c. Hungría, en 2018. Los dos casos aún no han finalizado y, para reforzar lo dicho anteriormente sobre el artículo 7, apartado 2, del TUE, con la reserva del artículo 354, del TFUE, relativa a la exclusión del Estado incumplidor de la votación por unanimidad del Consejo Europeo, cabe suponer que, mediante un acuerdo previo, Hungría podría vetar la suspensión de Polonia y viceversa.

---

9 Artículo 15, n. 2, TUE. El Consejo Europeo estará compuesto por los Jefes de Estado o de Gobierno de los Estados miembros, así como por su Presidente y por el Presidente de la Comisión. Participará en sus trabajos el Alto Representante de la Unión para Asuntos Exteriores y Política de Seguridad.

10 Artículo 16, n. 2, TUE: El Consejo estará compuesto por un representante de cada Estado miembro, de rango ministerial, facultado para comprometer al Gobierno del Estado miembro al que represente y para ejercer el derecho de voto.

Y dada la complejidad de los casos analizados por el Consejo y también por la Comisión, esta última en su calidad de «guardiana de los Tratados»[11], el artículo 7 del TUE ha ido obteniendo cierto apoyo del Derecho derivado para poder hacer cumplir su ordenamiento jurídico. En este contexto y ante el crecimiento de las fuerzas euroescépticas en la UE, la preocupación por las violaciones de los valores de la Unión se está intensificando, con refuerzos de su derecho derivado, a través de recomendaciones y decisiones, así como sentencias del TJUE, que están creando las bases para activar las sanciones previstas en el artículo 7 del TUE, y para mantener de alguna manera la presión política sobre los Estados que desafían las normas europeas.

Pues bien, por supuesto, los veintisiete miembros de la UE, ya sean Estados fundadores o Estados que se han incorporado al bloque regional, son conscientes de su deber de cumplir los Tratados europeos y su Derecho derivado, por un lado, respetando las normas de Derecho internacional público y *pacta sunt servanda*, y, por otro, aceptando el reparto de soberanía, con la máxima de que por encima de los intereses de los Estados está el interés de la UE.

4.2. Incumplimiento del artículo 7 del TUE: el caso de Hungría y Polonia

Como vimos en el capítulo anterior, nunca se previó que los Estados miembros pudiesen desafiar al TUE. Sin embargo, el artículo 7 del TUE ya se está aplicando contra Hungría Y Polonia por no respetar supuestamente los valores de la Unión, es decir, el Estado de derecho.

En el primer caso, la Constitución húngara ha sido modificada en contra de los principios fundacionales de la UE, como los que interfieren en el poder judicial al rebajar la edad de jubilación de los magistrados, o al suprimir la potestad del Tribunal Constitucional para declarar inconstitucionales las enmiendas y leyes aprobadas por el Parlamento húngaro, o al aprobar leyes que pretenden silenciar a los medios de comunicación contrarios al gobierno.

Sin duda, la mayoría absoluta del Gobierno húngaro, en el poder desde 2010, es la responsable de dictar estas normas, que son aprobadas sin necesidad de votación por los demás partidos políticos.

El caso de Hungría, un país que ingresó en la Unión Europea hace exactamente veinte años, se ha deteriorado hasta tal punto que el país se ha convertido en una «autocracia electoral», un sistema constitucional en el que se celebran elecciones, pero no se respetan las normas y estándares democráticos. Por este motivo, el Parlamento Europeo ha propuesto a la Comisión Europea que se retenga parte de los fondos europeos destinados a este país hasta que se cumpla la sentencia del Tribunal de Justicia de la Unión Europea

11 Artículo 17, n. 1, TUE.

que condenó a Hungría por no respetar los valores de la Unión, previstos en el artículo 7 del TUE.

Polonia también fue sancionada por el TJUE por violar los valores de la Unión. El motivo de la infracción fue la creación de una Cámara Disciplinaria, formada por quince jueces seleccionados por el Consejo Nacional de Justicia, que también son miembros del Parlamento polaco (SEJM), con el objetivo de supervisar el poder judicial. La sentencia del TJUE[12] dictaminó que el régimen disciplinario de los jueces en Polonia viola la legislación de la UE, y que Polonia debe tomar medidas para poner fin al incumplimiento de las normas europeas, afirmando que la cámara disciplinaria no puede considerarse un tribunal ni en virtud de la legislación de la UE ni de la legislación polaca.

Tras la manifestación del Parlamento Europeo sobre la entrega de fondos de la UE a Hungría, la Comisión anunció el 18 de octubre 2022 que los 75.000 millones de euros de fondos de cohesión destinados a Polonia quedarán retenidos hasta que el país garantice que respetará los valores de la UE. La Comisión también bloqueó los fondos de recuperación post-Covid de Polonia (35.400 millones de euros), cuyo pago está sujeto a la aplicación de tres condiciones: la primera se refiere a la reforma del poder judicial, con el requisito de que se elimine la Cámara Disciplinaria y se sustituya por un tribunal independiente; la segunda trata de la reforma del poder judicial; y la tercera estipula que los jueces que se hayan visto afectados por las decisiones de la Cámara Disciplinaria tengan la oportunidad de una revisión por parte del nuevo tribunal que se vaya a crear. La fecha límite para liberar la cantidad mencionada era diciembre de 2023, y la presidenta de la Comisión, Ursula Van der Leyen, advirtió de que: «todos estos compromisos deben cumplirse antes de que se efectúe el primer pago»[13].

Con la toma de posesión del nuevo primer ministro polaco, Donald Tusk, en diciembre de 2023, un europeísta que ha ocupado el cargo de presidente del Consejo Europeo en la legislatura de 2014/2019, y que se ha comprome-

12 Sentencia del Tribunal de Justicia (Gran Sala) de 15 de julio de 2021 - Comisión Europea/ República de Polonia - Asunto C 791/19 - Incumplimiento de Estado - Régimen disciplinario aplicable a los jueces - Estado de Derecho - Independencia de los jueces - Tutela judicial efectiva en el ámbito del Derecho de la Unión - Artículo 19 TUE, apartado 1, párrafo segundo - Artículo 47 de la Carta de los Derechos Fundamentales de la Unión Europea - Infracciones disciplinarias basadas en el contenido de las resoluciones judiciales - Tribunales disciplinarios independientes y establecidos por ley - Respeto de plazos razonables y del derecho de defensa en el procedimiento disciplinario - Artículo 47 de la Carta de los Derechos Fundamentales de la Unión Europea - Infracciones disciplinarias basadas en el contenido de resoluciones judiciales - Tribunales disciplinarios independientes y establecidos por ley - Respeto de plazos razonables y del derecho de defensa en el procedimiento disciplinario - Artículo 267 TFUE - Limitación del derecho y de la obligación de los órganos jurisdiccionales nacionales de plantear cuestiones prejudiciales al Tribunal de Justicia.

13 https://www.wort.lu/pt/mundo/pol-nia-recebe-finalmente-os-seus-35-mil-milh-es-mas-n-o-j-62990aafde135b92363811af, consulta 28-01-23.

tido abiertamente a cumplir todas las decisiones impuestas por la Unión, la Comisión Europea propuso a principios de mayo de 2024, poner fin al procedimiento abierto contra Polonia por no respetar los valores de la Unión Europea (UE), incluido el Estado de derecho. La presidente del ejecutivo europeo, Ursula Van der Leyen reconoció los esfuerzos del país, después del cambio del gobierno polaco: «El día de hoy marca un nuevo capítulo para Polonia. Después de más de seis años, creemos que el procedimiento del artículo 7 del Tratado de la UE, desencadenado por amenazas sistémicas en los países de la UE al Estado de derecho, puede cerrarse»[14].

Pero Hungría sigue vigilada por las instituciones europeas desde 2018 en virtud del artículo 7, debido a la regresión democrática impuesta por el Gobierno del primer ministro Viktor Orbán, acusado de debilitar la independencia judicial, perpetuar el clientelismo, diluir el pluralismo de los medios de comunicación, abusar de los poderes de excepción, aprobar legislación anti-LGTB y obstaculizar el derecho de asilo. En enero de 2024, el Parlamento Europeo exigió que el artículo 7 pasara a segundo plano y concluyó que en Hungría había una «violación grave y persistente» de los derechos fundamentales.

Todavía, este nuevo paso, que aún no se ha activado, requiere una propuesta por escrito de la Comisión Europea o de un tercio de los Estados miembros. Una vez presentada la propuesta, el Consejo Europeo, formado por los jefes de Estado o de Gobierno, puede declarar grave la violación, después de una votación unánime, sin la presencia del país acusado.

De momento, la Comisión no ha tomado una decisión para dar el siguiente paso en virtud del artículo 7 del TUE, ya que necesita el voto favorable de todos los miembros del Consejo Europeo. Robert Fico, Primer Ministro de Eslovaquia, y Giorgia Meloni, Primera Ministra de Italia, figuran entre los líderes que podrían votar a favor de Hungría. El Comisario europeo de Justicia, Didier Reynders, ha declarado: «No hay nada peor que presentar una propuesta para que luego sea rechazada. Si en el Consejo Europeo hay una señal clara de que es posible la unanimidad para tomar una decisión, la Comisión seguirá, por supuesto, la posición de los Estados miembros»[15].

De ello se desprende que el crecimiento de las fuerzas euroescépticas en la Unión Europea podría bloquear la aplicación del artículo 7 del TUE, poniendo en peligro el papel central de las instituciones europeas, especialmente el Parlamento Europeo y la Comisión Europea, a la hora de garantizar el respeto incondicional de las normas que rigen este bloque regional.

---

14 https://observador.pt/2024/05/06/bruxelas-propoe-fim-do-procedimento-contra-polonia-apos-seis-anos/

15 https://pt.euronews.com/my-europe/2024/01/30/comissao-europeia-nao-vai-acionar-opcao-nuclear-contra-hungria-enquanto-nao-houver-clara-m

4.3. La democracia en la UE

Por toda Europa, el populismo se amplía y normaliza a pasos acelerados. Hoy vivimos una época de incertidumbre, miedos colectivos y gran confusión en cuanto a valores culturales y sociales, a lo que se suma un conflicto armado de proporciones inimaginables en suelo europeo, que sirve de escalera para que los partidos populistas lleguen al poder a través del voto directo de sus ciudadanos. A ver:

En Hungría, el partido ultranacionalista FIDESZ obtuvo mayoría absoluta en las últimas elecciones, con algunas consecuencias nefastas para el Estado de derecho, como ya se ha comentado. Este partido eligió a 13 eurodiputados de los 21 escaños que Hungría tiene en el Parlamento Europeo.

Siguiendo con el tema de Hungría, es importante hacer un apunte que demuestra la inversión de los valores europeos en ese país. El líder húngaro, Viktor Orbán, en reacción al escándalo de corrupción en el Parlamento Europeo, denunciado a principios de diciembre de 2022, que implicó a varios eurodiputados, incluido el entonces vicepresidente de la Eurocámara, en el caso que se conoció como «Qatargate» dijo: «Queremos que el PE se disuelva y que los eurodiputados sean elegidos por los parlamentos nacionales y no por el voto directo de los ciudadanos, como ocurre ahora»[16].

En Polonia, el partido de extrema derecha Ley y Justicia (PiS), que ganó las elecciones en 2023 pero no logró formar gobierno, eligió a más de la mitad de sus eurodiputados. PiS forma parte del Partido de los Reformistas y Conservadores Europeos (ECR) en el Parlamento Europeo, con 27 eurodiputados de los 52 escaños asignados a Polonia.

En Italia, la extrema derecha ha llegado al poder. El partido Fratelli d'Italia fue el gran vencedor en las elecciones de 2022. Hasta entonces, la primera ministra Giorgia Meloni ocupaba uno de los escaños del Parlamento Europeo y presidía el partido de extrema derecha en esa cámara, el ECR, que cuenta con 74 eurodiputados. La presidencia del ECR está actualmente en manos del PiS.

En Francia, el Frente Nacional (FN), partido de Marine Le Pen, se convirtió en la tercera fuerza política del país en las elecciones parlamentarias de junio de 2022, pasando de 8 a 89 diputados, y en las elecciones europeas de 2019 eligió a 22 eurodiputados. Le Pen fue la fundadora del partido Europa de las Naciones y las Libertades (ENF) en el PE, ahora rebautizado Identidad y Democracia (ID), formado por 64 eurodiputados, la mayoría procedentes del partido italiano Lega, el Frente Nacional en Francia, la AfD en Alemania y el CHEGA, de Portugal.

---

16 https://www.jn.pt/mundo/orban-quer-dissolucao-do-parlamento-europeu-apos-escandalo-de-corrupcao-15527318.html

En Alemania, el regreso de un partido de extrema derecha, Alternativa para Alemania (AfD), nacido en 2013, alcanzó gran protagonismo en las elecciones de 2017 y 2021, convirtiéndose entre la tercera y la cuarta fuerza política alemana. Y en las elecciones europeas de 2019 logró elegir a 11 de los 96 eurodiputados alemanes que componen la Cámara de Estrasburgo.

En España, el partido de extrema derecha VOX es la tercera fuerza política del país. En las elecciones europeas, eligió a 3 de los 54 eurodiputados.

En Portugal, CHEGA, partido de extrema derecha nacido en 2019, obtuvo un escaño parlamentario en el Parlamento portugués el año de su fundación. En las elecciones legislativas de 2022, se convirtió en la tercera fuerza política, eligiendo 12 diputados, y en las últimas elecciones legislativas, que tuvieron lugar el 10 de marzo de 2024, siguió siendo la tercera fuerza política, logrando 50 escaños en esta ocasión. En las elecciones europeas, que tendrán lugar el 9 de junio de 2024, CHEGA se estrenará en el Parlamento Europeo que se unirá a la familia política Identidad y Democracia (ID).

En Suecia, en las elecciones de octubre de 2022, los Demócratas Suecos (SD), partido de extrema derecha, obtuvieron el 20,5 % de los votos, eligiendo a 72 de los 349 diputados del Parlamento y convirtiéndose en la segunda fuerza política del país. También eligió a 3 de los 76 eurodiputados de la cuota sueca en el PE.

Las elecciones suecas hicieron saltar las alarmas democráticas en la Unión Europea, ya que no se esperaba en absoluto el ascenso galopante de la extrema derecha en aquel país, justificado como el «voto de la desilusión». Uno de los temas de campaña del partido DS fue la seguridad, ya que desde 2018 se ha producido un aumento exponencial de la violencia, del tráfico de drogas, de armas y de seres humanos y, aunque no existe una relación directa entre la delincuencia y el aumento de la inmigración en los últimos años, lo cierto es que Suecia ha acogido a más de ciento sesenta mil refugiados desde el inicio de la crisis a la que se enfrentó Europa en 2015 y a la que sigue enfrentándose en la actualidad, por lo que el partido DS culpa a la inmigración, alegando que «el peligro siempre viene de fuera». Esto tiene graves repercusiones para uno de los mayores logros de la Europa unida: la libre circulación de personas, que ahora no se ve como un logro, sino como una amenaza.

En septiembre de 2023, Eslovaquia eligió al populista Robert Fico, que llega al poder por tercera vez y que se une a dos líderes vecinos: Hungría y Polonia. En noviembre de 2023, Geert Wilders, líder del ultraderechista Partido de la Libertad holandés (PVV), ganó las elecciones con una campaña centrada en la inmigración laboral y en los refugiados, el aumento de la delincuencia, la promesa de cerrar las fronteras y de hacer un referéndum sobre la satisfacción de los holandeses acerca de la Unión Europea, que podría desencadenar en el «Nexit». Mientras tanto, el PVV no ha logrado las coaliciones necesarias para formar gobierno, al igual que ocurrió en Polonia. Sin embargo, en las próximas elecciones al Parlamento Europeo, el PVV ganará sin duda un mayor número de eurodiputados, que se sumarán a la corriente de euroescépticos de la Eurocámara.

Esto plantea una pregunta muy directa: ¿qué lleva a los votantes europeos a votar a partidos de extrema derecha?

Las protestas se multiplican en las calles de varias capitales europeas. ¿Y qué piden los ciudadanos? Que los gobiernos miren hacia dentro, porque hay miseria, hay hambre, hay frío, hay paro, hay inflación, hay aumento de la delincuencia, hay inseguridad generalizada, hay una guerra en suelo europeo, que puede llevar a sus ciudadanos a entrar en el conflicto, ya que casi todos los estados son miembros de la OTAN. ¿Y cómo reaccionarán los gobiernos europeístas? ¿Pondrán los intereses de la Unión Europea por encima de los intereses de su Estado, a riesgo de perder las próximas elecciones? ¿Qué harán los Estados miembros frente a sus pueblos, no en su calidad de ciudadanos de la Unión, sino de ciudadanos nacionales?

Este nuevo orden democrático que vemos surgir en el seno de los Estados miembros llegará sin duda al corazón de Estrasburgo, sede del PE, que estará compuesto por 720 eurodiputados en las elecciones que se celebrarán entre el 6 y el 9 de junio de 2024. Cada vez son más los eurodiputados que defienden valores contrarios a los Tratados constitutivos, como hemos visto anteriormente.

Los dos partidos de extrema derecha con representación en el Parlamento Europeo —ERC e ID— pueden convertirse en la tercera fuerza política europea si se alían tras las elecciones al Parlamento Europeo para la próxima legislatura (2024-2029). Recordemos que los eurodiputados son pagados con cargo a las arcas de la Unión Europea, incluidos los dos partidos de extrema derecha, por supuesto, pero estos últimos tienen como bandera el cierre de fronteras, la deportación de inmigrantes, la reforma de los Tratados para devolver la soberanía plena a los Estados y, lo más radical, la salida del bloque regional, como ocurrió con el BREXIT.

Pero hay que decir que los eurodiputados que ocupan los escaños parlamentarios fueron legítimamente elegidos por el voto directo de los ciudadanos de los Estados miembros y, por tanto, por la vía democrática. Cabe pues a los partidos tradicionales de los 27 Estados miembros reflexionar sobre las razones de esta nueva ola de éxito de los partidos de extrema derecha en un intento de reconquistar a los electores desilusionados, para intentar que Europa continúe por el camino soñado por sus creadores hace más de siete décadas.

Conclusión

Se están abriendo fracturas en el continente europeo que han provocado una gran inestabilidad e inseguridad, sin una respuesta certera y cohesionada por parte de la UE. Desde la ostentosa afronta a los valores de la Unión, en el caso de Hungría y Polonia, hasta la autocracia que se está instalando por la vía democrática en varios estados miembros.

Las próximas elecciones europeas, que tendrán lugar en junio de 2024 en los 27 estados miembros, servirán de termómetro para determinar el grado de erosión del eje democrático de Bruselas. En función de los resultados, podría surgir un nuevo juego de poder en las instituciones de la UE. Y eso, desde luego, no augura nada bueno para el futuro de Europa.

La UE necesita ser más firme a la hora de castigar a los Estados miembros que van en contra de sus valores y normas, como hemos visto anteriormente. Necesita urgentemente encontrar un equilibrio para el nuevo orden democrático que está surgiendo en el viejo continente, y también hace falta determinación para afrontar los nuevos retos.

Una Europa mal gestionada podría contaminar el clima político de sus instituciones —la Comisión Europea, el Consejo Europeo, el Consejo de Ministros y el Parlamento Europeo— y, en consecuencia, bloquear reformas cruciales para su futuro, y también bloquear las sanciones para los Estados que afrontan sus valores, que han sido fundamentales para mantener la paz en una Europa que hoy tiene un conflicto armado en sus fronteras, sin hablar de la inestabilidad en Oriente Medio, que sin duda repercute en las decisiones de la Política Exterior y de Seguridad Común de la UE.

Robert Schuman, uno de los padres de la construcción europea, responsable por la Declaración hecha en París el 9 de mayo de 1950, que pretendía crear la primera comunidad europea: la CECA (Comunidad Europea del Carbón y del Acero), dijo una frase que parece encajar como un guante en estos tiempos: «Europa necesita un alma, un ideal y la voluntad política de servir a ese ideal»[17].

17 https://ec.europa.eu/commission/presscorner/detail/es/SPEECH_21_4701

Referencias

Legislación

- Tratado de la Unión Europea de 7 de febrero de 1992
- Tratado de Funcionamiento de la Unión Europea de 25 de marzo de 1957

Jurisprudencia y comunicaciones

Sentencias del TJUE

- Sentencia del Tribunal de Justicia (Gran Sala) de 21 de noviembre de 2018, asunto C-824/18
- Sentencia C-791/19R, Auto del Tribunal de Justicia (Gran Sala) de 8 de abril de 2020
- Sentencia del Tribunal de Justicia (Gran Sala) de 15 de julio de 2021, asunto C-791/19
- Comunicado de prensa del TJUE n.º 31/21, Luxemburgo, 2 de marzo de 2021
- Comunicación de la Comisión al Parlamento Europeo, al Consejo Europeo y al Consejo «Seguir reforzando el Estado de derecho en la Unión», COM (2019) 163 final, 3.04.2019

Prensa consultada

Jornal de Negócios. «Orbán quer dissolução do Parlamento Europeu após escândalo de corrupção». Edição de 21.12.2022. Lisboa-Portugal. In https://www.jn.pt/mundo/orban-quer-dissolucao-do-parlamento-europeu-apos-escandalo-de-corrupcao-15527318.html. Consulta em 01-03-2023.

Wort-Luxemburgo. «Polónia recebe finalmente os seus 35 mil milhões. Mas não já. Edição» de 2.06.2022. In https://www.wort.lu/pt/mundo/pol--nia-recebe-finalmente-os-seus-35-mil-milh-es-mas-n-o-j-62990aafde135b92363811af, Consulta em 28-01-2023.

Courrier Internacional. «Extrema-Direita ao assalto do poder». Edição de Dezembro de 2023. Número 334. Lisboa-Portugal.

Jornal Observador. «Lisboa-Portugal». https://observador.pt/2024/05/06/bruxelas-propoe-fim-do-procedimento-contra-polonia-apos-seis-anos/ Consulta em 06-05-2024.

Euronews - https://pt.euronews.com/my-europe/2024/01/30/comissao-europeia-nao-vai-acionar-opcao-nuclear-contra-hungria-enquanto-nao-houver-clara-m/ consulta em 10-05-2024.

Comisión Europeia - https://ec.europa.eu/commission/presscorner/detail/es/SPEECH_21_4701 - Consulta em 10-05-2024.

CAPÍTULO V.

PROTECCIÓN DE LOS DERECHOS HUMANOS COMO BASE DE LA DEMOCRACIA EN LOS PROCESOS DE INTEGRACIÓN

Claudia Storini

Gustavo García Brito

Resumen: el objetivo de este trabajo es analizar la relación entre reconocimiento y garantía de derechos fundamentales y procesos de integración regional. Dicho análisis se centrará en dos experiencias de integración, la de la Unión Europea y la de la Comunidad Andina, a fin de evidenciar las dificultades que dicho reconocimiento ha experimentado, su esencia incompleta y la falta de relación de la garantía de derechos con el nivel de profundización de integración alcanzado en los dos procesos.

Palabras clave: Derechos Humanos, Integración, Diálogo jurisdiccional multinivel.

Abstract: the aim of this paper is to analyze the relationship between recognition and guarantee of fundamental rights and regional integration processes. This analysis will focus on two integration experiences: European Union and Andean Community, in order to highlight the difficulties that said recognition has experienced, its incomplete essence and the lack of relationship between the guarantee of rights and the level of deepening integration achieved in the two processes.

Keywords: Human Rights, Integration, Multilevel jurisdictional dialogue.

Sumario: 5.1. La Unión Europea y la protección de los derechos humanos. 5.2. El reconocimiento, protección y garantía de derechos en la Comunidad Andina. Conclusiones.

«si la Comunidad quiere legitimarse a través de un auténtico contrato social de los europeos, ese pacto habrá de basarse en el previo reconocimiento de los derechos fundamentales de los ciudadanos, de suerte que éstos no pierdan, al entrar en una organización superior, lo que trabajosamente han conseguido en sus respectivos Estados»

Diez-Picazo

5.1. La Unión Europea y la protección de los derechos humanos

Uno de los logros más importantes del siglo XX ha sido el consenso sobre la promoción y protección de los derechos humanos como base de la democracia.

En este trabajo se analizará la relación existente entre reconocimiento y garantía de derechos y procesos de integración. Dicho análisis se centrará en dos experiencias de integración, la de la Unión Europea y la de la Comunidad Andina, las cuales, si bien se sitúan en distintos niveles en relación con sus logros y perspectivas, comparten un diseño institucional y jurídico supranacional en el que cabe formular de manera análoga la cuestión acerca del papel de los derechos humanos dentro de los acuerdos de integración.

En el origen de la Unión Europea como en la Comunidad Andina no se hizo explícito el propósito de proteger los derechos humanos. Ello se justifica en virtud de la finalidad económica de los tratados que establecieron las Comunidades Europeas y el Pacto Andino, que no tenían entre sus objetivos el de garantizar los derechos humanos.

De esta garantía solo se encargaron a lo largo de muchos años las convenciones internacionales sobre derechos humanos que paralelamente se gestaron en Europa y América[1].

No obstante, cuando el Tribunal de Justicia de la Unión Europea (TJUE) confirmó los principios de efecto directo y de primacía del Derecho comunitario, y al mismo tiempo negó su competencia a examinar la compatibilidad de sus decisiones con el Derecho nacional y constitucional de los Estados

1 Convención Americana sobre Derechos Humanos. Pacto de San José de Costa Rica, del 22 de Noviembre del 1969. Convenio Europeo para la Protección de los Derechos Humanos y de las Libertades Fundamentales, del 4 de noviembre de 1950.

miembros[2], algunos tribunales nacionales mostraron su preocupación por los efectos que dicha jurisprudencia podría tener sobre la protección de los derechos garantizada en sus constituciones.

Si el Derecho europeo había de prevalecer incluso sobre el Derecho constitucional nacional éste podría llegar a violar los derechos fundamentales. En este sentido, los tribunales constitucionales alemán e italiano emitieron, en 1974, dos sentencias en las que revindicaban la competencia para revisar el Derecho europeo con vistas a garantizar su coherencia con los derechos reconocidos en sus respectivas constituciones (Solange I y Frontini)[3].

Esta reacción, implicaba una ruptura de la uniformidad y preeminencia del Derecho y una posible afectación en la homogeneidad de la aplicación del mismo.

Ello provocó que en la Sentencia Stauder[4] e Internationale Handelsgesellschaft[5], el Tribunal de Justicia se declarase competente para proteger los derechos fundamentales de la persona comprendidos en los principios generales del Derecho Comunitario e inspirados en las tradiciones constitucionales comunes de los estados miembros, así como en los «instrumentos internacionales relativos a la protección de derechos fundamentales». Poste-

---

2 Sentencia del Tribunal de Justicia de 4 de febrero de 1959. Friedrich Stork & Cie contra Alta Autoridad de la Comunidad Europea del Carbón y del Acero. Asunto 1/58. Sentencia del Tribunal de Justicia de 15 de julio de 1960. Organización común de ventas de carbón, «Präsident», «Geitling», «Mausegatt», y Entreprise I. Nold KG contra Alta Autoridad de la Comunidad Europea del Carbón y del Acero.
Asuntos acumulados 36, 37, 38-59 y 40-59.

3 En Italia y Alemania, los tribunales constitucionales buscaron los recursos constitucionales necesarios para reconocer la primacía del Derecho comunitario, pero limitaron su operatividad a través de los *controlimiti* o las reservas constitucionales. Así, en su conocida sentencia Solange I de 20 de mayo de 1974, el Tribunal Constitucional alemán estableció que «en tanto y cuanto el proceso de integración de la Comunidad no se haya desarrollado hasta tal grado que el Derecho Comunitario Europeo también contenga un catálogo de derechos fundamentales, aprobado por un Parlamento y en plena vigencia, el cual sea equiparable al contenido de la Ley Fundamental del Bonn», sí será competente para conocer de un recurso planteado contra un acto comunitario susceptible de violar un derecho reconocido en la Ley Fundamental; BVerfGE 37, 271 (285). Por otra parte, la Corte Constitucional italiana fue el primer alto tribunal que se pronunció de forma clara sobre los *controlimiti,* en la famosa sentencia Frontini (Corte Costituzionale Italiana, núm. 177/1983) donde consideró que la soberanía derivada del proceso de integración europea no podría conducir al otorgamiento a las instituciones europeas de un «poder inadmisible de violar los principios fundamentales de nuestro ordenamiento constitucional o los derechos inalienables de la persona humana».

4 Sentencia del Tribunal de Justicia de 12 de noviembre de 1969. Erich Stauder contra Stadt Ulm - Sozialamt. Petición de decisión prejudicial: Verwaltungsgericht Stuttgart - Alemania. Asunto 29-69.

5 Sentencia del Tribunal de Justicia de 17 de diciembre de 1970. Internationale Handelsgesellschaft mbH contra Einfuhr- und Vorratsstelle für Getreide und Futtermittel. Petición de decisión prejudicial: Verwaltungsgericht Frankfurt am Main - Alemania. Asunto 11-70.

riormente, en el asunto Nold[6] y Rutili[7] precisó con claridad que el Convenio Europeo de Derechos Humanos de 1950 es uno de esos instrumentos jurídicos que vinculan a las instituciones comunitarias.

La ampliación de competencias de la Unión Europea en ámbitos como la justicia y asuntos de interior (JAI), llevada a cabo por el Tratado de la Unión Europea, implicaba un impacto directo en los derechos. La respuesta del ordenamiento comunitario fue incluir en este tratado una referencia al CEDH y a las tradiciones constitucionales comunes de los Estados miembros como principios generales del Derecho de la Unión.

En este sentido, resulta clave el artículo F del Tratado de la Unión, inserto en su Título I, bajo la rúbrica Disposiciones comunes que, en sus dos primeros apartados, establece:

1. La Unión respetará la identidad nacional de sus Estados miembros, cuyos sistemas de gobierno se basarán en los principios democráticos.
2. La Unión respetará los derechos fundamentales tal y como se garantizan en el Convenio Europeo para la Protección de los Derechos Humanos y de las Libertades Fundamentales firmado en Roma el 4 de noviembre de 1950, y tal y como resultan de las tradiciones constitucionales comunes a los Estados miembros como principios generales del Derecho comunitario.

Sin embargo, para entender el alcance jurídico de las normas transcritas debe considerarse que el artículo L del Tratado, excluye de la competencia del Tribunal de Justicia de las Comunidades Europeas, tanto las Disposiciones comunes, como las relativas a la política exterior y de seguridad común (Título V) y a la cooperación en los ámbitos de la justicia y de los asuntos de interior (Título VI). Las consecuencias jurídicas de dicha exclusión formal del control judicial sobre las disposiciones que consagran el respeto de los derechos humanos por la Unión Europea constituyen, sin duda, la clave fundamental para entender la debilidad de las obligaciones asumidas por los Estados.

No obstante, la ratificación del Tratado de Maastricht y del Tratado de Ámsterdam constituyen una etapa fundamental de la evolución del derecho constitucional europeo, calificándose, al mismo tiempo, como una nueva fase del proceso de consolidación de una unión cada vez más sólida entre los pueblos de Europa.

6 Sentencia del Tribunal de Justicia de 14 de mayo de 1974. J. Nold, Kohlen- und Baustoffgroßhandlung contra Comisión de las Comunidades Europeas. Asunto 4-73.

7 Sentencia del Tribunal de Justicia de 28 de octubre de 1975. Roland Rutili contra Ministro del Interior. Petición de decisión prejudicial: Tribunal administratif de Paris - Francia. Orden público. Asunto 36-75.

El Tratado de Ámsterdam confirmó los «principios» europeos en los que se basa la Unión Europea y creó un procedimiento para suspender los derechos previstos por los Tratados en caso de violación grave y persistente de los derechos fundamentales por parte de un Estado miembro.

La redacción de la Carta de los Derechos Fundamentales y su entrada en vigor, junto con el Tratado de Lisboa, son las últimas etapas en este proceso de codificación destinado a garantizar la protección de los derechos fundamentales en la Unión.

En principio, la entrada en vigor de la Carta, el 1 de diciembre de 2009, no pretendió modificar el sistema de control jurisdiccional de la Unión.

El Tratado de Lisboa convierte a la Carta en un instrumento autónomo y vinculante (art. 6 TUE, apartado 1) y mantiene prácticamente intacto el control de legalidad ejercido por el TJUE, así como las normas relativas a la admisibilidad de los recursos interpuestos directamente ante el Tribunal de Justicia.

Sin embargo, el Tratado de Lisboa modifica determinados aspectos del Tratado de Funcionamiento de la Unión Europea (arts. 251 a 281 TFUE) y, en particular, el art. 263 TFUE, cuya finalidad es permitir a una persona física o jurídica interponer un recurso contra los actos de alcance general que no constituyan actos legislativos, que la afecten directamente y que no incluyan medidas de ejecución.

Estas reformas fueron realizadas para satisfacer el mandato previsto en el art. 47 de la Carta de Derechos Fundamentales y con ellas, se ampliaron los supuestos de impugnación directa de los actos normativos de la Unión Europea.

La introducción del cuarto párrafo en el art. 263 TFUE puede ser visto como un significativo avance en la consecución de una verdadera Unión de Derecho a nivel europeo.

Gracias a ello, en este momento los ciudadanos de la Unión Europea, en principio, disponen de un recurso, el recurso de anulación para exigir la protección de los derechos fundamentales de la UE.

No obstante, si bien con el Tratado de Lisboa se ampliaron los supuestos de legitimación activa en el recurso de anulación, en ningún caso este último se ha convertido en una acción general contra todos los actos normativos. Ello porque, según el Tribunal de Justicia de la Unión Europea, la tutela judicial efectiva se garantiza suficientemente a través de la cuestión prejudicial y la excepción de ilegalidad. La posibilidad de dotar a los particulares de tal poder de control equivaldría en la práctica a un control de constitucionalidad que algunos Estados miembros no admiten ni siquiera para impugnar internamente sus leyes o reglamentos[8]. Por otra parte, «un acto legislativo

8 Auto del Tribunal General (Sala Séptima ampliada) de 6 de septiembre de 2011, Inuit Tapiriit Kanatami y otros c. Parlamento y Consejo, asunto T-18/10, ECLI:EU:T:2011:419, apartados 40-43 y 49.

puede ser objeto de un recurso de anulación por parte de una persona física o jurídica únicamente si la afecta directa e individualmente»[9].

En relación con todo ello, aunque a primera vista podría sostenerse que la legitimación activa de las personas físicas y jurídicas alcanza cualquier acto de alcance general, siendo irrelevante su naturaleza (legislativa, no legislativa, delegada o de ejecución), el Tribunal de Justicia concluyó que el art. 263 TFUE, párrafo cuarto, «se refiere únicamente a los actos no legislativos adoptados bajo la forma de actos delegados, actos de ejecución o, incluso, actos resultantes de actividad no legislativa autónoma, independientemente de la tipología escogida y siempre que afecten directamente a los particulares y no incluyan medidas de ejecución»[10].

Por su parte, la protección mediante vías indirectas no garantiza el cumplimiento del art. 47 CDFUE ya que, en primer lugar, la remisión de una cuestión prejudicial no depende de la voluntad del particular afectado, sino de la discrecionalidad del órgano judicial nacional que conoce del asunto; y, en segundo lugar, en caso de incumplimiento del deber de plantear la cuestión prejudicial por un órgano judicial de última instancia, esta violación podría ser evaluada de manera efectiva solo en aquellos Estados que cuentan con un recurso extraordinario contra las decisiones judiciales ante la Corte o Tribunal Constitucional.

Las limitaciones hasta aquí puestas en evidencia hubiesen podido ser compensada a través de la adhesión de la Unión Europea al Convenio Europeo para la Protección de los Derechos Humanos y de las Libertades Fundamentales.

En este sentido, el artículo 6.2 del Tratado de Lisboa dispone, de manera imperativa que: «La Unión se adherirá al Convenio Europeo para la Protección de los Derechos Humanos y de las Libertades Fundamentales. Esta adhesión no modificará las competencias de la Unión que se definen en los Tratados».

Además, el Consejo Europeo en diciembre de 2009 declaró que «tras la entrada en vigor del Tratado de Lisboa, la rápida adhesión de la Unión al Convenio europeo para la protección de los derechos humanos y de las libertades fundamentales es de importancia crucial»[11]. El 1 de junio de 2010 entró

9 La afectación directa es explicada por el Tribunal de Justicia en los siguientes términos: «Para que una persona resulte directamente afectada, la medida comunitaria impugnada debe surtir efectos directos en la situación jurídica del particular y no debe permitir ninguna facultad de apreciación a los destinatarios de dicha medida que están encargados de su aplicación, por tener ésta un carácter meramente automático y derivarse únicamente de la normativa comunitaria sin aplicación de otras normas intermedias» (asunto Dreyfus v. Comisión, resuelto por STJCE 5 de mayo de 1998, C-386/96 P).

10 Alonso García, R. (2010). «Lisboa y el Tribunal de Justicia de la Unión Europea». *WP IDEIR*, Universidad Complutense de Madrid, núm. 1, 2010, https://www.ucm.es/data/cont/docs/100-2013-10-14-documento23024.pdf p. 15

11 Programa de Estocolmo – Una abierta y segura que sirva y proteja al ciudadano, DOC 115 de 4.5.2010, p. 8.

en vigor el Protocolo 14 al Convenio Europeo, cuyo artículo 17 expresamente prevé que «la Unión Europea podrá adherirse al presente Convenio»[12].

Cumpliendo estas previsiones, el Consejo adoptó el 4 junio de 2010 una decisión por la que autorizaba la apertura de las negociaciones con el Consejo de Europa relativas al acuerdo de adhesión, siendo designada negociadora la propia Comisión. A partir de aquí comenzaron unas complejas reuniones de trabajo que se extendieron a lo largo de tres años y en las que se tuvieron muy en cuenta las reticencias mostradas por el Tribunal de Justicia con el Dictamen de 1994[13]. Las negociaciones concluyeron en abril de 2013. En julio de 2013, la Comisión pidió al Tribunal de Justicia que se pronunciara acerca de la compatibilidad de este acuerdo con los Tratados. El 18 de diciembre de 2014, el Tribunal emitió un dictamen negativo en el que declaraba que el proyecto de acuerdo podía afectar negativamente a las características específicas y a la autonomía del Derecho de la Unión[14].

El Dictamen 2/2013 del Pleno del Tribunal de Justicia ha sido, sin duda, un jarro de agua fría para los defensores de la adhesión. Frente a las tesis a favor del Parlamento Europeo, de la Comisión, del Consejo, y de 24 gobiernos nacionales, el Tribunal consideró que el Proyecto de acuerdo no había tenido en cuenta las características específicas del Derecho de la Unión. En consecuencia, teniendo en cuenta varios problemas identificados, concluyó afirmando que dicho Proyecto no era compatible con las disposiciones del Derecho de la Unión y que la competencia del Tribunal de Justicia para conocer de cualquier litigio entre Estados miembros y entre éstos y la Unión, relacionados con el cumplimiento del CEDH, no permitía un parecer contrario. De acuerdo con el Dictamen, cuando se cuestiona el Derecho de la Unión, el Tribunal de Justicia tiene competencia exclusiva para conocer de cualquier litigio entre Estados miembros y entre éstos y la Unión relacionado con el cumplimiento del CEDH. El hecho de que, según el Proyecto de acuerdo, los procedimientos ante el Tribunal de Justicia no deban considerarse modos de solución de controversias a los que las Partes Contratantes renuncian con arreglo al CEDH no basta para preservar la competencia exclusiva del Tribunal de Justicia. En efecto, el Proyecto de acuerdo deja subsistente la posibilidad de que la Unión o los Estados miembros planteen una demanda ante el TEDH que tenga por objeto una supuesta violación del CEDH cometida por un Estado miembro o por la Unión en relación con el Derecho de la Unión. La existencia misma de esta posibilidad vulnera las exigencias del Tratado FUE. En estas circunstancias, el Proyecto de acuerdo únicamente podría ser compa-

12 Artículo 59.2 del texto consolidado del Convenio Europeo.

13 Dictamen 2/94 del Tribunal de Justicia de 28 de marzo de 1996. Dictamen emitido con arreglo al apartado 6 del artículo 228 del Tratado CE «Adhesión de la Comunidad al Convenio para la Protección de los Derechos Humanos y de las Libertades Fundamentales».

14 Dictamen 2/13 del Tribunal de Justicia (Pleno) de 18 de diciembre de 2014. Solicitud de dictamen presentada por la Comisión Europea en virtud del art. 218 TFUE, ap. 11 (Dictamen 2/13) 2013/C 260/32, DO C 2060 de 7.9.3013.

tible con el Tratado FUE si la competencia del TEDH estuviese expresamente excluida respecto de los litigios entre Estados miembros o entre éstos y la Unión relacionados con la aplicación del CEDH en el marco del Derecho de la Unión.

La negociación conducente a la adhesión al CEDH por parte de la propia UE encallaron hace ya 10 años y allí todo quedó.

5.2. El reconocimiento, protección y garantía de derechos en la Comunidad Andina

La Comunidad Andina es un proceso de integración económica y social cuya finalidad es «procurar un mejoramiento persistente en el nivel de vida de los habitantes de la Subregión». Así lo reconoce expresamente el artículo 1 del Acuerdo de Cartagena, instrumento constitutivo de esa iniciativa integracionista. Un aspecto de fundamental importancia para alcanzar la finalidad propuesta por los Países Miembros: Bolivia, Colombia, Ecuador y Perú[15], es el reconocimiento, la debida protección y el establecimiento de mecanismos eficaces de garantía de los derechos de los ciudadanos andinos; quienes, conjuntamente con los Estados, son también destinatarios de las normas que conforman el ordenamiento jurídico comunitario andino.

No debe perderse de vista que el propio Acuerdo de Cartagena establece, entre otros, los siguientes objetivos de la integración andina: promover el desarrollo equilibrado, equitativo y armónico de los Países Miembros; acelerar el crecimiento económico y la generación de empleo; y fortalecer la solidaridad y reducir las diferencias estructurales. Así y con el propósito de avanzar hacia su consecución, dicho Acuerdo prevé una serie de mecanismos, entre los que se destacan la armonización gradual de políticas económicas y sociales[16]; y, los programas y acciones concertadas en materia de cooperación económica y social[17] que, entre otros, están destinados a:

1. Eliminar la pobreza y lograr la justicia social;
2. Afirmar la identidad cultural, formar valores ciudadanos y asegurar la participación plena de los habitantes de la Subregión en el proceso de integración;
3. Desarrollar programas y proyectos en los campos de la salud, la seguridad social, la vivienda de interés social, la educación y cultura.

---

15 El Acuerdo de Integración Subregional Andino (Acuerdo de Cartagena) fue suscrito en 1969 e, inicialmente, la República de Chile formaba también parte del entonces denominado Pacto Andino o Grupo Andino. En 1973 se incorporó la República de Venezuela. Posteriormente, en 1976, Chile se retiró del proceso y en el año 2006 Venezuela siguió el mismo camino.

16 Ver literal b) del artículo 3 del Acuerdo de Cartagena.

17 Ver el Capítulo XVI del Acuerdo de Cartagena.

4. Promover iniciativas dirigidas a la protección y el bienestar de la población trabajadora;
5. Armonizar políticas en los campos de la participación de la mujer en la actividad económica; de apoyo y protección a la infancia y a la familia; y, de atención a las etnias y a las comunidades locales y,
6. Acciones para el aprovechamiento y conservación de los recursos naturales y del medio ambiente[18].

En ese contexto, es más que evidente que se requiere el esfuerzo mancomunado de los actores públicos y privados, nacionales y comunitarios para materializar los objetivos y la finalidad de la integración andina. En gran medida, esa labor está orientada a coadyuvar, desde el espacio Subregional, en las tareas que ya desempeñan los Estados nacionales con miras a garantizar una vida digna a las personas. En ese sentido, debe considerarse también el necesario deslinde competencial entre los órganos nacionales y las instituciones comunitarias, particularmente en tres momentos clave: i) el diseño de políticas públicas, ii) la adopción de normas jurídicas vinculantes; y, iii) la garantía jurisdiccional de derechos.

Sobre el particular, resulta pertinente recordar lo señalado por la Corte Constitucional de la República de Colombia, en su Sentencia C-231/97 de 15 de mayo de 1997[19], emitida en el marco del proceso de revisión de constitucionalidad de la Ley que aprobó el Protocolo de Trujillo, por el que se modificó el Acuerdo de Cartagena y se creó la Comunidad Andina:

> «El lazo que une al ciudadano con las autoridades nacionales, ahora se extiende respecto de los órganos comunitarios, que también son titulares del poder público y que como tales no pueden ignorar que sus atribuciones tienen origen en la decisión de pueblos soberanos que condicionan positivamente su ejercicio al respeto de principios jurídicos que se sitúan en un plano superior».

En ese breve extracto están condensadas nociones trascendentales en torno al tema que nos ocupa. Si bien están referidas al caso colombiano, bien podrían extrapolarse a todos los Países Miembros de la CAN. En primer lugar, merece destacarse que, en línea con la finalidad de la Comunidad Andina indicada en líneas precedentes, se reconoce el vínculo que existe entre los ciudadanos andinos y la nueva estructura institucional, que forma parte del

18 Ver literal d) del artículo 3 del Acuerdo de Cartagena.

19 Disponible en el siguiente enlace: https://www.corteconstitucional.gov.co/relatoria/1997/C-231-97.htm#:~:text=C%2D231%2D97%20Corte%20Constitucional%20de%20Colombia&text=El%20Protocolo%20Modificatorio%20del%20Acuerdo,institucional%20del%20pacto%20de%20integraci%C3%B3n.
Fecha de consulta: 10 de mayo de 2024

denominado Sistema Andino de Integración (SAI)[20]. Vale decir que no se trata de una esfera administrativa aislada y alejada de las necesidades y legítimas expectativas de los ciudadanos, sino de un sistema organizado y estructurado en función precisamente de esas necesidades y expectativas. Dicho vínculo, se apoya en tres elementos fundamentales:

1. Por el principio de atribución de competencias, propio del derecho comunitario, los órganos e instituciones que forman parte de un proceso de integración regional actúan en el marco de las competencias atribuidas por los Estados (explícita e implícitamente), para alcanzar los fines de la integración. Ahora bien, la delegación del ejercicio de algunas competencias en materias específicas que inicialmente estaban reservadas para los poderes constituidos nacionales responde a la voluntad soberana de los pueblos expresada por medio de sus representantes.
2. El ejercicio de la actividad misional de los órganos e instituciones comunitarias, en los límites de las competencias que les fueron atribuidas por los Estados, no es otra cosa que el ejercicio del poder público. Tomando en cuenta que, desde la perspectiva de la teoría democrática, el titular de dicho poder público es el pueblo soberano, su legítimo ejercicio sea por parte de los órganos nacionales o comunitarios debe estar orientado, entre otros, a reconocer, proteger y garantizar los derechos de los ciudadanos.
3. La actuación de los órganos e instituciones comunitarias está condicionada, no solamente por los límites formales previstos en sus instrumentos constitutivos o por los fines que busca un proceso integrador, sino también por los principios jurídicos fundamentales destinados a proteger la dignidad y los derechos fundamentales de las personas.

---

20 Acuerdo de Cartagena.
«Artículo 6.- El Sistema Andino de Integración está conformado por los siguientes órganos e instituciones:
- El Consejo Presidencial Andino;
- El Consejo Andino de Ministros de Relaciones Exteriores;
- La Comisión de la Comunidad Andina;
- La Secretaría General de la Comunidad Andina;
- El Tribunal de Justicia de la Comunidad Andina;
- El Parlamento Andino;
- El Consejo Consultivo Empresarial;
- El Consejo Consultivo Laboral;
- La Corporación Andina de Fomento;
- El Fondo Latinoamericano de Reservas;
- El Convenio Simón Rodríguez, los Convenios Sociales que se adscriban al Sistema Andino de Integración y los demás que se creen en el marco del mismo;
- La Universidad Andina Simón Bolívar;
- Los Consejos Consultivos que establezca la Comisión; y,
- Los demás órganos e instituciones que se creen en el marco de la integración subregional andina».

Con relación a los dos últimos aspectos, corresponde mencionar que el propio Tribunal de Justicia de la Comunidad Andina (en lo sucesivo, el TJCA), en atención a una consulta prejudicial formulada por la Corte Constitucional de Colombia, se pronunció en el siguiente sentido:

> «Los principios generales del derecho también gozan de la virtud de servir de fundamento para que la jurisdicción comunitaria pueda valerse de ellos en apoyo de la interpretación del derecho, siempre que tales principios tengan el carácter de universalmente aceptados o que sean comunes a los países que se integran, tales como los derechos fundamentales del ser humano»[21].

Como puede apreciarse, los derechos fundamentales del ser humano fueron reconocidos por el órgano jurisdiccional comunitario andino como principios generales del derecho, que sirven de parámetro para la interpretación de las normas que conforman el ordenamiento jurídico comunitario. Considerando que el TJCA detenta la competencia exclusiva y excluyente de interpretar dichas normas, a fin de que sean aplicadas de manera uniforme en el territorio de la Subregión, es patente que ese reconocimiento vinculó al propio Tribunal en cuanto a sus futuros pronunciamientos. Del mismo modo, ese entendimiento vincula también a todas las instancias nacionales administrativas y jurisdiccionales que tienen que resolver las pretensiones de los particulares, con base en las interpretaciones prejudiciales del TJCA.

Ahora bien, más allá de la importancia de ese pronunciamiento de carácter general, es pertinente indicar que el propio ordenamiento jurídico comunitario andino reconoce una serie de derechos, pero lo hace de manera dispersa en las distintas normas que conforman el acervo comunitario. A manera de ejemplo, los ciudadanos andinos tienen el derecho a la libre circulación por la Subregión y, en consecuencia, tiene derecho a no ser discriminados en razón de su nacionalidad, tanto si se encuentran en calidad de turistas, si son residentes temporales o permanentes, o si pretenden ejercer alguna actividad económica. Del mismo modo, los migrantes laborales andinos tienen derecho a la seguridad social, a la salud y seguridad en el trabajo. Están reconocidos los derechos a recibir protección consular fuera del territorio andino, al acceso a la información, al derecho de petición, entre otros[22].

Frente a ese escenario, fue recién en el año 2002 que los presidentes de los Países Miembros decidieron «proclamar de manera conjunta los principios, objetivos y compromisos de la Comunidad Andina con la promoción

---

21 Ver «Interpretación prejudicial recaída en el proceso 1-IP-96 del 9 de diciembre de 1996», publicada en la *Gaceta Oficial del Acuerdo de Cartagena* 257 del 14 de abril de 1997. Disponible en el siguiente enlace:
https://www.comunidadandina.org/DocOficialesFiles/Gacetas/gace257.pdf
Fecha de consulta: 10 de mayo de 2024.

22 Ver: Secretaría General de la Comunidad Andina, *Derechos del ciudadano andino*, 2010, págs. 47 a 49.

y protección de los derechos humanos». En consecuencia, suscribieron la «Carta andina para la promoción y protección de los derechos humanos». Este instrumento que ha sido calificado como un «acto concertado no convencional»[23] es una ambiciosa declaración con clara vocación política y ética, pero que carece de efecto jurídico vinculante.

En ese sentido, en su disposición final se establece una instrucción a los cancilleres de los países andinos para revisar cada cuatro años el contenido de dicho instrumento, a fin de actualizarlo y perfeccionarlo. Asimismo, se encargó al Consejo Andino de Ministros de Relaciones Exteriores (CAMRE) la decisión de tornar vinculantes las disposiciones de la Carta «en el momento oportuno». En 2024, habiendo transcurrido 22 años desde su suscripción, no sucedió ni lo uno ni lo otro. La Carta no fue objeto de revisión, actualización ni perfeccionamiento y, para el CAMRE nunca llegó el «momento oportuno» para pronunciarse sobre el carácter vinculante de sus disposiciones.

En ese escenario, fue una vez más el TJCA, aprovechando las pocas oportunidades que tuvo, el órgano comunitario que expresamente manifestó lo siguiente:

> «Si bien no es vinculante, este Tribunal considera que la Carta Andina para la Promoción y Derechos Humanos, adoptada por el Consejo Presidencial Andino el 26 de julio de 2002, constituye un parámetro interpretativo del derecho comunitario andino»[24].

El reconocimiento de derechos en el ordenamiento jurídico andino tiene su correlato en el surgimiento de obligaciones a cargo de los Estados. Frente al incumplimiento de esas obligaciones, las personas afectadas en sus derechos tienen dos vías alternativas para promover el cambio de la conducta estatal. La primera es acudir ante las autoridades administrativas o jurisdiccionales nacionales, caso en el cual, será necesario contar con la interpretación prejudicial del TJCA antes de emitir un pronunciamiento en sede nacional. La segunda es iniciar una acción de incumplimiento ante el mecanismo andino de solución de controversias. Dicha acción tiene dos fases: una administrativa que está a cargo de la Secretaría General de la Comunidad Andina y otra judicial que se tramita en el TJCA. En ambas alternativas interviene el TJCA, órgano judicial supranacional que, tal como se evidenció, reconoce los derechos fundamentales como principios aplicables en la jurisdicción andina.

---

23 Salmón Garate, E. «La Carta Andina para la Promoción y Protección de los Derechos Humanos», en *Derecho Comunitario Andino,* obra colectiva, Lima, 2003, págs. 449 a 462.

24 Ver «Interpretación prejudicial recaída en el proceso 486-IP-2016 del 16 de marzo de 2017», publicada en la *Gaceta Oficial del Acuerdo de Cartagena* 3010 del 28 de abril de 2017. Disponible en: https://www.comunidadandina.org/DocOficialesFiles/Gacetas/GACE3010.pdf Fecha de consulta: 10 de mayo de 2024.

A diferencia de lo que ocurre en la Unión Europea, en la Comunidad Andina los ciudadanos tienen reconocida la legitimidad activa para acudir de manera directa ante el mecanismo andino de solución de controversias. Así, bien pueden iniciar una acción de nulidad para promover el control de legalidad y validez de normas generales de efectos *erga omnes*, como las Decisiones del CAMRE o la Comisión; o, de actos jurídicos con efectos particulares, como las Resoluciones de la Secretaría General. En el mismo sentido pueden iniciar acciones de incumplimiento o plantear demandas laborales contra los órganos e instituciones del SAI. Inclusive puede plantear Recursos por omisión. En todos los casos deben acreditar que la vigencia de una norma o acto jurídico, la conducta de un país o las determinaciones u omisiones de un órgano del SAI, según corresponda, afecta a sus derechos subjetivos o a sus intereses legítimos.

Sobre la base de las consideraciones precedentes, es pertinente hacer referencia a los casos en los que el TJCA ha establecido que los principios fundamentales inherentes a los derechos humanos deben servir como directrices para la interpretación, aplicación y desarrollo del derecho comunitario andino. Especialmente, porque esos principios están estrechamente ligados con el objetivo de mejorar el bienestar y el nivel de vida de los ciudadanos andinos, tal como se establece en el Acuerdo de Cartagena.

Así, en el proceso 137-IP-2003[25], el TJCA interpretó la Decisión 436 que regulaba el registro y control de plaguicidas químicos de uso agrícola en la Subregión, en el marco de una acción de inconstitucionalidad tramitada ante la Corte Constitucional de Colombia, contra una ley nacional que pretendía regular la misma materia y que, en criterio del demandante, vulneraba los derechos a la vida y la salud de las personas consagrados en la citada Decisión andina. En esa oportunidad, el Tribunal determinó lo siguiente:

> «El mejoramiento del nivel de vida de los habitantes de los Estados Miembros se constituye en un fin propio y en el interés fundamental de la Comunidad. Se trata de un bien jurídico digno de tutela que, puesto en relación con el objetivo del desarrollo, conduce a una concepción amplia de este objetivo, basada en las necesidades fundamentales de los habitantes de la Subregión
>
> La Decisión 436 de la Comisión de la Comunidad Andina presupone el interés comunitario en el mejoramiento del nivel de vida de los habitantes de la Subregión, toda vez que, en lo principal, procura la seguridad de los alimentos de origen agrícola que consumen, así como la tutela preventiva de su salud».

25 «Interpretación prejudicial recaída en el proceso 137-IP-2003 del 10 de marzo de 2004», publicada en la *Gaceta Oficial del Acuerdo de Cartagena* 1054 del 15 de abril de 2004. Disponible en: https://www.comunidadandina.org/DocOficialesFiles/Gacetas/Gace1054.pdf Fecha de consulta: 10 de mayo de 2024.

Es evidente la preocupación del TJCA por vincular la necesaria tutela preventiva del derecho a la salud, con la finalidad última del proceso integrador andino. De esta manera, declara que la efectiva garantía del derecho a la salud forma parte del proceso de mejoramiento del nivel de vida de los habitantes, el cual constituye, a su vez y por sí mismo, un bien jurídico digno de tutela.

En otro proceso, esta vez en el marco de una acción de incumplimiento interpuesta contra Perú[26] por la expedición de una norma nacional que, del mismo modo, pretendía establecer un régimen jurídico excepcional para la comercialización de plaguicidas químicos de uso agrícola, expresó el TJCA que:

> «Es evidente, entonces, que el soporte y sustento de un sistema armonizado de registro y control de plaguicidas es la protección de la vida, la salud y el medio ambiente (...) Permitir la existencia de grupos con trato preferencial en esta materia, sería negar en la práctica la realización de los valores fundamentales que intenta proteger la normativa comunitaria, ya que más allá de las intensiones de competitividad y productividad en los que se apoyan la normativa interna alegada, se deben proteger de manera primaria y fundamental la salud y el medio ambiente. Al estar enfrentados estos derechos, es decir, el del desarrollo agrícola y competitivo frente a la vida, la salud y el acceso a un ambiente sano, es patente para el Tribunal que el primero debe ceder frente a los segundos»

Puede apreciarse como el Tribunal comunitario realizó, en ese caso, un verdadero ejercicio de ponderación para concluir que la conducta de los Estados materializada en ese caso mediante la expedición de una ley local tiene como límite el irrestricto respeto a bienes jurídicos de superior jerarquía (los derechos fundamentales a la vida, la salud y a un ambiente sano).

En otra sentencia, el TJCA hizo referencia al principio del complemento indispensable. En aplicación del citado principio, los Estados pueden legislar sobre aquellas materias o temas que no están regulados por las normas andinas, o para complementarlas, cuando sea necesario. Sin embargo, deja claramente establecido el Tribunal que, los Países Miembros:

> «...no podrán incorporar, en sus legislaciones, exigencias o requisitos adicionales, o dictar reglamentaciones que, de una u otra manera, entren en conflicto con el derecho comunitario andino o restrinjan aspectos esenciales regulados por él, de manera que signifiquen, por ejemplo, una menor protección de los derechos consagrados por la norma comunitaria»[27].

26 Sentencia de fecha 27 de enero de 2009, emitida en el proceso 05-AI-2008, publicada en la Gaceta Oficial del Acuerdo de Cartagena 1824 del 26 de abril de 2010. Disponible en: https://www.comunidadandina.org/DocOficialesFiles/Gacetas/Gace1824.pdf Fecha de consulta: 10 de mayo de 2024.

27 *Ibidem*.

Así, frente a la progresión de derechos que opera en el nivel regional, mal podrían las legislaciones locales desconocer o restringir la protección de determinados derechos previstos en las normas andinas.

En otro caso y con oportunidad de interpretar la Decisión 197 sobre tecnología, Higiene e Inspección Sanitaria del Comercio de Ganado Bovino para Beneficio, Mataderos y Comercio de Carne Bovina[28], aprovechó el TJCA para posicionarse en favor de la defensa de los derechos a la salud, la vida y la protección del derecho a un ambiente sano, en cuanto bienes subregionales de primer orden.

En esa misma línea y en un pronunciamiento más reciente[29], el Tribunal andino profundizó el análisis sobre el derecho a un ambiente sano, a la salud de la población y a la protección de los recursos naturales, como fundamentos de la «Política Andina de Lucha contra la Minería Ilegal», adoptada mediante Decisión 774. Sobre el particular, declaró el TJCA en lo principal que los Estados tienen la facultad de ejecutar de manera directa, «acciones operativas de fiscalización y sanción que signifiquen el decomiso o incautación de los bienes, maquinarias (...) utilizados para el desarrollo de la minería ilegal».

Al respecto, una de las cuestiones que debía resolver el Tribunal andino era si esas disposiciones vulneraban o no el derecho de propiedad. Para el efecto, se tomó en cuenta el estándar de protección establecido por la Corte Interamericana de Derechos Humanos (CIDH) en el caso «Salvador Chiriboga contra Ecuador», en cuanto al derecho de propiedad. Sobre esa base, se destaca que ese derecho no es absoluto y que la propiedad obedece a un fin social en el marco de una sociedad democrática. Así, concluye el TJCA que se justifica la restricción al derecho a la propiedad, «en la medida de la necesidad de protección del bien común y de los derechos colectivos, entre los cuales evidentemente está el derecho a la salud y al ambiente sano». Por último, deja claramente establecido el Tribunal que esa restricción del derecho a la propiedad será eficaz, «cuando se la haga efectiva conforme a los derechos y garantías del debido proceso».

Vale la pena recalcar que no es la primera vez que el TJCA dialoga con la jurisprudencia de la CIDH. En efecto, así también lo hizo en el momento de absolver una consulta prejudicial formulada por la Corte Constitucional de

28 «Interpretación prejudicial recaída en el proceso 90-IP-2008 del 22 de agosto de 2008», publicada en la *Gaceta Oficial del Acuerdo de Cartagena* 1662 del 9 de octubre de 2008. Disponible en: https://www.comunidadandina.org/DocOficialesFiles/Gacetas/Gace1662.pdf Fecha de consulta: 10 de mayo de 2024.

29 Sentencia de fecha 4 de octubre de 2023, emitida en el proceso 01-CPV-2021, publicada en la Gaceta Oficial del Acuerdo de Cartagena 5332 del 5 del mismo mes. Disponible en: https://www.comunidadandina.org/DocOficialesFiles/Gacetas/GACETA%205332.pdf Fecha de consulta: 10 de mayo de 2024.

Colombia[30], en el marco de una acción de tutela de derechos, promovida por la Organización Nacional Indígena de Colombia (ONIC), contra dos actos administrativos de concesión del registro de las marcas COCA INDÍGENA y COCA ZAGRADHA (ambas mixtas), que reproducían sin su consentimiento símbolos heráldicos de varios pueblos indígenas. De esta manera, al interpretar la causal de irregistrabilidad de marca prevista en el Literal g) de la Decisión 486, el TJCA reconoció que el objetivo de esa disposición es «... la protección de los derechos propios de los pueblos indígenas, afroamericanos o locales, de conformidad con su etnia, cultura y conocimientos tradicionales».

Al respecto, afirma el Tribunal que, para registrar como marca, un signo que constituya la expresión de la cultura o práctica de una de esas comunidades se requiere contar con el consentimiento expreso de la misma. Así, se concluye que la vía idónea para obtener ese consentimiento es la «consulta previa» y que la misma debe ser realizada de conformidad con los estándares previstos en las esferas interamericana y universal de protección de los derechos de los pueblos indígenas. En esa línea, se cita como referencia el caso «Pueblo Indígena Kichwa de Sarayaku vs. Ecuador».

Los casos citados en los párrafos precedentes evidencian que el órgano jurisdiccional de la Comunidad Andina reconoce, en primer lugar, a los derechos fundamentales como principios jurídicos de superior jerarquía en la Subregión. Dichos principios deben orientar la labor legislativa y el diseño de políticas públicas nacionales y comunitarias, así como, la solución de las controversias que se susciten, tanto en sede nacional como en sede comunitaria y que estén vinculadas con el efectivo ejercicio de esos derechos.

Al efecto, es menester considerar que los principios en comento ya se encuentran previstos en los sistemas universales y regionales de protección de los derechos humanos, con lo que cabe preguntarse si realmente es necesaria una regulación adicional en el plano Subregional. Por otra parte, en ambos sistemas ya se ha desarrollado un corpus trascendental de jurisprudencia, con miras a tutelar efectivamente los derechos fundamentales de las personas. Así, frente a la omisión del CAMRE en cuanto a la actualización y la declaración como vinculante de la «Carta andina para la promoción y protección de los derechos humanos», hizo bien el TJCA en reconocer a los derechos fundamentales, tanto aquellos recogidos en instrumentos internacionales, como en las Cartas políticas de los Países Miembros, como principios aplicables para resolver controversias comunitarias.

Siguiendo esa dirección, hizo bien el Tribunal, aunque evidentemente no en todos los casos, en apoyar sus decisiones en sendos estándares establecidos por la CIDH. Así, por una parte, se evita un solapamiento del derecho

30 Sentencia de fecha 24 de octubre de 2012, emitida en el proceso 60-IP-2012, publicada en la Gaceta Oficial del Acuerdo de Cartagena 2157 del 27 de febrero de 2013. Disponible en: https://www.comunidadandina.org/DocOficialesFiles/Gacetas/Gace2157.pdf
Fecha de consulta: 10 de mayo de 2024.

sustantivo y, por otra, se genera una enriquecedora dinámica de cooperación judicial informal, pues no está institucionalizada; mediante la cual, en el plano Subregional de la integración económica y social también resultan aplicables los estándares de protección de derechos fundamentales desarrollados en el sistema interamericano. Esa práctica tiene el potencial de generar mayor previsibilidad y seguridad jurídica, al tiempo en que viabiliza una mayor compatibilidad y armonía entre los compromisos que han asumido los Estados en la esfera subregional como en la interamericana.

Los ciudadanos andinos son los principales beneficiarios, ya que, frente al incumplimiento de los compromisos y obligaciones de un Estado, lo cual puede ocasionar una vulneración de sus derechos, tienen abiertas varias posibilidades para ejercer el derecho a la defensa y buscar una efectiva tutela judicial, con la seguridad de que serán aplicados los mismos estándares de protección. Resta señalar que en los Andes no se ha planteado formalmente el debate acerca de la participación directa de la Comunidad Andina, sus órganos e instituciones, en el sistema interamericano de protección de derechos. Un tema que requiere particular atención y análisis.

Conclusiones

El análisis de los procesos comunitario europeo y andino permiten algunas consideraciones finales comunes.

La primera es que, la proclamación o reconocimiento jurídico de una carta de derechos que, sin duda refuerza formalmente el sistema de protección de los mismos y permite a los ciudadanos conocer su existencia, no impide que desde un planteamiento crítico y realista se pueda defender que la sola existencia de una Carta de derechos no es suficiente para resolver todos los problemas que suscita la cuestión relativa a la protección y garantía de los derechos en procesos de integración regional. A pesar de quedar abierta la cuestión relativa a su valor jurídico y su vinculatoriedad, esta última, al final, no es tan problemática como pudiera parecer, puesto que la Carta, si existe voluntad para ello de parte de los operadores de justicia, bien puede llegar a producir efectos jurídicos y ser objeto de aplicación efectiva en el plano jurisprudencial y legislativo. No obstante, lo cierto es que la cuestión relativa a un catálogo de derechos es una pieza más del engranaje de una maquinaria en la que quedan muchos más elementos por encajar.

De hecho, está por resolverse la cuestión relativa a las relaciones entre los sistemas comunitarios y los de protección internacional de Derechos Humanos, en los distintos aspectos que se suscitan: la compatibilidad entre la jurisprudencia de los tribunales de integración y la jurisprudencia de la cortes de derechos humanos, la compatibilidad de los actos de las instituciones de los procesos de integración con los derechos garantizados en las Convenciones y, en relación con esta cuestión, el control de dicha compatibilidad.

Finalmente, está también pendiente el tema de cómo mejorar el sistema de recursos de los particulares contra actos de Derecho Comunitario. Teniendo en cuenta la excepcionalidad de la posibilidad que tiene un individuo de recurrir por anulación a un acto de Derecho Comunitario.

Probablemente, el sistema debería completarse con algún mecanismo que, de forma similar al recurso del que disponen los ciudadanos ante los respectivos tribunales constitucionales nacionales, pueda ser utilizado como garantía última de la protección de los derechos en el marco de los procesos de integración. Esta previsión parece particularmente necesaria si efectivamente se quiere avanzar en la constitucionalización de un proceso de integración regional democrático, que llegue a configurar al tribunal comunitario como un tribunal constitucional. Sin duda este reconocimiento no es fácil de alcanzar porque solo podría darse a partir de la voluntad de construcción de un proyecto federal de integración. Mientras, la solución más garantista, aunque como se vio no más sencilla, es la de defender la necesaria adhesión de la CAN y de la UE a las Convenciones de protección de Derechos Humanos y someter así los estándares comunitarios de protección y garantía de derechos a los de las Cortes de Derechos Humanos. Pero esta es una agenda en la que tanto el debate jurídico como la voluntad política tiene todavía mucho camino por andar.

CAPÍTULO VI.

DEMOCRACIA, TRANSPARENCIA Y BUENA GOBERNANZA EN EL DIÁLOGO POLÍTICO PARLAMENTARIO BIRREGIONAL ENTRE LA UNION EUROPEA Y AMERICA LATINA Y EL CARIBE

José Javier J. Fernández Fernández*

Sumario: 6.1. Principios democráticos en los sistemas de integración regional en Europa y América Latina, retos internos y enemigos comunes en el conflicto sistémico que enfrenta a los sistemas democráticos con los autocráticos y totalitarios. 6.2. 50 años de democracia y transparencia en el dialogo político parlamentario birregional entre la Unión Europea y América Latina. 6.3. La Asamblea Parlamentaria EuroLat como máximo exponente de la regularidad y transparencia del diálogo político parlamentario birregional frente a la discontinuidad y opacidad del diálogo ministerial y de la diplomacia tradicional. 6.4. Asimetría en la composición, forma de elección y competencias de los diversos parlamentos que componen la Asamblea EuroLat y buena gobernanza. 6.5. Conclusiones. Bibliografía

* Miembro de la Función Pública Europea en la Secretaría General del Parlamento Europeo entre 1991 y 2021 y Cosecretario de la Asamblea Parlamentaria Euro-Latinoamericana (EuroLat) desde su creación en 2006 hasta 2021. El presente capítulo representas únicamente los puntos de vista de su autor y no compromete al PE en cuanto Institución. josejavier.fernandezfernandez@ret.europarl.europa.eu; +32 498 98 34 62

Resumen: El estado de la democracia, transparencia y buena gobernanza en los procesos de integración regional de los que forman parte los diversos países de la Unión Europea (UE) y de América Latina y el Caribe (ALC) puede ser examinado desde diversos puntos de vista, ya sea desde una óptica puramente estatal; desde la perspectiva de los ciudadanos, electores y sus representantes; o bien desde el entramado institucional del proceso de integración regional de que se trate. En el presente capítulo se analiza la manera en la que los principios de democracia, transparencia y buena gobernanza se manifiestan en lo que denominamos la dimensión parlamentaria de la Asociación Estratégica Birregional UE-ALC. Esta dimensión agrupa diversas instituciones parlamentarias regionales, integradas por los parlamentarios electos, tanto en la Unión Europea y sus Estados Miembros como en los diversos países y organizaciones regionales de integración en América Latina y el Caribe, para constituir lo que conforme a la teoría clásica de la división de poderes se denomina el poder legislativo, esto es, la esencia misma de la democracia representativa. A tal efecto, nos concentraremos, no tanto en las actividades parlamentarias clásicas que corresponden a Parlamentos y Congresos en la esfera nacional, cuanto en sus manifestaciones en el ámbito internacional desde una perspectiva de integración regional y, en su caso, supranacional. Para ello, se examinarán primero los principios democráticos básicos que inspiran los sistemas de integración regional en Europa y América Latina, así como los crecientes retos internos y enemigos comunes que enfrentan sus sistemas democráticos, incluidas la hostilidad e injerencia de los sistemas autocráticos y totalitarios, todo ello también desde una óptica integracionista. Acto seguido, se destaca el extraordinario legado de más de 50 años de democracia y transparencia que subyace en el diálogo político parlamentario iniciado con las Conferencias Interparlamentarias entre el Parlamento Europeo (PE) y el Parlamento Latinoamericano (PARLATINO), desarrolladas entre 1974 y 2005 y continuado por la Asamblea Parlamentaria Euro-Latinoamericana (EuroLat). Esta, tras su creación en octubre de 2006, ha pasado a constituir la dimensión parlamentaria de la Asociación Estratégica Birregional Unión Europea-América Latina (UE-ALC). Resulta de todo ello que la Asamblea Parlamentaria EuroLat se ha convertido en el máximo exponente de la transparencia y regularidad del diálogo político birregional, en contraste con la discontinuidad y opacidad que vienen caracterizando desde su origen al diálogo ministerial intergubernamental y a la diplomacia tradicional a su servicio. Y ello a pesar de la asimetría que caracteriza la composición de la Asamblea y la diversidad y limitación de las competencias, naturaleza jurídica y medios de administración de los diversos parlamentos que integran sus dos componentes. Mucho tiene que ver con ello la adscripción de dichos parlamentos a diferentes modelos: por un lado, al sistema parlamentario clásico que caracteriza al componente europeo de la Asamblea (el PE), frente a los sistemas presidencialistas que inspiran a los Parlamentos y Congresos de su componente latinoamericano (PARLATINO, PARLANDINO, PARLACEN y PARLASUR). Por último, y sobre la base de las experiencias adquiridas, se incluyen algunas conclusiones y recomendaciones para el refuerzo de los sistemas democráticos y parlamentarios tanto en Europa como en América Latina y el Caribe, y por ende de la Democracia, la Transparencia y la Buena Gobernanza del diálogo político parlamentario birregional entre ambos continentes.

Palabras clave: Administración, Asamblea Parlamentaria, Buena Gobernanza, Conferencias Interparlamentarias UE-ALC, Democracia, Dialogo Político, Dimensión Parlamentaria, EuroLat, Asociación Estratégica Birregional, Transparencia

6.1. Principios democráticos en los sistemas de integración regional en Europa y América Latina, retos internos y enemigos comunes en el conflicto sistémico que enfrenta a los sistemas democráticos con los autocráticos y totalitarios

Las disposiciones sobre los principios democráticos básicos que inspiran a los sistemas e instituciones de integración regional tanto en Europa como en América Latina aparecen recogidas expresamente, de una u otra forma y con mayor o menor extensión y alcance, en sus diversos Tratados constitutivos, así como en las Constituciones de sus países miembros. En el caso europeo, estos principios democráticos aparecen reflejados en el Título II del Tratado de la Unión Europea (TUE), conforme a la redacción actual que le dio el Tratado de Lisboa firmado el 13 de diciembre de 2007 y que entró en vigor el 1 de diciembre de 2009[1]. En primer lugar, el respeto del principio de igualdad de sus ciudadanos por parte de la Unión al llevar a cabo sus actividades (artículo 9), así como el derecho de aquéllos a participar en la vida democrática de la Unión (párrafo 3 del artículo 10). Además, el Tratado establece expresamente que el funcionamiento de la Unión se basa en la democracia representativa y que sus ciudadanos estarán directamente representados en la Unión a través del Parlamento Europeo (párrafos 1 y 2 del artículo 10), reafirmando así las características básicas del modelo parlamentario europeo de integración supranacional. Otras especificidades del modelo europeo son, por ejemplo, la previsión de partidos políticos a escala europea (párrafo 4 del artículo 10), el derecho de iniciativa reconocido a un millón al menos de sus ciudadanos a presentar propuestas legislativas (párrafo 11 del artículo 11), o la obligación para las instituciones comunitarias de dar a ciudadanos y asociaciones la posibilidad de expresar sus opiniones en los ámbitos de actuación de la Unión, de mantener con unos y otras un diálogo abierto, transparente y regular y de mantener amplias consultas con las partes interesadas, todo ello con el fin de garantizar la coherencia y transparencia de las acciones de la Unión (párrafos 1,2 y 3 del mismo artículo 11). Además, y con el fin de asegurar la contribución de los Parlamentos nacionales de los Estados miembros al buen funcionamiento de la Unión, se prevé también una serie de acciones específicas, incluidas la cooperación parlamentaria entre ellos y el Parlamento Europeo (artículo 12).

---

1 *DOCE* C 306 de 17 de diciembre de 2007, págs 14-16

Es evidente que lo anterior responde bien al modelo de parlamentarismo característico de la Unión y de sus Estados miembros, mientras que en América Latina predomina un sistema presidencialista que determina y limita el campo de actuación de Asambleas y Congresos en beneficio del poder ejecutivo y presidencial. Ahora bien, lo cierto es que esos principios democráticos básicos como la igualdad de los ciudadanos ante las instituciones y órganos, su representación parlamentaria a través de elecciones libres y su derecho a participar en la vida democrática de los respectivos países e instituciones parlamentarias de integración aparecen igualmente reflejadas, con mayor o menor extensión y de una u otra forma, según las especificidades de cada país y sistema de integración. Baste para ello con revisar por ejemplo las disposiciones contenidas en los Tratados constitutivos de los cuatro Parlamentos regionales latinoamericanos de integración: concretamente, el Parlamento Latinoamericano (PARLATINO), constituido el día 7 de diciembre de 1964 en Lima, Perú; el Parlamento Andino (PARLANDINO), constituido el 25 de octubre de 1979 en La Paz, Bolivia; el Parlamento Centroamericano (PARLACEN), constituido el 28 de octubre de 1991 en Ciudad de Guatemala; y la Comisión Parlamentaria Conjunta del Mercosur, creada el 17 de diciembre de 1994 por el Protocolo de Ouro Preto, Brasil, y a la que remplazó el nuevo Parlamento de Mercosur —PARLASUR—, constituido formalmente el día 6 de diciembre de 2006. Naturalmente, no obsta a lo anterior el diferente nivel de las competencias reconocidas a los distintos Parlamentos, muy amplias por lo que se refiere al PE tras el Tratado de Lisboa, y mucho más limitadas en los cuatro Parlamentos latinoamericanos de integración mencionados, lo que refleja ciertamente el diferente estadio de integración en el que se encuentran, pero sin que ello afecte en absoluto a su legitimación democrática. Y otro tanto cabe decir en lo relativo a los principios de transparencia y buena administración, pues con independencia de sus diferentes especificidades, todos ellos presentan una estructura orgánica y métodos de trabajo típicamente parlamentarios: sede, secretaría, regularidad de sus reuniones, organización del trabajo en pleno y en comisiones permanentes, publicidad de sus debates, elaboración de posiciones oficiales (resoluciones, recomendaciones, dictámenes, etc.).

Cabe destacar también el hecho de que la evolución de las relaciones interparlamentarias entre esos diversos Parlamentos de integración va pareja con la fuerza expansiva de los principios democráticos enunciados en sus respectivos Tratados, así como su progresivo afianzamiento a pesar de las complicadas circunstancias que rodean su puesta en marcha como Asambleas y Parlamentos de Integración de nuevo cuño. En efecto, ya desde sus orígenes a mediados de la década de los setenta del siglo XX, el diálogo interparlamentario birregional se fue asentando en un contexto internacional y regional nada favorable: el sistema monetario de Bretton Woods se derrumba a inicios de esa década, se produce una fuerte crisis del petróleo en 1973 y fracasan los intentos de lograr un Nuevo Orden Económico Internacional y el diálogo Norte-Sur; además se produce entre abril y junio de 1982 la guerra de las Malvinas entre Argentina y el Reino Unido. En América Latina tienen lugar en esos años golpes militares y gobiernos «de facto» en numerosos países, dando lugar a dictaduras, guerras civiles, revoluciones, violaciones de derechos humanos y estancamiento económico y social. En Europa se produce una progresiva mejora de la situación económica, pero reina un clima de división entre el Este y el Oeste, de resentimiento, guerra fría y terrorismo en numerosos países. A pesar de ello, en ambos continentes se produce una verdadera eclosión del espíritu integracionista que se traduce en la firma de numerosos Tratados y en la puesta en marcha de organizaciones e Instituciones de todo tipo que tratan de instaurar y fortalecer, haciendo uso de diferentes métodos y mecanismos, la integración regional y continental tanto en Europa como en América Latina. En Europa, por ejemplo, tiene lugar la Cumbre de Dublín de 1975 en la que por primera vez, los Jefes de Estado y de Gobierno se reúnen como Consejo Europeo; se produce la segunda ampliación de la CE con la adhesión de Grecia en 1979 y posteriormente la de España y Portugal en enero de 1986; el Acta Única Europea entra en vigor el 1 de julio de 1987 y el Mercado Interior se convierte en una realidad el 1 de enero de 1993; para entonces además se ha producido el derrumbe de la Unión Soviética y la caída del Muro de Berlín y del Telón de Acero. En América Latina, se crea el Mercado Común del Caribe (CARICOM) en julio de 1973 y en octubre de 1975 se firma la Convención de Panamá que crea el Sistema Económico Latinoamericano (SELA); los tratados constitutivos del Tribunal de Justicia y del Parlamento andino se firman en 1979 y, en un contexto de avances en la democratización del continente, se firma el Tratado de Montevideo de agosto de 1980 que crea la Asociación Latinoamericana de Integración (ALADI); se crea después, en enero de 1983 el Grupo de Contadora para buscar una salida pacífica a los conflictos centroamericanos, y en enjulio de 1985 el Grupo de Apoyo a Contadora; seguirá después la Cumbre de los Presidentes en Esquipulas y el acuerdo para la creación del Parlamento Centroamericano (PARLACEN) en mayo de 1986. Apenas unos meses más tarde, en diciembre de 1986 se crea el «Grupo de los Ocho» a partir del Grupo de Contadora y del Grupo de Apoyo como mecanismo permanente de consulta y concertación política regional, el cual conducirá tras la Declaración de Roma de diciembre de 1990 a la institucionalización del diálogo ministerial entre la Comunidad Europea y el Grupo de Río, fundamental en el diálogo político birregional desde esa fecha. En definitiva, todo ello constituye buena prueba del espíritu pacífico y democrático que inspira desde sus orígenes a los diversos intentos integradores, lo mismo que el hecho innegable de que todos ellos prevean en el entramado institucional de la integración la presencia de Asambleas y Parlamentos, al lado del ámbito ejecutivo intergubernamental, y como exponente supremo de su naturaleza democrática.

No puede extrañar por ello, por lo que se refiere a la actual Asociación Estratégica Birregional UE-ALC, que sea precisamente la Asamblea Parlamentaria-Euro-Latinoamericana (EuroLat), de la que se tratará en detalle más adelante, la que desde una perspectiva integradora y birregional ha pasado a encarnar la representación misma de los principios democráticos en la Asociación Estratégica, tanto por su composición y funcionamiento como por sus trabajos parlamentarios. Y es que la Asamblea lo ha hecho además de forma explícita, al pronunciarse específicamente sobre las diversas cuestiones relacionadas con la participación ciudadana y la democracia en Latinoamérica y en la Unión Europea, en su Resolución de 29 de marzo de 2014 adoptada en su Séptima Sesión Plenaria de Atenas[2]. A tal efecto, la Asamblea se basa en los diversos Tratados fundacionales, Cartas y Reglamentos de aplicación, Pactos Internacionales de Naciones Unidas, así como también en las numerosas Declaraciones realizadas por las Cumbres de los Jefes de Estado y de Gobierno y por las XVII Conferencias Interparlamentarias referidas en el epígrafe siguiente, Libro Blanco de la Comisión sobre la Gobernanza, así como en numerosos Informes del Programa de las Naciones Unidas para el Desarrollo (PNUD), FLACSO y otros. Acto seguido, la Asamblea formula todo un catálogo de consideraciones y recomendaciones para facilitar y mejorar la participación ciudadana, y por ende la transparencia de los poderes públicos, con el fin de fortalecer, tanto en América Latina como en la Unión Europea, la democracia representativa que las caracteriza, basada en elecciones libres, plurales y transparentes y en el respeto del derecho y libertades fundamentales, al tiempo que las diferencia absolutamente de los regímenes autocráticos y totalitarios.

En la actualidad, los sistemas democráticos en Europa y América Latina sufren, por un lado, de sus propias carencias: populismo y extremismo galopantes, polarización, fragmentación y sectarismo partidistas, corrupción frecuente, colonización política de Instituciones y de la propia Administración en perjuicio de la división de poderes, etc. Como resultado, los proyectos integradores se ven cada vez más amenazados desde el interior. Y esto es nuevo y especialmente peligroso. El propio devenir del proceso de integración europeo ha venido siendo hasta ahora, en expresión de Jean Monnet, uno de sus principales inspiradores, el producto de sucesivas crisis y su respuesta a las mismas. Y esto no ha cambiado hasta el momento, sino al contrario, como ha demostrado durante los últimos años con su capacidad de respuesta y superación, no sin grandes esfuerzos, pero con nuevas iniciativas e instrumentos, ante la gran crisis financiera de 2008, la grave crisis migratoria de 2015, o las más recientes crisis derivadas del BREXIT, la pandemia del COVID-19, la energética y la guerra en Ucrania. De hecho, apenas salida exitosamente de la pandemia con nuevos avances como los empréstitos comunes para relanzar la economía de la Unión, la inesperada y terrible guerra en Ucrania provocada por la invasión de Rusia ha reenviado el proyecto integrador europeo a sus orígenes como instrumento de paz y concordia tras los desastres de las dos guerras mundiales, forzándola a pen-

2 https://www.europarl.europa.eu/eurolat/es/plenary/2014-7th-session (Recuperado el 17 de abril de 2024)

sar en su propia defensa y en el consiguiente aumento de sus capacidades financieras y de sus presupuestos de defensa, a pesar de que la UE no es ni aspira a ser una potencia militar. Además, este conflicto tiene importantes repercusiones también para sus propias políticas y competencias exclusivas en áreas como las relaciones agrícolas y comerciales con Ucrania y sus países vecinos, alterando al tiempo todos los registros de las políticas de la Unión y de sus Estados miembros con Rusia, incluida la adopción a gran escala de medidas restrictivas de todo tipo. En todas esas crisis, sin embargo, ha predominado siempre una voluntad política, democrática e institucional en la Unión y en sus Estados miembros que ha permitido enfrentarlas con éxito. Lo que ha cambiado peligrosamente, sin embargo, es que esos nuevos desafíos internos afectan cada vez más a la forma y esencia de la democracia, a la transparencia y a la buena administración, pues como es notorio populismo y extremismo, en particular, conllevan un auge del nacionalismo (y su trasunto, la guerra, como ilustra bien el caso europeo) y el decaimiento simultáneo del espíritu integrador.

Por si fuera poco, los sistemas democráticos en Europa y América Latina se enfrentan cada día al creciente conflicto sistémico abierto entre las democracias representativas occidentales y poderosos sistemas autocráticos y autoritarios en diversos continentes caracterizados por el férreo predominio de sus partidos únicos en la vida política, económica, y social y por el desprecio absoluto de los principios básicos de la democracia y de los derechos humanos más elementales de sus ciudadanos. En este conflicto sistémico de desgaste de la democracia representativa, la desinformación, la propaganda y la manipulación de las opiniones públicas, contrapunto de la libertad y pluralidad de prensa y la transparencia que caracterizan a los sistemas verdaderamente democráticos, juegan un papel creciente, lo mismo que los ataques cibernéticos directos a los procesos electorales en el mundo occidental, que esos sistemas autocráticos y totalitarios, hostiles a cualquier proceso integrador superador *per se* de nacionalismos de todo tipo, practican sistemática y eficazmente.

Naturalmente, ello no quiere decir que los procesos de integración en Europa y en América Latina estén en peligro de extinción. Significa más bien, ahora como siempre desde que nacieron, que las fuerzas integradoras tanto en Europa como en América Latina deben reorientar y reajustar su lucha y discurso políticos. En primer lugar, para reivindicar y explicar sin complejos los logros cuando existan, pero también las carencias y los errores cometidos, con plena transparencia y siempre a la escucha de los ciudadanos y sectores involucrados, única manera de garantizar su adhesión al proyecto integrador.

En segundo lugar, haciendo uso de todos los medios legislativos y no legislativos a disposición de los Parlamentos y Congresos para regular y proteger el derecho de los ciudadanos a una información veraz, la pluralidad informativa y la libertad de prensa en los medios de comunicación y plataformas sociales, y defender a éstos de interferencias que amenacen su papel como guardianes de la democracia. Y en este punto, si crecientes son los riesgos, crecientes son también los recursos normativos de las sociedades democráticas y sus instituciones. Así se intenta, por ejemplo, en el ámbito del proceso de integración de la UE, con la aprobación de la Ley de Mercados Digitales[3], que entró en vigor el 2 de mayo de 2023 para garantizar que las grandes plataformas se comportan de manera equitativa en línea dentro de la Unión Europea y garantizar la apertura de servicios digitales. Igualmente, con la aprobación de la Ley de Servicios Digitales[4], en vigor para todas las plataformas dentro de la UE desde el día 17 de febrero de 2024, con el fin de proteger a los consumidores y a sus derechos fundamentales, definir responsabilidades claras para las plataformas y redes sociales, hacer frente a los contenidos y productos ilícitos, fomentar la innovación y aumentar la transparencia con una mejor información y vigilancia. En la misma línea, el 13 de marzo de 2024 el PE aprobó una nueva Ley para proteger a periodistas y medios de comunicación europeos de interferencias políticas o económicas, que obliga a los Estados miembros a proteger la independencia de los medios de comunicación y prohíbe toda forma de intervención en las decisiones editoriales. Se trata de proteger el trabajo de los periodistas y de garantizar la independencia editorial de los medios de comunicación públicos, indispensables en los sistemas democráticos[5].

Más aún, el mismo día 13 de marzo de 2024 el PE aprobó la histórica (por ser la primera) Ley de Inteligencia Artificial (IA) destinada a proteger los derechos fundamentales, la democracia, el Estado de derecho y la sostenibilidad medioambiental frente a la IA que entraña un alto riesgo, impulsando al mismo tiempo la innovación en Europa. Esta nueva Ley prohíbe por ejemplo algunas aplicaciones de inteligencia artificial que atentan contra los derechos de la ciudadanía[6] Por cierto que se citan además otros sistemas de IA de alto

---

3 Reglamento (UE)2022/1925 de 14 de septiembre de 2022 sobre mercados disputables y equitativos en el sector digital (Reglamento de Mercados Digitales). DO L 265 de 12.10.2022, pp. 1-66.

4 Reglamento (UE) 2022/2065 del Parlamento Europeo y del Consejo de 19 de octubre de 2022 relativo a un mercado único de servicios digitales y por el que se modifica la Directiva 2000/31/CE (Reglamento de Servicios Digitales) OJ L 277 de 27.10.2022, pp. 1-102.

5 Conforme a dicha Ley, los medios de comunicación tendrán que informar sobre los fondos públicos recibidos en concepto de publicidad o en forma de subvenciones, incluidos los procedentes de terceros países. Más aún la nueva Ley incluye un mecanismo para proteger a los medios de comunicación europeos frente a las grandes plataformas y evitar que plataformas en línea muy grandes restrinjan o eliminen arbitrariamente contenidos de medios independientes.

6 Entre los que se citan, por ejemplo, los sistemas de categorización biométrica basados en características sensibles; la captura indiscriminada de imágenes faciales de internet o grabaciones de cámaras de vigilancia para crear bases de datos de reconocimiento facial; el reconocimiento de emociones en el lugar de trabajo y en las escuelas; los sistemas de puntuación ciudadana; la actuación policial predictiva que se base únicamente en el perfil de una persona o la IA que manipule el comportamiento humano.

riesgo para la salud, la seguridad, los derechos fundamentales, el medio ambiente, la democracia y el Estado de derecho, etc., así como para las infraestructuras críticas correspondientes, entre las que por lo que ahora interesa se cuentan los sistemas relativos a ciertos procesos democráticos, y en particular la posibilidad de influir en las elecciones. A ello no es ajena desde luego la larga lista de procesos electorales celebrados en 2024 en la Unión Europea y en particular la realización de elecciones al Parlamento Europeo los días 6 a 9 de junio de 2024[7]. También interesa destacar que esta nueva ley de IA establece requisitos claros de transparencia, como respetar la legislación de la UE sobre derechos de autor y publicar resúmenes detallados para entrenar sus modelos; evaluarlos, informar sobre los incidentes o etiquetar claramente las imágenes, contenidos de audio o de vídeo artificiales o manipulados. Además, el día anterior, el 12 de marzo de 2024, el PE aprobaba también el nuevo Reglamento sobre los requisitos de ciberseguridad de los productos con elementos digitales con el fin de reforzar las normas de ciberseguridad y proteger todos los productos digitales dentro de la UE de las amenazas cibernéticas (Ley de Ciberresiliencia).

En tercer lugar, las instituciones y órganos de los diferentes procesos de integración deben exponer y denunciar sin pausa los contrasentidos y peligros a los que conducen el nacionalismo y el iliberalismo como enemigos máximos de la integración. Además, deben cuidarse de desarrollar y reforzar una visión y un proyecto integrador que entusiasme a las opiniones públicas y aumente su percepción y aceptación. Sólo así podrán enfrentar con éxito los retos y crisis de todo tipo a los que se enfrentan actualmente.

6.2. 50 años de democracia y transparencia en el dialogo político parlamentario birregional entre la Unión Europea y América Latina

Democracia y transparencia han caracterizado el diálogo político parlamentario entre europeos y latinoamericanos desde sus mismos orígenes. Y es natural, pues la primera de las características de dicho diálogo es la de ser protagonizado por parlamentarios elegidos democráticamente, asentando así la democracia en la base misma del diálogo político birregional. Y otro tanto sucede con la transparencia, pues esta es consustancial por naturaleza a un diálogo entre representantes electos que transcurre en instituciones, reuniones y sesiones públicas, según procedimientos regulados y públicos,

7 En todos estos casos, la Ley de Inteligencia Artificial establece como obligaciones específicas que dichos sistemas deben evaluar y reducir los riesgos, mantener registros de uso, ser transparentes y precisos y contar con supervisión humana. Además, los ciudadanos tienen derecho a presentar reclamaciones sobre los sistemas de IA y a recibir explicaciones sobre las decisiones basadas en ellos que afecten a sus derechos.

que culminan en tomas de posición oficiales bajo la forma de resoluciones, declaraciones, recomendaciones o dictámenes. Constituye buena prueba de lo anterior la propia génesis del diálogo interparlamentario, que inaugura el diálogo político birregional y que se origina tras la presentación de las primeras iniciativas por parte de la Comisión de la Comunidad Económica Europea (C.E.E.) para reforzar y desarrollar de forma sistemática las relaciones económicas y políticas entre la C.E.E. y América Latina[8]. Por nuestra parte[9], consideramos como documento oficial originario de dicho diálogo el segundo «Informe Martino» de 1964, que está en la base de la resolución del Parlamento Europeo (PE) de 23 de noviembre de ese año sobre las relaciones entre la Comunidad Europea y América Latina[10].

Este segundo «Informe Martino» de su Comisión de Comercio Exterior y la Resolución de 23 de noviembre de 1964 son fundamentales porque, tras deplorar que el Consejo de Ministros no aceptara en lo fundamental la propuesta de la Comisión de la C.E.E. de enero de 1963, que el PE había apoyado con una primera Resolución de 28 de junio siguiente[11], es en este segundo Informe y resolución de 1964 donde el PE no sólo reivindica nuevamente una política comunitaria hacia América Latina sino que, por lo que aquí interesa, propone oficialmente por primera vez estrechar los contactos parlamentarios iniciados con ocasión de una visita previa de una delegación del PE liderada por el propio Presidente del PE, y en su día signatario del Tratado de Roma, el liberal italiano Gaetano Martino, a ciertos países latinoamericanos para reforzar las relaciones entre América Latina y la Comunidad Europea. De este modo, y al tiempo que fracasaba una primera iniciativa paralela de la Comisión de la C.E.E. por causa de la renuencia del Consejo de Ministros, es el órgano parlamentario el que, con sus informes y declaraciones no vinculantes,

8 Véase un repertorio cronológico de dicho proceso en la publicación del IRELA (Instituto de Relaciones Euro-Latinoamericanas) *Europa – América Latina: 20 años de Documentos Oficiales* (1976-1996). Madrid 1996.

9 Fernandez Fernandez, José Javier J. «Pasado, Presente y Futuro de la Dimensión Parlamentaria de la Asociación Estratégica Birregional UE-ALC: De las Conferencias Interparlamentarias a la Asamblea Parlamentaria Euro-Latinoamericana (EuroLat)», en *El Futuro de los Procesos de Integración en el Marco de las Relaciones Unión Europea- América Latina*, obra colectiva, Molina del Pozo, C.F. (Dirección) y Cirefice, R. y Jimenez Carreño, J. A. (Coordinación), Editorial Colex, A Coruña, 2022, 1.ª Ed., págs. 373-391

10 Segundo Informe Sr. Edoardo Martino (Doc 98/64) en nombre de la Comisión de Comercio Exterior. Journal Officiel des Communautés Européenes (JO) de 11 de diciembre de 1964, pág. 3499.

11 Primer Informe Sr. Edoardo Martino (Doc. 48/63) en nombre de la Comisión de Comercio Exterior. Journal Officiel des Communautés Européenes (JOCE) P 106 de 12 de julio de 1963, pág. 1928). En esta importante Resolución el Parlamento Europeo emite por primera vez sus propuestas en materia de mecanismos de enlace e información (incluida la creación de un grupo de contacto entre la Comisión de la C.E.E. y las representaciones diplomáticas latinoamericanas acreditadas en Bruselas); sus propuestas en el ámbito de la política comercial; así como de política financiera y de cooperación técnica.

visitas y contactos, da los primeros pasos efectivos para institucionalizar el diálogo político birregional entre Europa y América Latina, lo que constituye una verdadera primicia, pues el diálogo parlamentario con otras zonas geográficas estaba mucho más retrasado.

De hecho, para que avance el diálogo político ministerial, habrá que esperar cinco años más, hasta la presentación el día 29 de julio de 1969 por parte de la Comisión de la C.E.E. de una comunicación al Consejo que el PE apoya con una nueva resolución de 25 de noviembre siguiente sobre las relaciones de las Comunidades con América Latina[12]. El Consejo de Ministros responde con su Declaración de 17 de octubre de 1969 reconociendo la importancia de las relaciones CEE-América Latina y recordando que ya en el pasado se habían tomado ciertas decisiones de interés para dichos países, especialmente reducciones arancelarias. En ese punto, la Comisión Especial de Coordinación Latinoamericana (CECLA) da un nuevo impulso a las relaciones al adoptar la Declaración de Buenos Aires y una Resolución el día 29 de julio de 1970 proponiendo al Consejo de la CEE un diálogo político institucionalizado entre la CEE y América Latina para analizar y decidir sobre los asuntos que se refieran a sus relaciones y establecer un marco de referencia que facilite el desarrollo dinámico de sus relaciones bilaterales, subregionales y regionales, y que permita buscar soluciones, incluida la conclusión de acuerdos sectoriales o globales en materia de comercio, financiación, transporte y cooperación científica y tecnológicas. A su vez, el Consejo de las Comunidades Europeas dispensa una acogida favorable a la Declaración de Buenos Aires en su Declaración de 14 de diciembre siguiente, y el PE aprueba por su parte esa Declaración del Consejo en su resolución de 20 de abril de 1971[13], considerándola un primer paso político importante hacia un diálogo político institucionalizado con América Latina. Dicho diálogo se instaura oficialmente el día 18 de junio de 1971 entre la Comunidad Europea y los países latinoamericanos miembros de la CECLA, bien que inicialmente sin resultados prácticos, dadas las reservas iniciales de diversos Estados de la C.E.E. respecto de la conveniencia de impulsar una política comunitaria de cooperación al desarrollo específica y de coordinar sus acciones al respecto, así como respecto de las cuestiones comerciales y de asistencia financiera y técnica. Por lo que ahora interesa, en esa misma Resolución de 1971 el PE encarga en particular a su Mesa hacer lo necesario para organizar un encuentro entre miembros del PE y representantes parlamentarios de los países latinoamericanos. Estos nuevos contactos y visitas empiezan a dar fruto a lo largo de 1972, en particular con ocasión de las misiones efectuadas a diversos países de América meridional y central, de modo que en su nueva Resolución de 14 de noviembre de 1972 sobre

12 JO C160 de 18 de diciembre de 1969, pág. 16.

13 Informe Emile de Winter (doc. 27/71), ponente de la comisión de relaciones económicas exteriores. JO C45 de 19 de mayo de 1971, pág. 20.

el estado de las relaciones de la Comunidad Europea con América Latina y sobre el resultado de las misiones de estudio e información efectuadas en ciertos países latinoamericanos[14], el PE muestra ya su determinación de continuar e intensificar en el futuro sus encuentros con los representantes parlamentarios latinoamericanos en un marco de continuidad, colaborando al efecto con los diversos organismos de cooperación latinoamericanos existentes tanto en América Latina como en Europa. Destaca entre ellos ciertamente el Parlamento Latinoamericano (PARLATINO), el primero en constituirse el día 7 de diciembre de 1964 en Lima, Perú, el cual, en una resolución de diciembre de ese mismo año 1972, muestra también su deseo de establecer relaciones más estrechas y contactos permanentes. Se llega así a la reunión celebrada en julio de 1973, en Bogotá (Colombia), en la que los representantes del PE y del PARLATINO acuerdan celebrar reuniones regulares anuales con el fin de examinar cuestiones de interés mutuo. En consecuencia, entre el 15 y el 18 de julio de 1974, se celebra en Bogotá la I Conferencia Interparlamentaria PE/PARLATINO, cuyo mérito principal, por lo que aquí interesa, es el de haber proclamado su compromiso con la institucionalidad parlamentaria y los sistemas democráticos, condenando a los gobiernos que han violado los derechos civiles y políticos de sus ciudadanos. Más aún, esa I Conferencia, que por otra parte muestra su apoyo a los acuerdos comerciales de «primera generación» firmados entre tanto entre la CEE y Argentina (8 de noviembre de 1971), Uruguay (2 de abril de 1973) y Brasil (22 de abril de 1974), decide también volver a proceder a un nuevo examen del estado de la democracia representativa en los dos continentes en una nueva Conferencia al año siguiente. Esta tiene lugar en Luxemburgo los días 19 a 21 de noviembre de 1975, apenas unos meses después de la celebración del Acuerdo «de primera generación» entre la CEE y México (15 de julio de 1975) y de la firma el día 18 de octubre del mismo año de la Convención de Panamá que pone en marcha el Sistema Económico Latinoamericano (SELA) como órgano permanente de coordinación y consulta en materia económica y social, con la participación de 26 países. Esta II Conferencia Interparlamentaria incluye ya y en particular una defensa explícita del sistema de democracia parlamentaria ante el autoritarismo que afecta a la región, así como demandas específicas en favor de la liberación de los presos políticos, del cese de la tortura y en favor de las víctimas de abusos de los derechos humanos.

A partir de la Conferencia de Luxemburgo de 1975, el diálogo interparlamentario birregional adquiere continuidad y empieza a realizarse cada dos años. Importa pues destacar ahora que, desde ese momento, las Conferencias Interparlamentarias bianuales entre el PE y el PARLATINO se convierten en el principal y más antiguo instrumento de diálogo político institucionalizado entre el Parlamento Europeo y los Parlamentos y Congresos de Améri-

14 JOC 129 de 11 de diciembre de 1972, pág. 20.

ca Latina, representados por sus respectivas delegaciones en el Parlamento Latinoamericano[15]. Por otra parte, y desde ese momento, la reafirmación de la democracia y del sistema parlamentario será una constante hasta la caída generalizada de dictaduras y el éxito de los procesos de paz en la región a mediados de los años noventa. Así, la III Conferencia Interparlamentaria celebrada en Ciudad de México los días 24 a 27 de julio de 1977 aprueba una Declaración conjunta de apoyo a la democracia y a los derechos humanos en países bajo gobiernos militares, a la que por cierto suma también su demanda de cambios profundos en el orden económico internacional. Del mismo modo, la IV Conferencia Interparlamentaria celebrada en Roma los días 19 a 21 de febrero de 1979 vuelve a reafirmar la dimensión parlamentaria de la democracia y las funciones legislativas y de control político que corresponden a los parlamentos, al tiempo que formula diversas propuestas para la defensa de los derechos humanos, incluidas actividades conjuntas de información e investigación por parte del PE y del PARLATINO.

Un nuevo intento de institucionalizar el diálogo político entre ejecutivos en clave birregional se produce con el inicio del denominado «diálogo renovado» CE-GRULA (Grupo Latinoamericano de Embajadores en Bruselas) en abril de 1981, que persigue resultados más tangibles en las relaciones tras los contactos que la Comisión Europea había venido manteniendo con los países del Pacto Andino y el Mercado Común Centroamericano (MCCA) en 1979 y 1980. Para entonces, el diálogo político parlamentario ya está bien asentado, y una nueva reafirmación de los principios democráticos tiene lugar en la V Conferencia Interparlamentaria de Bogotá celebrada los días 24 a 28 de enero de 1981, que celebra el fin de la dictadura somocista en Nicaragua y el restablecimiento de gobiernos constitucionales en Honduras, Ecuador y Perú. Además, la Conferencia pide una revisión más selectiva de la cooperación CEE-América Latina que responda a las necesidades de las regiones menos avanzadas e incluya la firma de acuerdos de cooperación con los diversos sistemas de integración regional. A su vez, en la VI Conferencia Interparlamentaria de Bruselas de 13 a 16 de junio de 1983, los parlamentarios de ambos continentes fijan la resolución pacífica de los conflictos y la promoción de la democracia como objetivos fundamentales de las relaciones birregionales.

Entretanto, la institucionalización del diálogo político ministerial da un importante paso adelante con la celebración de la I Conferencia Ministerial CEE-Centroamérica y los países del Grupo de Contadora los días 28 y 29 de noviembre de 1984, origen del denominado «Proceso de San José», y en la que ya participan España y Portugal en la perspectiva de su cercana adhesión

15 Véase en detalle SANAHUJA, José Antonio., *25 años de cooperación interparlamentaria entre la Unión Europea y América Latina*, *op. cit.*, págs. 17 y ss. También, FIGUEROA, Dilcia, «El Parlamento Europeo y América Latina: relaciones institucionales y principales puntos de vista», *op. cit.*, págs. 18 y ss.

a la CEE, de la que resultará una intensificación de las relaciones CEE-América Latina que se refleja ya en una Declaración Común de intenciones incluida en el Anexo final de su Tratado de Adhesión de 12 de junio de 1985 y que entra en vigor el 1 de enero de 1986. La II Conferencia Ministerial (San José II) se celebra en Luxemburgo al tiempo que se firma un Acuerdo Marco de Cooperación «de segunda generación» el día 12 de noviembre de 1985 entre la CEE y los países de América Central, y la siguiente Conferencia Ministerial (San José III) tiene lugar ya en San José (Guatemala), los días 9 y 10 de febrero de 1987. En paralelo a estas reuniones ministeriales, con periodicidad bianual, continua el diálogo político interparlamentario, que se refuerza a su vez puesto que en la Cumbre de los Presidentes centroamericanos de Esquipulas (Guatemala) logran un acuerdo para la creación del Parlamento Centroamericano (PARLACEN) los días 25 y 26 de mayo de 1986, firmándose su Tratado constitutivo el 16 de octubre de 1987. Antes, la VII Conferencia Interparlamentaria de Brasilia de 16 a 20 de junio de 1985 había dispensado un nuevo apoyo a los procesos de democratización y exigido pleno respeto a los derechos humanos políticos, civiles, económicos y sociales, que se consideran universales e indivisibles.

Por fin, un nuevo y decidido impulso a la institucionalización del diálogo político ministerial birregional lo dan, primero, las reuniones informales de los cancilleres de la ya Comunidad Europea (el Acta Única Europea había entrado en vigor el día 1 de julio de 1987) y del denominado «Grupo de los Ocho», después Grupo de Río, el día 23 de noviembre de 1987. Antes, y en la línea mantenida desde los inicios, la VIII Conferencia Interparlamentaria de Lisboa de 21 a 25 de junio de 1987 había vuelto a resaltar la importancia del diálogo interparlamentario y la necesidad de un diálogo político institucionalizado entre ambas regiones, como marco de concertación política ante los problemas regionales e internacionales. La institucionalización del diálogo político ministerial UE-ALC prosigue con intensidad tras la reanudación el día 3 de abril de 1989 de las reuniones entre el GRULA y el COREPER (Comité de Representantes Permanentes de los Estados Miembros en el Consejo de Ministros), que se habían interrumpido desde la guerra de las Malvinas. Además, siguen celebrándose regularmente las Conferencias Ministeriales del Proceso de Diálogo de San José (San José IV en Hamburgo 29 de febrero y 1 de marzo de 1988, San José V en San Pedro Sula (Honduras) los días 27 a 28 de febrero de 1989, San José VI en Dublín los días 9 y 10 de abril de 1990, y San José VII en Managua los días 14 a 20 de marzo de 1991). Pero, sobre todo, dicha institucionalización se refuerza notablemente con la «Declaración de Roma» de 20 de diciembre de 1990, que establece el diálogo político regular, anual y a nivel de ministros, entre la Comunidad Europea y sus Estados Miembros y los integrantes del Grupo de Rio. Se trata de un refuerzo fundamental del diálogo político ministerial porque, además de su alcance por vez primera continental y birregional que consolida el diálogo político iniciado en noviembre de 1987 en Río, la Declaración de Roma incluye, junto a todo un catálogo de objetivos globales relacionados con el apoyo a la democracia, el Estado de derecho, el respeto de los derechos humanos y la Carta de Naciones Unidas, una ambiciosa agenda de áreas de cooperación, incluidos el comercio, la cooperación económica general, la ciencia y tecnología, las inversiones, la deuda, la ayuda al desarrollo, la integración y cooperación regionales, el medio ambiente, la lucha contra las drogas y el terrorismo, las consultas sobre asuntos globales, así como los proyectos de cooperación. En este contexto, los parlamentarios europeos y latinoamericanos, que ya habían institucionalizado su propio diálogo político interparlamentario birregional a partir de 1974, reiteraron en la X Conferencia Interparlamentaria de 2 a 6 de abril de 1991 en Sevilla,su apoyo al fortalecimiento y desarrollo de las instancias parlamentarias latinoamericanas, en particular PARLANDINO, PARLACEN y PARLATINO, y destacaron los avances democratizadores en América Latina, identificando entre los problemas que enfrenta la consolidación de la democracia los relativos a la no subordinación de las fuerzas armadas al poder civil y la persistencia de la pobreza y las injusticias sociales. La I Reunión institucionalizada CE-Grupo de Río tiene lugar apenas días después, los días 26 y 27 de abril de 1991 en Luxemburgo, y las siguientes se producen a buen ritmo (la II Reunión Ministerial se celebra en Santiago de Chile los días 28 y 29 de mayo de 1992 y la III Reunión en Copenhague los días 23 y 24 de abril de 1993). Apenas unos días más tarde, la XI Conferencia Interparlamentaria de Sao Paulo de 3 a 7 de mayo de 1993 destaca los desafíos de la gobernabilidad y la consolidación democrática, lo que exige la reforma de la administración, el sistema judicial, el fortalecimiento de la sociedad civil y la lucha contra la corrupción. Además, y haciendo autocrítica, la Conferencia constata que se viene produciendo de hecho un vacío en el seguimiento de los acuerdos adoptados por las Conferencias Interparlamentarias y se propone un mecanismo de seguimiento a través de las Mesas del PARLATINO y de las dos Delegaciones Interparlamentarias del PE.

La institucionalización del diálogo político ministerial birregional prosigue con la celebración de la IV Reunión Ministerial institucionalizada entre el Grupo de Río y la Unión Europea de Sao Paulo de 22 y 23 de abril de 1994 y la V Reunión de París de 17 de marzo de 1995, precedida por la reunión de la Conferencia de San José XI de Panamá de 23 y 24 de febrero anterior. Al tiempo, el diálogo interparlamentario birregional sigue afianzándose con la celebración de la XII Conferencia Interparlamentaria de Bruselas de 19 a 23 de junio de 1995. Más aún, a partir de 1995 se inician nuevos diálogos interparlamentarios regionales con los Parlamentos regionales de integración en América Latina más arriba mencionados: el Parlamento Andino, Parlamento Centroamericano y la Comisión Parlamentaria Conjunta del Mercosur a la que remplazó el nuevo Parlamento de Mercosur desde el 6 de diciembre de 2006.

Eran aquellos momentos propicios para la integración regional y para el refuerzo de las relaciones birregionales, lo que da lugar a la presentación de dos Comunicaciones por parte de la Comisión Europea sobre las relaciones

Unión Europea América Latina[16] y Unión Europea-América Central[17], a las que el PE responde con sendos Informes que inspiran sus dos importantes resoluciones de 23 de noviembre de 1996[18] en las que el PE no sólo se pronuncia sobre dichas Comunicaciones, sino que presenta a su vez numerosas propuestas, incluido un nuevo y ambicioso diseño del marco de diálogo político birregional, ministerial y parlamentario. En la primera de dichas resoluciones, el PE exige ya una mayor autonomía de la PESC en las relaciones con América Latina y se declara en favor de que dichas relaciones culminen en un verdadero *«dialogo transatlántico»* entre Latinoamérica y la UE, a semejanza del ya existente entre la UE y los EE. UU y la UE y Canadá. Propone para ello un marco ministerial específico con cada proceso regional de integración como el que ya existe en el Proceso de Diálogo de San José, además de un marco interparlamentario efectivo con cada uno de los parlamentos de integración regional. Como colofón, propone también la participación del PE y del parlamento regional latinoamericano correspondiente en las reuniones ministeriales plenarias bianuales, así como en las reuniones intermedias entre los ministros latinoamericanos y la Troika de la Unión Europea. En definitiva, el PE se anticipa doblemente tanto en el ámbito ejecutivo, al proponer un marco birregional que desembocará apenas unos años más tarde en el sistema de Cumbres UE-ALC iniciadas en Rio de Janeiro en 1999, como en el interparlamentario, para el que se reclama su participación en las reuniones ministeriales para asegurar el control parlamentario de las mismas. Con ello, se anticipa el salto cualitativo respecto de las Conferencias bianuales que se producirá finalmente con la creación de la Asamblea EuroLat. Además, y en la segunda de dichas resoluciones, el PE aprovecha para mostrar su satisfacción por los logros ya obtenidos del exitoso Proceso de Dialogo de San José institucionalizado desde 1985. recomendando la ampliación del diálogo político regional a otros temas como los derechos humanos, las cuestiones sociales, las modalidades de aplicación de las cláusulas democráticas, la política comercial y las macroeconómicas, o la cancelación de la deuda. En la misma línea, y haciéndose eco de esas propuestas del PE y de la dinámica de las reuniones institucionalizadas del Grupo de Río, la XIII Conferencia Interparlamentaria celebrada en Caracas los días 19 a 22 de mayo de 1997 se pronuncia a su vez en apoyo de la iniciativa de realizar una «Cumbre» de Jefes de Estado

---

16 Comunicación de la Comisión al Consejo y al Parlamento Europeo «Unión Europea-América Latina: actualidad y perspectivas del fortalecimiento de la Asociación 1996-2000» (COM(95) 0495-C4-0489/95).

17 Comunicación de la Comisión al Consejo y al Parlamento Europeo relativa a la renovación del diálogo de San José entre la Unión Europea y América Central (COM(95)0600-C4-0102/96).

18 Informes respectivamente de los Sres. Bertens (A4-0416/96) y Carnero (A-4-0418/96) en nombre de la Comisión de Asuntos Exteriores, Seguridad y Política de Defensa. *Diario Oficial de las Comunidades Europeas* (DOCE) C33 de 3 de febrero de 1997, págs. 86 ss. y 91 ss.

y de Gobierno de la Unión Europea y de los países de América Latina y el Caribe en 1999 y propone realizar en paralelo una cumbre interparlamentaria. Desde entonces, el nuevo diálogo interparlamentario ampliado a los nuevos Parlamentos regionales de integración se produce en dos formatos distintos. Por un lado, y a partir de esa XIII Conferencia Interparlamentaria de Caracas, a la que asistieron como observadores y en la que se reunieron separadamente con los Miembros del PE y PARLATINO, los Miembros de los tres parlamentos subregionales empezaron a participar asiduamente en las Conferencias bianuales. Por otro, los Miembros de los tres parlamentos subregionales empezaron además a reunirse con las Delegaciones regionales correspondientes del PE conforme al formato acordado en los sucesivos acuerdos de cooperación o de asociación que se fueron firmando entre ambas regiones y/o países. Y esta será ya la dinámica en las siguientes Conferencias Interparlamentarias hasta la última de ellas, en Lima en junio de 2005. Sólo después, la necesidad de establecer un mecanismo de seguimiento y control parlamentario de la Asociación Estratégica Birregional proclamada por las sucesivas Cumbres UE-ALC desde la primera celebrada en Río en julio de 1999 hizo imprescindible un salto cualitativo en el ámbito interparlamentario birregional, y esta es la razón de ser de la creación de la Asamblea Parlamentaria Euro-Latinoamericana (EuroLat). Esta se creó sobre la base de las conclusiones de la Cumbre de Viena de mayo de 2006, desarrolladas en las de la Cumbre de Lima de 2008 y de Madrid de 2010. Las Declaraciones de Viena, Lima y Madrid constituyen pues los fundamentos políticos e institucionales sobre los que reposa la nueva Asamblea, puesta en marcha en noviembre de 2006[19].

6.3. La Asamblea Parlamentaria EuroLat como máximo exponente de la regularidad y transparencia del diálogo político parlamentario birregional frente a la discontinuidad y opacidad del diálogo ministerial y la diplomacia tradicional

Una de las características más notables del diálogo político parlamentario birregional ha sido la de su regularidad, tanto en sus más de 30 años de existencia a cargo de las referidas XVII Conferencias Interparlamentarias

19 Véase un detallado análisis de la Asamblea en Stavridis, Stelios y Ajenjo, Natalia, «EU-Latin America Parliamentary Relations: some Preliminary Comments on the EUROLAT», en *Jean Monnet/Robert Schuman Paper Series*, Vol. 10 N° 3, April 2010, págs. 3 y ss. De los mismos autores, «La Asamblea Parlamentaria EUROLAT : ¿Un modelo de relación entre bloques de integración regional?», en *Centro Argentino de Estudios Internacionales* (CAEI), Working Paper ·#31 Programa América Latina, 2011, Págs. 1-21.

bianuales celebradas entre 1974 y 2005[20], como en los casi 20 años transcurridos desde la creación de la Asamblea EuroLat en 2006[21]. En efecto, desde la celebración de su Sesión constitutiva los días 8 y 9 de noviembre de 2006 en Bruselas, y conforme a lo establecido en su Reglamento, que prevé una Sesión Plenaria en principio una vez al año, alternativamente en un país de América Latina y el Caribe, y en el PE o en un Estado miembro de la UE, y preferentemente en el país que organiza la Cumbre UE-ALC, la Asamblea EuroLat ha celebrado 15 Sesiones Plenarias. De ellas, 8 han tenido lugar en Europa: Bruselas, en 2007; Madrid en 2009 y Sevilla en 2010, en vísperas de la VI Cumbre UE-ALC; Atenas en marzo de 2014; Bruselas en junio de 2015, en vísperas de la II Cumbre CELAC-UE; Viena en septiembre de 2018; en Bruselas en noviembre de 2020 (virtual por causa de la pandemia de COVID-19) y de nuevo Madrid los días 24 a 27 de julio de 2023, aunque por vez primera después de la celebración de la III Cumbre CELAC-UE el día 15 de julio anterior en Bruselas. Las otras 7 Sesiones Plenarias se celebraron en América Latina: Lima en 2008, días antes de la V Cumbre UE-ALC; Montevideo, en mayo de 2011; Santiago de Chile, en enero de 2013, en vísperas de la I Cumbre UE-CELAC; de nuevo en Montevideo en septiembre de 2016; San Salvador, en septiembre de 2017; Panamá en diciembre de 2019, y Buenos Aires en abril de 2022. Por su parte, las Comisiones permanentes se han reunido en 30 ocasiones, incluidas sus reuniones constitutivas con ocasión del establecimiento de la Asamblea en noviembre de 2006. De ellas, lo han hecho en 15 ocasiones los días anteriores a las Sesiones Plenarias (excepto la de 2020 por razones técnicas al celebrarse de forma virtual). Además, y en otras 15 ocasiones, se han reunido meses antes del Pleno de la Asamblea para preparar los trabajos de ésta. De ellas, 7 veces se reunieron en Europa: Bruselas en 2008, 2011, 2021 (virtualmente) y 2022; Vilna en 2013; Lisboa en 2016; y Florencia en 2017. En otras 8 ocasiones se reunieron en América Latina: Quito en 2007; Panamá en 2009, 2015 y 2018; Cuenca en 2010; así como en Ciudad de México en 2012 y Santa Cruz de la Sierra, en febrero de 2019 (en estas dos últimas ocasiones únicamente la Comisión de Asuntos Exteriores, Seguridad y Derechos Humanos); y en San Domingo en 2023. En fin, si a todo ello se une la continuidad en las reuniones de los restantes órganos de la Asamblea (Mesa Directiva, Grupos de Trabajo y sus dos Foros: el Foro Euro-Latinoamericano de la Mujer y el Foro que organiza los Encuentros

20 Dichas conferencias se celebraron en Bogotá (julio de 1974), Luxemburgo (noviembre, 1975), México (julio, 1977), Roma (febrero, 1979), Bogotá (enero, 1981), Bruselas (junio, 1983), Brasilia (junio, 1985), Lisboa (junio, 1987), San José de Costa Rica (enero/febrero, 1989), Sevilla (abril, 1991), Sao Paulo (mayo, 1993), Bruselas (junio, 1995), Caracas (mayo, 1997), Bruselas (marzo, 1999), Valparaíso (abril, 2001), Bruselas (mayo, 2003) y Lima (junio, 2005).

21 Véase un resumen de la Asamblea EuroLat, sus órganos, reuniones y documentos en: https://www.europarl.europa.eu/eurolat/es/about/introduction (último acceso el 17 de abril 2024).

con la Sociedad Civil), en paralelo a las Sesiones Plenarias y las reuniones de las comisiones permanentes, lo menos que cabe decir es que los Miembros de la Asamblea EuroLat se toman realmente en serio sus trabajos.

Ahora bien, esa notable regularidad del diálogo político parlamentario birregional no es un fin en sí mismo, si no que lógicamente tiene sentido en la medida en que, a pesar de sus limitadas competencias, sea visible y sus trabajos tengan impacto político, y desde luego también a este respecto el desempeño de la Asamblea EuroLat es más que notable. Ya a la hora de confeccionar el Programa Anual de Actividades de la Asamblea, se presta especial atención al refuerzo de su visibilidad e impacto, en particular tratando de acercar lo más posible la fecha y lugar de celebración de la Sesión Plenaria Ordinaria a los de la Cumbre UE-ALC los años en que ésta tiene lugar. Ello ha permitido a los diversos órganos de la Asamblea, y en especial a su Sesión Plenaria, hacer un uso máximo de sus funciones de tribuna para contar regularmente con la presencia al más alto nivel de los representantes de las diversas Instituciones y de las instancias gubernamentales que protagonizan las Cumbres y Reuniones Ministeriales. De este modo, la Asamblea ha consolidado un sólido marco de relaciones institucionales con los demás órganos de la Asociación Birregional, y en particular con las instancias ministeriales e intergubernamentales. En un primer momento, la capacidad autónoma de organización de los Parlamentos de integración en la Unión Europea y América Latina resultó suficiente como base política e institucional para la organización de sus trabajos conjuntos durante las XVII Conferencias Interparlamentarias desarrolladas entre 1974 y 2005. Sin embargo, la capacidad de dichos parlamentos para interactuar con los diversos órganos ministeriales y consultivos de la Asociación Estratégica Birregional hubo de esperar a la creación de la Asamblea. Y si bien ya el párrafo 8 de la Declaración de Viena fue interpretado por los negociadores como base suficiente para que los Parlamentos involucrados procedieran a su creación, el reconocimiento expreso de la capacidad de la Asamblea para interactuar con la Cumbre y con los restantes órganos ministeriales y consultivos de la Asociación Estratégica se afirmó después y de forma expresa en la V Cumbre UE-ALC, en el párrafo 55 de la Declaración de Lima, que debe de leerse en correlación con el párrafo 34 de la Declaración de Madrid de 2010. En efecto, en términos de visibilidad e impacto político de sus trabajos, un momento álgido se alcanzó al ser invitados por vez primera sus dos Copresidentes a la V Cumbre de Lima de 2008 como invitados especiales. Esta Cumbre supuso un refuerzo extraordinario de la dimensión parlamentaria de la Asociación Estratégica, tanto por la institucionalización definitiva de la Asamblea operada en la Declaración de Lima ya mencionada, como por el realce del que se hizo objeto al PE y a la propia Asamblea. Por segunda vez, tras la intervención del entonces Presidente Josep Borrell en la sesión de clausura de la Cumbre de Viena en 2006, en la sesión de apertura de la Cumbre de Lima en 2008, el Presidente Hans-Gert Poettering del PE tuvo ocasión de transmitir los puntos de vista de los Parlamentos de integración en la Unión y en América Latina sobre los temas de la agenda de la Cumbre. El día antes, los dos Copresidentes de la Asamblea participaron en la reunión de Ministros de Asuntos Exteriores UE-ALC y, a propuesta de la Copresidencia esloveno-peruana de la Cumbre, hicieron entrega solemne del Mensaje de la Asamblea EuroLat de 1 de mayo anterior. Con todo, el espaldarazo definitivo llegó en la siguiente VI Cumbre UE-ALC de 18 de mayo de 2010 en Madrid, en la que los dos Copresidentes de la Asamblea fueron invitados por primera vez a participar en todos los actos del programa oficial, incluido el Plenario con los 60 Jefes de Estado y de Gobierno, con los que compartieron mesa de trabajo en cuanto representantes de la Asamblea. Desde entonces, la visibilidad y participación de la Asamblea en las Cumbres y reuniones ministeriales se ha convertido en práctica constante al albur, eso sí, de la propia regularidad de éstas.

De este modo, la regularidad del diálogo parlamentario birregional y la visibilidad alcanzada por la Asamblea, tanto en sus propias reuniones como mediante su participación en las Cumbres y reuniones ministeriales, ha permitido un flujo regular de sus trabajos y reforzado claramente la credibilidad e impacto político de las más de 60 resoluciones y recomendaciones que la Asamblea ha adoptado desde su creación[22]. Para lograr el mayor impacto político posible de sus tomas de posición, la Asamblea ha perseguido el doble objetivo de, por un lado, discutir y fijar los puntos de vista conjuntos de sus miembros sobre los grandes temas que afectan a la Asociación Birregional y, por otro lado, darlos a conocer tratando de influir al máximo sobre los diversos órganos ministeriales y consultivos de la Asociación Estratégica y sobre la propia Cumbre de Jefes de Estado y de Gobierno. Para ello, los órdenes del día y documentos de trabajo de los órganos de la Asamblea para cada Sesión Plenaria se han venido centrando especial, aunque no exclusivamente, en los temas prioritarios marcados por las diversas Cumbres, pues al fin y al cabo el valor añadido de la Asamblea como institución parlamentaria de la Asociación depende fundamentalmente de su capacidad real para influir y coadyuvar a la solución de los retos crecientes a los que se enfrentan los socios de ambas partes del Atlántico. La lista de temas abordados es sumamente elocuente al respecto e incluye textos sobre temas muy diversos y actuales[23]. Por otra parte, sus actividades no se han limitado a

22 Véase EUROLAT: *Repertorio de Textos aprobados y otros Documentos :2006 -2018*. PE, Dirección General de Políticas Externas de la Unión. Unidad América Latina. Bruselas, noviembre de 2019. Véase también (recuperado el 17 de abril de 2024): https://www.europarl.europa.eu/eurolat/es/plenary/resolutions

23 Por ejemplo, y sin carácter exhaustivo: Agenda Digital; Agenda 2030 de Desarrollo Sostenible; Agua; Armas pequeñas y ligeras; Aviación y Seguridad Aérea; Cambio climático; China; Clima y cambio climático; Cohesión territorial; Comercio ; Comercio y cambio climático; Comercio de materias primas; Corrupción; Crisis Financiera; Democracia; Desastres naturales; Desarrollo; Desarrollo sostenible y equilibrio medioambiental; Desigualdad; Deuda soberana; Educación; Empleo; Feminicidio; Gas de esquisto; Globalización: sus retos, oportunidades y crisis financiera; Grupos de Interés; Impunidad; Investigación; Menores; Migración; Minería; Multilateralismo; Narcotráfico y delincuencia organizada; Or-

las resoluciones aprobadas por el Pleno, sino que con el fin de comunicar y transmitir a la opinión pública y a los actores interesados los puntos de vista de la Asamblea y tratar de influir sobre sus protagonistas, los órganos de la Asamblea, y en particular sus Copresidentes, Mesa Directiva y Grupos de Trabajo, elaboran muchas otras Recomendaciones, Comunicados y Mensajes a las Cumbres de Jefes de Estado y de Gobierno y a los diversos foros y reuniones ministeriales que resumen las principales propuestas y la posición de la Asamblea en cada momento. Todo lo cual demuestra fehacientemente la capacidad de la Asamblea en cuanto foro parlamentario de discusión y búsqueda de consensos sobre los grandes temas que afectan a las relaciones UE-ALC.

Desafortunadamente, esta regularidad y transparencia que caracterizan al diálogo político parlamentario birregional desde sus inicios contrasta claramente con la discontinuidad que ha caracterizado desde sus orígenes al diálogo político ministerial, agravada si cabe en los últimos dos quinquenios. Del mismo modo, se produce también un claro contraste entre la transparencia que caracteriza a la diplomacia parlamentaria con la opacidad consustancial a la diplomacia tradicional que sustenta el diálogo político intergubernamental, y que se manifiesta especialmente en los casos nada infrecuentes de conflictos internos o entre países miembros de la Asociación Birregional. Ya no se trata sólo de que como se dijo en el epígrafe anterior el diálogo político ministerial se iniciara hacia 1969, esto es cinco años más tarde que el diálogo político parlamentario, y de forma mucho más titubeante, al menos hasta la celebración de la I Conferencia Ministerial CEE-Centroamérica y los países del Grupo de Contadora los días 28 y 29 de noviembre de 1984 que da origen al «Proceso de San José». De hecho el diálogo político ministerial birregional experimentó después un fuerte impulso y notable regularidad con las reuniones informales de los cancilleres de la Comunidad Europea y del denominado «Grupo de los Ocho», después Grupo de Río, a partir del día 23 de noviembre de 1987que prosigue tras la reanudación el día 3 de abril de 1989 de las reuniones entre el GRULA y el COREPER y, sobre todo, con las fructíferas reuniones anuales de las Conferencias Ministeriales del Proceso de Diálogo de San José entre 1988 y 1991[24]. Por otra parte, tras la «Declaración de Roma» de 1990, se produce una fuerte institucionalización del diálogo político regular, anual y a nivel de ministros, entre la Comunidad Europea

ganización Mundial del Comercio; Partidos Políticos; Paz y Seguridad; Pesca; Pobreza; Exclusión Social; Políticas comerciales de la UE y de ALC; Políticas energéticas; Relaciones comerciales; Relaciones UE-ALC; Reservas alimentarias; Responsabilidad Social; Ronda de Doha; Seguridad Alimentaria; Seguridad y Defensa; Trabajo Informal y no Declarado; Pandemia del COVID-19, etc.

24 Desde una óptica europea, véase al respecto, por ejemplo, FERNANDEZ FERNANDEZ, José Javier J.: «La contribución de la Unión Europea a los procesos de paz y democratización en América Central y el futuro del Proceso de San José», en *Revista de Derecho Comunitario Europeo*, n.° 8, julio/diciembre 2000, págs. 417-453.

y sus Estados Miembros y los integrantes del Grupo de Rio a lo largo de toda la década de los noventa. Fruto de toda esta dinámica de reuniones institucionalizadas del Grupo de Río, surgirá finalmente la iniciativa de realizar una primera «Cumbre» de Jefes de Estado y de Gobierno de la Unión Europea (UE) y de los países de América Latina y el Caribe (ALC, en 1999 en Rio de Janeiro (Brasil). Se inicia así una dinámica nueva y al más alto nivel que por fin sitúa las relaciones UE-ALC en el lugar que les corresponde.

En una primera etapa, durante toda la primera década del presente siglo XXI, las Cumbres UE-ALC se celebran con notable regularidad y una nueva y declarada ambición política, económica y comercial. Así, tras la I Cumbre de Río tienen lugar cada dos años la II Cumbre de Madrid en 2002, la III Cumbre de Guadalajara (México) en 2004, la IV Cumbre de Viena en 2006, la V Cumbre de Lima en 2008, y la VI Cumbre de Madrid en 2010. En paralelo se celebran también con regularidad las reuniones ministeriales y de los distintos órganos ejecutivos de la Asociación Birregional. Sin que sea una sorpresa, esta continuidad en las Cumbres conforme al formato de las exitosas reuniones UE-Grupo de Río, impulsa al conjunto de las relaciones UE-ALC, de modo que es en esta etapa en la que se producen los mayores avances en la Asociación Birregional y en las relaciones bilaterales: firma de una extensa red de Acuerdos de Asociación, comerciales, de desarrollo y de diálogo político con numerosos países y grupos de integración regional (Centroamérica, Comunidad Andina, Mercosur); establecimiento de asociaciones estratégicas con ciertos países; lanzamiento e implementación de numerosos programas de inversión y colaboración en diversos ámbitos, etc. Durante esta primera etapa, la Unión Europea, que iba consolidando su gran ampliación de 2004, se convierte en la mayor fuente de inversión extranjera y de cooperación al desarrollo en América Latina y en el principal socio comercial en algunos de sus países.

La segunda etapa, se inicia con la creación de la Comunidad de Estados Latinoamericanos y Caribeños (CELAC) en diciembre de 2010, la cual se configura más como mecanismo político de sus 33 miembros latinoamericanos que como plataforma de integración continental propiamente dicha. En esta nueva etapa, las Cumbres birregionales de Jefes de Estado y de Gobierno pierden claramente continuidad, lo mismo que las diversas reuniones ministeriales y de los órganos ejecutivos de la Asociación Birregional. La I Cumbre UE-CELAC tiene lugar en Santiago de Chile en enero de 2013 y la II Cumbre en Bruselas en junio de 2015. Pero a partir de ahí, y en un contexto político e ideológico profundamente divisivo, en particular en los países latinoamericanos, se produce un abrupto parón de nada menos que 8 años en el ritmo de las Cumbres UE-CELAC, hasta la celebración de la III Cumbre los días 17 y 18 de julio de 2023 en Bruselas. Las razones de dicho parón son de diversa naturaleza, pero aquí destacaremos una: la aplicación de dos principios básicos de la CELAC característicos de su naturaleza profundamente intergubernamental (esto es, la necesidad de consenso entre todos sus miembros y la no-discriminación de ninguno de ellos), por fuerza tenía que resultar problemática en el plano interno y conducir a punto muerto sus relaciones con los interlocutores de las Instituciones de la UE y de sus Estados miembros, habida cuenta de la doble naturaleza supranacional y/o intergubernamental que caracteriza a éstos según las materias en discusión. Y todo ello además en el cambiante marco ideológico, geopolítico, económico y comercial de esta última década. En este contexto, la explosiva situación en Venezuela se convirtió pronto en el elemento que hizo saltar la regularidad de las reuniones en la Cumbre entre 2015 y 2023. En efecto, la diplomacia tradicional se reveló pronto incapaz de superar las rivalidades políticas y la brecha ideológica trasversal abierta por intereses de todo tipo entre ciertos gobiernos y países provocando en definitiva el bloqueo del diálogo político birregional al más alto nivel.

En cambio, esta cuestión de Venezuela como elemento distorsionador que paralizó durante ocho años la celebración de Cumbres y a la diplomacia intergubernamental de la Asociación Birregional, no bloqueó ni mucho menos el diálogo político parlamentario desarrollado en la Asamblea EuroLat ni en sus órganos ni en sus dos componentes, todos los cuales siguieron celebrando regularmente sus Sesiones Plenarias y reuniones diversas conforme a lo estipulado en el Reglamento de la Asamblea. Al contrario, el caso de Venezuela, como otros antes y en diversos momentos (por ejemplo el Proceso de Paz en Colombia o las relaciones con Cuba), fue origen de todo tipo de discusiones políticas e institucionales que, sin duda dificultaron, pero a la vez enriquecieron los trabajos de la Asamblea, tanto en su función de foro parlamentario deliberativo, como en la más pura expresión de lo que podemos denominar sus funciones de diplomacia parlamentaria, esto es, la capacidad de la Asamblea para llevar a cabo funciones de diplomacia paralela posibilitando los intercambios y el diálogo político regular cuando el diálogo político ministerial e intergubernamental se rompe o se tensa excesivamente[25]. Algo que, por cierto, apenas si se había visto hasta entonces con ocasión de la Segunda Intifada en el periodo 2000-2005 en el conflicto israelo-palestino, cuando la interrupción del diálogo político directo entre unos y otros convirtió en exclusivos los encuentros de sus representantes parlamentarios en los entonces denominados Foros Parlamentarios Euromediterráneos, antecedente de la actual Asamblea Parlamentaria de la Unión por el Mediterráneo (AP-UpM). Naturalmente, el caso de Venezuela no sólo se reveló útil para las actividades de diálogo político y de diplomacia parlamentaria de la Asamblea EuroLat y de sus dos componentes, sino que además sirvió a la Asamblea para asentar una vez más los postulados democráticos de base y los valores comunes que deben inspirar la Asociación Estratégica Birregional. Así se desprende

25 Sobre los diferentes roles que pueden desempeñar los Parlamentos y los parlamentarios como actores internacionales, y en particular sobre sus actividades de diplomacia parlamentaria, véase MALAMUD, Andrés and STAVRIDIS, Stelios, «Parliaments and Parlamentarians as International Actors» in *The Ashgate Research Companion to Non-State Actors*, obra colectiva, Bob REINALDA (ed.), (Farnham:Ashgate, 2011), pp.101-15.

de los numerosos documentos oficiales adoptados expresa y conjuntamente por la Asamblea sobre Venezuela durante dicho período (resoluciones, recomendaciones, declaraciones de todo tipo, etc), sin perjuicio de los casos en los que una toma consensuada de posición no fue posible o fue aprobada unilateralmente por uno u otro componente ante la falta absoluta de acuerdo. Y en este punto justo es reconocer que el componente europeo de la Asamblea, es decir, el PE, se mostró siempre especialmente combativo[26], de la misma manera que lo ha sido desde el inicio de las relaciones euro-latinoamericanas cada vez que ha considerado cuestionados los valores comunes y en particular el respeto de los derechos humanos, como hacía también por esos días con otros casos de especial relevancia como el de los feminicidios y Ayotzinapa en México[27].

Una tercera etapa se ha iniciado, pues, con la celebración de la III Cumbre UE-CELAC de julio de 2023 en Bruselas. En ella se han reafirmado democracia, derechos humanos y libertades fundamentales, Estado de derecho, multilateralismo inclusivo y cooperación internacional conforme a la Carta de Naciones Unidas como otros tantos valores compartidos de la Asociación. La lista de temas a los que extender la cooperación birregional incluida en la Declaración es larga, bien que su negociación presenció también amargas discusiones sobre temas tan diversos como la historia colonial, la explotación económica y la esclavitud. En esta ocasión, la cuestión de la invasión de Ucrania por Rusia se convirtió en el asunto divisivo por excelencia, hasta el punto de que la Declaración sólo pudo incluir un proceloso párrafo de mínimos (aunque sin citar en ningún momento a Rusia como Estado agresor), párrafo que fue refrendado por todos los países menos uno, Nicaragua[28]. Y ello es de lamentar especialmente, pues constituye nueva prueba fehaciente de las limitaciones inherentes al modelo intergubernamental que siguen caracterizando a la Asociación Estratégica Birregional, en la que lo que siguen primando por excelencia

---

26 Véase un excelente análisis al respecto en LAMOSO GONZALEZ, Paula, y STAVRIDIS, Stelios, «El Parlamento Europeo como tribuna moral internacional: el caso de Venezuela (2014-2021)» en *Revista CIDOB d'Afers Internacionals*, n.° 131 (septiembre de 2022) pp. 185-210.

27 Véase igualmente VELASCO PUFLEAU, Mónica: «The Impact of Parliamentary Diplomacy, Civil Society and Human Rights Advocacy on EU Strategic Partners. The Case of Mexico» in *Parliamentary Diplomacy in European and Global Governance*, obra colectiva, Chapter 7, 2017, pp. 134-155.

28 El párrafo 15 de la Declaración recoge la profunda preocupación por la guerra en curso contra Ucrania; apoya la necesidad de una paz justa y duradera; reitera su apoyo a la Iniciativa de Exportación de Cereales por el Mar Negro y a la labor del Secretario General de Naciones Unidas al respecto; respalda todos los esfuerzos diplomáticos que busquen lograr una paz justa y sostenible conforme a la Carta de las Naciones Unidas; y, en fin, recuerda las distintas posiciones nacionales específicas al respecto, y en particular en el Consejo de Seguridad y en la Asamblea Nacional de las Naciones Unidas, reafirmando su adhesión a la Carta y al Derecho Internacional, incluida la necesidad de respetar la soberanía, la independencia política y la integridad territorial de todas las naciones.

son los intereses políticos e ideológicos nacionales de los países participantes. En efecto, el párrafo 15 de la Declaración sobre la guerra de invasión en Ucrania es paradigmático al respecto. Por un lado, porque la potencialidad de una toma de posición y acción común por los asociados euro-latinoamericanos es formidable sobre esa o cualquier otra crisis internacional, habida cuenta de que los 60 países representados en la Cumbre UE-CELAC suponen nada menos que un tercio de los miembros con derecho a voto en Naciones Unidas, y además 7 de ellos forman parte del G20. Además, porque esa formulación de mínimos del párrafo 15 supone una contradicción palmaria con la reafirmación que formulan los Jefes de Estado y de Gobierno en el párrafo 3 anterior, al reconocer que *«colaborando como socios soberanos somos más fuertes y estamos mejor situados para afrontar las numerosas crisis y desafíos de nuestra época...»* Se trata pues de una nueva ocasión perdida para influir realmente en la escena internacional y contribuir realmente a la paz y seguridad mundial y, con ello, de marcar un nuevo rumbo en la acción exterior de la Asociación Birregional, que la propia Cumbre considera arraigada y que pretende renovar sobre la base de los valores e intereses comunes y de sus estrechos lazos económicos, sociales y culturales. Cuando menos, y por lo que ahora interesa, los Jefes de Estado y de Gobierno han vuelto afortunadamente a apostar por la continuidad bianual de las Cumbres (incluida la celebración de la IV Cumbre UE-CELAC en el continente latinoamericano en 2025) y de reuniones ministeriales de Asuntos Exteriores para impulsar los compromisos comunes, estableciéndose al efecto un órgano de coordinación consultivo entre ambas partes encargado de velar por la continuidad y seguimiento de las reuniones de alto nivel y de preparar y organizar esas reuniones ministeriales (párrafo 41). El camino aparece pues nuevamente trazado y la detallada Hoja de Ruta UE-CELAC para el período 2023-2025 que recoge la lista indicativa de los eventos birregionales es bien explícita. Es de esperar que la emergencia de nuevas o pasadas crisis en Venezuela, Ucrania o en cualquier otro escenario nacional o internacional no resulte en nuevos bloqueos. Precisamente por ello es de agradecer que la Declaración de la III Cumbre reconozca que la diplomacia parlamentaria constituye un aspecto importante de la relación, lo mismo que el constructivo papel que desempeña en particular la Asamblea Euro-Latinoamericana (párrafo 34). Por cierto, que esta última mención hace particularmente incomprensible el que, contraviniendo la práctica desde su creación por las indicadas razones de visibilidad e impacto político, la Asamblea EuroLat celebrara como se dijo su Sesión Plenaria en Madrid los días 24 a 27 de julio de 2023, esto es, por vez primera, después de la celebración de la III Cumbre CELAC-UE el día 15 de julio anterior en Bruselas. Cuando menos, y en una prueba más de la versatilidad característica del diálogo político parlamentario, aunque no sin grandes discusiones, el Mensaje a la Cumbre discutido en la Mesa de la Asamblea EuroLat y presentado a aquélla por sus dos Copresidentes incluía un párrafo explícito condenando de forma enérgica la agresión injustificada, ilegal y no provocada por parte de Rusia sobre Ucrania, bien que como se visto su impacto político fuera finalmente limitado[29].

6.4. Asimetría en la composición, forma de elección y competencias de los diversos parlamentos que componen la Asamblea EuroLat y buena gobernanza

Una de las características estructurales de la Asamblea EuroLat la constituye la asimetría que caracteriza tanto su composición como la forma de elección y las competencias de los Parlamentos de integración que forman parte de los dos componentes de la Asamblea. Esta asimetría no ha obstado sin embargo a la efectividad y regularidad de sus trabajos, lo que dice mucho de la voluntad política y de la coherencia y pragmatismo de sus miembros.

En efecto, sobre la base de sus dos principios básicos de participación voluntaria y espíritu integrador y de apertura, la designación de los miembros de la Asamblea se ha venido produciendo sin mayores conflictos conforme al procedimiento establecido por los Parlamentos y Congresos que integran los dos componentes, y que reflejan adecuadamente la distribución de los diversos grupos políticos y países representados en dichos parlamentos. La composición de la Asamblea se fijó inicialmente en 120 Miembros, pero tras la reforma de su Reglamento en la Sesión Plenaria de Madrid en abril de 2009 se consolidó en 150 Miembros (75 de ellos provenientes del PE y otros 75 de los Parlamentos de integración citados, así como congresistas mexicanos y chilenos miembros de las Comisiones parlamentarias mixtas (CPM) creadas por los Acuerdos de Asociación UE-Chile y UE-México)[30]. En primer lugar, la composición de la Asamblea refleja pues una clara asimetría en su composición puesto que incluye, al lado del componente europeo, de composición homogénea al provenir todos sus miembros del PE, un componente latinoamericano que reune una heterogénea combinación de Parlamentos de integración y Congresos exponentes de la geometría variable que caracteriza a los diversos procesos de integración regional y subregional en América Latina.

---

29 Véase el párrafo 11 del Mensaje a la Cumbre en https://www.europarl.europa.eu/cmsdata/273418/Mensaje%20Cumbre%2017-18%20Julio%202023_ES.pdf (recuperado el 17 de abril de 2024).

30 Sobre los trabajos de dichas Comisiones Parlamentarias Mixtas, y en particular la UE-México véase, por todos, Velasco Pufleau, Mónica: «Parliamentary dialogue and role of the Joint Parliamentary Committee» in EU (ed.), *The Modernisation of the European Union-Mexico Global Agreement* (Brussels: EU 2015), pp. 37-38. También *La Diplomacia Parlamentaria Euro-mexicana: Trabajos de la Comisión Parlamentaria UE-México 2005-2011*, Barcelona: Universidad de Barcelona, 2012, (Tesis doctoral) 591 págs.

En segundo lugar, la asimetría mencionada se refleja también en cuanto al procedimiento electoral y al modo de elección, puesto que cada uno de los miembros del componente europeo es elegido conforme a un sistema de representación proporcional que tiene en cuenta el peso demográfico de cada uno de los Estados miembros de la UE, y su elección se produce en un proceso único de elecciones al Parlamento Europeo, bien que todavía no exista un procedimiento electoral uniforme. En cambio, los distintos miembros del componente latinoamericano de la Asamblea son asignados conforme a una cuota nacional por los distintos Parlamentos regionales y por el PARLATINO. En cuanto al modo de elección, los Miembros del Parlamento Europeo desde 1979 y los del Parlamento Centroamericano (PARLACEN), son elegidos en elecciones directas, lo mismo que los miembros del PARLANDINO Y PARLASUR provenientes de ciertos países, mientras que el resto de estos últimos, al igual que el conjunto de los miembros provenientes del PARLATINO integran delegaciones nacionales con representantes cooptados de las Asambleas y Congresos nacionales.

En tercer lugar, la asimetría referida resulta del diverso alcance y extensión de las competencias de los Parlamentos que integran los dos componentes europeo y latinoamericano de la Asamblea, que se encuentran ciertamente en estadios de integración muy diferentes. Así, dichas competencias son muy extensas en el caso del PE, que ha efectuado un largo camino desde las limitadas facultades consultivas y de supervisión que le confirieron los Tratados fundacionales en 1952 y 1957 y posteriormente las presupuestarias atribuidas por los Tratados de 1970 y 1975, hasta su condición actual de colegislador y autoridad presupuestaria en pie de igualdad con el Consejo de la Unión que le confirió el Tratado de Lisboa a partir de 2009[31]. Estas facultades son sin duda mucho más limitadas en los cuatro Parlamentos de integración que integran el componente latinoamericano, los cuales apenas si gozan de limitadas facultades deliberativas, propositivas y en algún caso de ratificación en relación con los propios procesos de integración y sus órganos ejecutivos, facultades en general no vinculantes. Sus competencias presupuestarias son inexistentes, excepción hecha de la aprobación de su propio presupuesto en ciertos casos, y por lo general sus facultades de control político son sumamente limitadas también[32]. Como se dijo, esta asimetría refleja la diferente filosofía y práctica parlamentaria subyacente, con un PE inspirado en el sistema parlamentario predominante en Europa, mientras que el componente latinoamericano es fiel reflejo del sistema presidencialista que predomina

31 Corbett, Richard; Jacobs, Francis; Schackleton, Michael. *The European Parliament*. John Harper Publishing 2007, 7th edition. O el más reciente: Corbett, Richard; Jacobs, Francis, Darren, Neville. *The European Parliament*. John Harper Publishing, London 2016, 9th edition.

32 Para mayor detalle, véase por ejemplo Stavridis, Stelios y Ajenjo, Natalia, «La Asamblea Parlamentaria EUROLAT : ¿Un modelo de relación entre bloques de integración regional?», cit.págs. 7 y 8.

en América Latina. En todo caso, la puesta en marcha de la Asamblea y su funcionamiento día a día se han revelado un excelente ejercicio de pedagogía parlamentaria para los dos componentes de la Asamblea, que han aprendido a conocerse en profundidad, a valorar mejor sus diferencias e idiosincrasia, y a desarrollar y perfeccionar mecanismos propios para su trabajo conjunto.

Cabría temer que tan fuertes asimetrías obstaculizaran o incluso paralizaran el funcionamiento de la Asamblea, pero la realidad tras cerca de veinte años de funcionamiento es muy diferente, lo que sin duda resulta de su buena gobernanza y de la correcta aplicación de los inherentes principios acumulativos de apertura, participación, responsabilidad, eficacia y coherencia que caracterizan a aquélla[33]. Es cierto que la naturaleza intergubernamental de la Asociación Estratégica Birregional y su falta de ambición supranacional no ha permitido hasta ahora la atribución por vía convencional o de Tratado constitutivo de verdaderas competencias presupuestarias, legislativas y de control en favor de la Asamblea Parlamentaria Euro-Latinoamericana como institución parlamentaria de la Asociación Birregional, quedando aquellas limitadas apenas a las deliberativas, consultivas, de seguimiento y control parlamentario de la Asociación así como a las de tribuna que la Asamblea ejerce desde su creación. Ahora bien, lo cierto es que, en la práctica, estas asimetrías y la complejidad resultante han resultado en una ventaja importante a la hora del trabajo conjunto. Y ello porque permite situar, al lado de un PE más asentado e influyente en términos organizativos y competenciales, al conjunto de los Parlamentos de integración y Congresos de América Latina en pleno respeto de su diversidad, acrecentando así notablemente su mutua representatividad, legitimidad e influencia sobre el conjunto de cuestiones relativas a la integración regional y subregional y a la Asociación Estratégica Birregional, no menos asimétricas. Naturalmente, en un estadio posterior y más avanzado, el funcionamiento efectivo de la Asamblea EuroLat se verá extraordinariamente reforzado a medida que se vaya fortalecimiento también la legitimidad directa de aquellos parlamentos regionales de integración cuyos Miembros no son elegidos todavía mediante sufragio universal y directo, junto con la atribución a todos ellos de competencias presupuestarias, legislativas y de control plenas en relación con los diversos procesos de integración regional.

Así pues, el hecho de que la asimetría en su composición, forma de elección y competencias de los diversos Parlamentos de integración que integran la Asamblea EuroLat, no haya obstado en la práctica a la efectividad y regu-

---

33 A los efectos del presente Capítulo, y dado que no existe una definición única del concepto de buena gobernanza, se acoge aquí el concepto de gobernanza europea basado en los mencionados cinco principios acumulativos dirigidos a acercar a los ciudadanos a las instituciones europeas, tal como explicitados en la Comunicación de la Comisión de 25 de julio de 2001 «La gobernanza europea – Un Libro Blanco» (COM (2001) 428 final – *Diario Oficial* C 287 de 12 de mayo de 2001), págs. 1-29. Véase: https://eur-lex.europa.eu/legal-content/ES/TXT/PDF/?uri=OJ:C:2001:287:FULL (recuperado el 17 de abril de 2024)

laridad de sus trabajos, resulta bien elocuente sobre su buena gobernanza y administración. Diversos factores han contribuido seguramente a ello. En primer lugar, el hecho de que desde su origen la Asamblea EuroLat se haya dotado de una estructura orgánica sumamente pragmática y ligera, esto es: una única Sesión Plenaria anual, sendos Copresidentes, una Mesa Directiva, cuatro Comisiones Parlamentarias permanentes, y un Co-Secretariado. Desde el primer momento, en efecto, la nueva Asamblea optó por la economía de medios y el buen uso de los instrumentos ya existentes, evitando en particular la proliferación de órganos y de reuniones en beneficio de los trabajos de fondo de sus diversos órganos. Dos Copresidentes de idéntico rango dirigen el conjunto de los trabajos de la Asamblea y la representan en el exterior y en las relaciones con las distintas instituciones y organismos de integración en Europa y América Latina. Junto a ellos, 14 Co-Vicepresidentes, la mitad del componente latinoamericano y la otra mitad del PE, conforman la Mesa Directiva de la Asamblea, a la que corresponde la coordinación de sus trabajos, el seguimiento de sus actividades y resoluciones, y el establecimiento de relaciones con la Cumbre UE-ALC y las diversas conferencias y grupos ministeriales e institucionales. La Mesa Directiva es además el órgano competente en materia de composición y atribuciones de las comisiones permanentes y temporales, así como de la eventual creación de grupos de trabajo, observación de elecciones u organización de audiciones. Para tratar los temas de fondo y profundizar en los aspectos concretos de la Asociación Estratégica Birregional, la Asamblea dispone actualmente de cuatro comisiones parlamentarias permanentes[34] . De hecho, y aunque la Asamblea cuenta con la posibilidad de constituir comisiones temporales o de seguimiento, de crear grupos de trabajo, de decidir el envío de delegaciones de observación de elecciones y de organizar regularmente audiciones sobre los diversos aspectos de la Asociación Estratégica Birregional, lo cierto es que hasta la fecha ha hecho un uso extremadamente moderado de dichas posibilidades, habiendo creado apenas media docena de Grupos de Trabajo desde su creación. Por último, la Asamblea cuenta con un Co-Secretariado integrado por funcionarios de los dos componentes de la Asamblea, del cual lo menos que puede decirse es que hasta la fecha ha garantizado plenamente la preparación, el buen desarrollo y el seguimiento de los trabajos de aquélla y de sus órganos. No se trata, sin embargo, de una Secretaría centralizada, por lo que la remuneración y otros gastos de sus integrantes corren por cuenta de sus Parlamentos de origen.

En segundo lugar, la buena gobernanza y administración de la Asamblea hasta la fecha se ha manifestado también en la organización de sus trabajos de fondo. La Asamblea se pronuncia esencialmente sobre la base de los

34 Comisión de Asuntos Políticos, de Seguridad y de Derechos Humanos; Comisión de Asuntos Económicos, Financieros y Comerciales; Comisión de Asuntos Sociales, Jóvenes y Niños, Intercambios Humanos, Educación y Cultura; y Comisión de Desarrollo Sostenible, Medio Ambiente, Política Energética, Investigación, Innovación y Tecnología.

informes y propuestas de resolución y/o de recomendación preparados por sus Comisiones permanentes, aunque puede aprobar también propuestas de resolución sobre cuestiones urgentes presentadas directamente ante el Pleno, declaraciones y Mensajes a la Cumbre y otras reuniones ministeriales. Además, cada una de las Comisiones permanentes examina regularmente documentos de trabajo sobre diversos temas de actualidad y debate, así como otras cuestiones urgentes. Estos trabajos se llevan a cabo de forma conjunta desde el primer momento, para lo cual se nombran co-ponentes por parte de cada uno de los dos componentes de la Asamblea, encargados de la redacción conjunta de los proyectos de informes y documentos de trabajo, de la negociación y discusión de las subsiguientes enmiendas, así como de la indicación de voto para las listas de voto que sobre cada uno de los textos sometidos a votación preparan los Copresidentes de la Comisión correspondiente.

En tercer lugar, la buena gobernanza y administración de la Asamblea ha permitido también encontrar solución a la complejidad de sus trabajos derivada de la diversidad lingüística que caracteriza a la Delegación permanente del PE, que supone la mitad de la Asamblea y cuyo perfil lingüístico abarca actualmente veinticuatro lenguas oficiales de la Unión. Para ello, ha establecido en su Reglamento que, aunque todas las lenguas oficiales de la Unión son también lenguas oficiales de la Asamblea, sólo el español, el portugués, el francés, el inglés y el alemán son reconocidas como lenguas de trabajo de esta. En la práctica, esto significa que, en principio y para las reuniones celebrada fuera de la sede del PE, se ofrece únicamente interpretación en las cinco lenguas de trabajo citadas, mientras que cuando las reuniones de la Asamblea se celebran en el PE, se ofrece interpretación hacia el conjunto de las lenguas oficiales que constituyen el perfil lingüístico de la Delegación del PE, según las posibilidades existentes. Por lo que se refiere a la traducción, el Parlamento Europeo asume la traducción de los documentos oficiales aprobados por la Asamblea a las lenguas oficiales de la Unión Europea, así como la traducción de los documentos producidos en preparación o durante las reuniones de la Asamblea y sus órganos hacia las lenguas de trabajo de aquélla. Naturalmente, se trata de un gasto no menor pero necesario, que sin embargo recae prácticamente de forma exclusiva sobre el PE, al ser la Institución que crea la carga lingüística.

6.5. Conclusiones

Democracia, transparencia y buena gobernanza están en la base del diálogo político parlamentario birregional UE-ALC desde sus orígenes. Por un lado, porque este diálogo es protagonizado por parlamentarios elegidos democráticamente por ciudadanos libres e iguales. Por otro, porque la transparencia es consustancial a un diálogo entre representantes electos que transcurre en instituciones abiertas y sesiones regulares y públicas, según procedimientos regulados e igualmente públicos. En fin, porque conforme a la esencia misma de la buena gobernanza, este diálogo ofrece a los ciudadanos y a la sociedad civil la posibilidad de participar y expresar sus opiniones y puntos de vista sobre los ámbitos de actuación de la Asociación Estratégica, velando al tiempo por la coherencia de esta con el Estado de derecho y por la apertura, eficacia y rendición de cuentas de sus Instituciones. De este modo, democracia, transparencia y buena gobernanza, enraizados en principios democráticos básicos como la igualdad de los ciudadanos ante las instituciones, su representación parlamentaria a través de elecciones libres y su derecho a participar en la vida democrática de sus países e instituciones parlamentarias de integración, caracterizan al diálogo político parlamentario birregional UE-ALC y a los sistemas democráticos de los que forman parte. No sólo eso, esos principios diferencian a las democracias representativas occidentales de los sistemas autocráticos y totalitarios contra los que pugnan en un creciente conflicto sistémico y frente a cuyas asechanzas deben aquellas desplegar todo su poder normativo, tanto para contrarrestar la desinformación, la propaganda y la manipulación de la prensa y las opiniones públicas que esos sistemas autocráticos y totalitarios intentan sin pausa, como para contrarrestar sus ataques cibernéticos directos a las instituciones y a los procesos electorales.

Democracia y transparencia caracterizaron ya a las XVII Conferencias Interparlamentarias PE/PARLATINO celebradas bianualmente entre 1974 y 2005 y que constituyeron de hecho, y por más de 15 años, el único marco estable de diálogo político birregional institucionalizado entre Europa y América Latina, Esas Conferencias contribuyeron notablemente al desarrollo de las relaciones birregionales y dieron a las mismas una dimensión política bien temprana y sin paragón en sus relaciones con otras áreas geográficas. A través de ellas, democracia y transparencia se fueron asentando en el corazón mismo del entramado institucional. Esta institucionalización del diálogo político parlamentario experimentó después un salto cualitativo decisivo con la creación de la Asamblea Parlamentaria EuroLat tras la Cumbre de Viena en mayo de 2006, ahora ya como mecanismo de seguimiento y control parlamentario de la Asociación Estratégica Birregional y de las actividades de las propias Cumbres y reuniones ministeriales y ejecutivas de las instituciones y órganos de la Asociación, configurando a día de hoy un exitoso legado democrático de más de 50 años. Y ello a pesar de la asimetría que caracteriza tanto la composición de la Asamblea como la forma de elección y las competencias de los Parlamentos de integración que conforman sus dos componentes. Esta asimetría no ha mermado en ningún momento la efectividad y regularidad de sus trabajos, prueba sin duda de la voluntad política y del pragmatismo de sus miembros y de la buena gobernanza de la Asamblea.

Además, desde su creación, la Asamblea EuroLat se ha convertido en el máximo exponente de la regularidad y transparencia del diálogo político parlamentario birregional en claro contrate con la discontinuidad y opacidad del diálogo ministerial y la diplomacia intergubernamental. Así se puso de relieve durante el bloqueo de las Cumbres UE-CELAC por espacio de 8 años entre 2015 y 2023 motivado por la explosiva situación en Venezuela, que no perturbó sin embargo las funciones de la Asamblea como foro de discusión política y de diplomacia parlamentaria. Últimamente, la invasión rusa de Ucrania y la guerra en curso ha puesto de manifiesto una vez más las limitaciones inherentes al modelo intergubernamental que sigue caracterizando a la Asociación Estratégica Birregional, en la que por encima de las inmensas potencialidades que ofrece una acción común por parte de los 60 países que la componen, siguen primando los contradictorios intereses políticos e ideológicos nacionales de los países participantes que le restan efectividad.

Cierto es que la Asamblea EuroLat desempeña por ahora sólo algunas de las funciones parlamentarias tradicionales, y apenas si las más limitadas en cuanto foro de discusión y diálogo político, de diplomacia parlamentaria y de tribuna, privada como sigue de verdaderas competencias legislativas, presupuestarias, electivas y de control. Estas limitaciones lo que reflejan no es un deficiente funcionamiento de la Asamblea, sino única y exclusivamente la falta de voluntad política y las limitaciones institucionales de la Asociación Estratégica Birregional UE-ALC, que sigue articulada casi exclusivamente en torno a las intergubernamentales Cumbres de Jefes de Estado y de Gobierno y a las reuniones de sus órganos ministeriales y ejecutivos. Se pone así de manifiesto el largo camino que aún deben recorrer tanto la propia Asociación Birregional, que para ser creíble deberá adquirir más pronto que tarde algunos componentes supranacionales, como la propia Asamblea, que sólo a partir de ese momento podrá lograr la ampliación progresiva de las competencias más importantes, de forma que sus miembros puedan ejercer de forma efectiva las funciones que corresponden a la representatividad y legitimidad democráticas de las que se hallan investidos. Ello requiere fortalecer también la legitimidad directa de aquellos parlamentos regionales de integración cuyos Miembros no son elegidos todavía mediante sufragio universal y directo, y la dotación a todos ellos de verdaderas competencias presupuestarias, legislativas y de control. Sólo así la dimensión parlamentaria de una renovada Asociación Estratégica Birregional podrá convertirse en la clave de bóveda del diálogo político birregional, a la par que el diálogo ministerial y el que corresponde a la sociedad civil, aportando la legitimidad democrática, transparencia y buena gobernanza de las que ya ha dado señaladas pruebas a lo largo de sus más de 50 años de existencia.

Bibliografía

Monografías

Comision Europea - Comunicación «La gobernanza europea – Un Libro Blanco» (COM (2001) 428 final – *Diario Oficial* C 287 de 12 de mayo de 2001), págs. 1-29 en: https://eur-lex.europa.eu/legal-content/ES/TXT/PDF/?uri=OJ:C:2001:287:FULL (recuperado el 17 de abril de 2024)

EUROLAT: https://www.europarl.europa.eu/eurolat/es/about/introduction (recuperado el 17 de abril de 2024)

EUROLAT: *Repertorio de Textos aprobados y otros Documentos: 2006 -2018*. PE, Dirección General de Políticas Externas de la Unión. Unidad América Latina. Bruselas, noviembre de 2019. Véase también: https://www.europarl.europa.eu/eurolat/es/plenary/resolutions (recuperado el 17 de abril de 2024)

Figueroa, Dilcia, «El Parlamento Europeo y América Latina: relaciones institucionales y principales puntos de vista», Parlamento Europeo, *Dirección General de Estudios*, Serie Política, W-14/REV. Editado por Fernandez José Javier J. Luxemburgo, mayo de 1997: Recuperado el 18 de diciembre de 2021 en: https://www.europarl.europa.eu/intcoop/eurolat/key_documents/relaciones_institucionales_PE_AL_1997-05-01_es.pdf

IRELA (Instituto de Relaciones Euro-Latinoamericanas) *Europa – América Latina: 20 años de Documentos Oficiales* (1976-1996). Madrid 1996

Sanahuja, José Antonio *25 años de cooperación interparlamentaria entre la Unión Europea y América Latina*, Parlamento Europeo, *Dirección General de Estudios*, Serie Política, POLI 107 ES. Editado por Fernandez José Javier J. Luxemburgo, 1999: recuperado el 18 de diciembre de 2021 en: https://www.europarl.europa.eu/intcoop/eurolat/key_documents/25yearscooperation_ES.pdf

Velasco Pufleau, Mónica: *La Diplomacia Parlamentaria Euro-mexicana: Trabajos de la Comisión Parlamentaria UE-México 2005-2011* Barcelona: Universidad de Barcelona, 2012, (Tesis doctoral) 591 págs.

Obras colectivas

Corbett, Richard; **Jacobs**, Francis; **Schackleton**, Michael. *The European Parliament*. John Harper Publishing 2007, 7th edition. O el más reciente: **Corbett**, Richard; **Jacobs**, Francis, **Darren**, Neville. *The European Parliament*. John Harper Publishing, London 2016, 9th edition.

FERNANDEZ FERNANDEZ, José Javier J., «Pasado, Presente y Futuro de la Dimensión Parlamentaria de la Asociación Estratégica Birregional UE-ALC: De las Conferencias Interparlamentarias a la Asamblea Parlamentaria Euro-Latinoamericana (EuroLat)», en *El Futuro de los Procesos de Integración en el Marco de las Relaciones Unión Europea- América Latina*, obra colectiva, MOLINA DEL POZO, C.F. (Dirección) y CIREFICE, R. y JIMENEZ CARREÑO, J.A. (Coordinación), Editorial Colex, A Coruña, 2022, 1.ª Ed., págs. 373-391

«La Asamblea Parlamentaria Euro-Latinoamericana (EuroLat) y la dimensión parlamentaria de la Asociación Estratégica Birregional UE-ALC», en *Los nuevos Mapas de la Integración Regional en América Latina*, obra colectiva, FRERES, Christian y SANAHUJA, José Antonio (Eds.) Editorial Complutense /Instituto Complutense de Estudios Internacionales. Colección Estudios Internacionales, Madrid (2010)

«La dimensión parlamentaria de la Asociación Estratégica Birregional UE-ALC: la Asamblea Parlamentaria Euro-Latinoamericana (EUROLAT)», en *Gobernanza Global Multi-Nivel y Multi-Actor: Ejemplos de Europa, el Mediterráneo y América Latina*, obra colectiva, STAVRIDIS, Stelios (*et al.*) (Coordinadores), Prensas Universitarias de Zaragoza, 2011, págs. 319 y ss.

MALAMUD, Andrés and **STAVRIDIS, Stelios**, «Parliaments and Parlamentarians as International Actors» in *The Ashgate Research Companion to Non-State Actors*, obra colectiva, Bob REINALDA (ed.), (Farnham: Ashgate, 2011), pp. 101-15

VELASCO PUFLEAU, Mónica: «The Impact of Parliamentary Diplomacy, Civil Society and Human Rights Advocacy on EU Strategic Partners. The Case of Mexico» *in Parliamentary Diplomacy in European and Global Governance*, obra colectiva, Chapter 7, 2017, pp. 134-155.

Artículos de revista

LAMOSO GONZALEZ, Paula, y **STAVRISIS, Stelios**, «El Parlamento Europeo como tribuna moral internacional: el caso de Venezuela (2014-2021)» en *Revista CIDOB d'Afers Internacionals*, n.º 131 (septiembre de 2022) pp. 185-210.

FERNANDEZ FERNANDEZ, José Javier J. «La contribución de la Unión Europea a los procesos de paz y democratización en América Central y el futuro del Proceso de San José», en *Revista de Derecho Comunitario Europeo*, n.º 8, julio/diciembre 2000, págs. 417-453.

STAVRIDIS, Stelios y **AJENJO, Natalia** «EU-Latin America Parliamentary Relations: some Preliminary Comments on the EUROLAT», *Jean Monnet/*

Robert Schuman Paper Series, Vol. 10 N° 3, April 2010, págs. 3 y ss.: Recuperado el 18 de diciembre de 2021 en: http://aei.pitt.edu/15002/1/StavridisAjenjoEULATlongEdi%5B1%5D.pdf

«La Asamblea Parlamentaria EUROLAT: ¿Un modelo de relación entre bloques de integración regional?», en *Centro Argentino de Estudios Internacionales (CAEI), Working Paper ·#31 Programa América Latina*, 2011, Págs. 1-21.

Velasco Pufleau, Mónica: «Parliamentary dialogue and role of the Joint Parliamentary Committee» in EU (ed.), *The Modernisation of the European Union-Mexico Global Agreement*, (Brussels: EU 2015), pp. 37-38

CAPÍTULO VII.

LA BUENA ADMINISTRACIÓN EN EUROPA

Jaime Rodriguez-Arana*

Sumario: 7.1. Introducción; 7.2. ¿Qué es una buena Administración pública?; 7.3. Principales características de la buena administración. 7.3.1. Centralidad de la persona, 7.3.2. apertura a la realidad, 7.3.3. metodología del entendimiento, 7.3.4. promoción de la participación, 7.3.5. vinculación ética, 7.3.6. innovación y sociedad del conocimiento, 7.3.7. sensibilidad social; 7.4. El derecho ciudadano a la buena Administración pública; 7.5. Conclusiones; Bibliografía.

Resumen: El derecho fundamental que asiste a una buena administración, tal y como se establece en el artículo 41 de la Carta de los Derechos Fundamentales de la Unión Europea de Diciembre de 2000, implica un replanteamiento del Derecho administrativo en su conjunto. Ahora, con los ciudadanos en el centro y con su participación activa en la configuración del interés general, es necesario recrear el derecho administrativo y sus principales categorías, porque la relevancia de los derechos fundamentales de una persona evoca ahora nuevas formas de entender el sistema de derecho administrativo.

Palabras Clave: Persona. Derechos fundamentales. Interés general. Derecho administrativo. Constitución.

---

* Catedratico de Derecho Administrativo.
Presidente del Foro Iberoamericano de Derecho Administrativo.

Abstract: The fundamental right to good administration, as established in Article 41 of the Charter of Fundamental Rights of the European Union in December 2000, entails a rethinking of administrative law as a whole. Now, with citizens at its heart and with their active participation in shaping the general interest, administrative law and its main categories must be recreated, because the relevance of the fundamental rights of a person now evokes new ways of understanding the system of administrative law.

Keywords: Person. Fundamental rights. General interest. Administrative law. Constitution.

7.1. Introducción

De un tiempo a esta parte, el término buena administración ha irrumpido la vida de las empresas y de las instituciones públicas de manera creciente en un intento de mejorar el contenido de la propia actividad de conducción o manejo de estas instituciones, de estas corporaciones. A la altura del tiempo en el que estamos, en plena crisis económica y financiera de en el mundo occidental, no sabemos todavía si la emergencia de este concepto en los principales documentos de estrategia empresarial o pública está produciendo efectos sustanciales en la manera de dirigir.

En realidad, el tema es estructural y se refiere a la recuperación de la perspectiva ética, de servicio a la ciudadanía, que siempre ha caracterizado a las Administraciones públicas. Quizás tengamos que esperar algún tiempo para saber si estamos ante una moda pasajera o si, por el contrario, así lo esperamos, nos hallamos ante un aspecto permanente, material, que afecta al proceso dinámico del arte o de las técnicas de dirección gobierno en la Administración pública

En cualquier caso, lo que sí parece evidente, dada la grave situación de crisis económica, integral, que atravesamos, es que la forma de gobernar, de administrar las instituciones públicas, al menos en el mundo occidental, debe cambiar sustancialmente. La ineficiencia, ineficacia y, sobre todo, el sistemático olvido del servicio objetivo al interés general en que debe consistir la esencia de la Administración pública, aconsejan nuevos cambios en la forma de comprender el sentido que tiene el gobierno y administración del interés general.

La buena Administración pública es un derecho de los ciudadanos, nada menos que un derecho fundamental, y, también, un principio de actuación administrativa. Los ciudadanos tienen derecho a exigir determinados patrones o estándares en el funcionamiento de la Administración. Y la Administración, está obligada, en toda democracia, a distinguirse en su actuación cotidiana por su servicio objetivo al interés general.

Las páginas que siguen se circunscriben a ambas perspectivas. Al derecho a la buena Administración pública y al principio de buena Administración pública. Estas dos consideraciones están muy vinculadas a la innovación en la Administración porque solo se podrán producir cambios relevantes si el ciudadano cada vez es más consciente de su papel en relación con la Administración y exige de verdad sus derechos y, por otra parte, si los organismos públicos actúan sobre la base de la buena Administración pública.

El principio, y obligación, de la buena Administración pública, vincula la forma en que se deben dirigir las instituciones públicas en una democracia avanzada. Dirigir en el marco de la buena Administración pública supone asumir con radicalidad que la Administración pública, existe y se justifica, en la medida en que sirve objetivamente al interés general.

Las instituciones públicas en la democracia no son de propiedad de sus dirigentes, son del pueblo que es el titular de la soberanía. El responsable tiene que saber, y practicar, que ha de rendir cuentas continuamente a la ciudadanía y que la búsqueda de la calidad en el servicio objetivo al interés general debe presidir toda su actuación.

Hoy es frecuente que las nuevas Constituciones en los diferentes países del globo incorporen como nuevo derecho fundamental el derecho a la buena Administración pública. Por una poderosa razón: porque la razón de ser del Estado y de la Administración es la persona, la protección y promoción de la dignidad humana y de todos sus derechos fundamentales.

En el presente, momento de profunda crisis en tantos sentidos, la indignación reinante también se canaliza hacia la exigencia de una buena Administración pública que trabaje sobre la realidad, desde la racionalidad y, centrada en el ser humano, actúe con mentalidad abierta, buscando el entendimiento haciendo gala de una profunda sensibilidad social.

En fin, a lo largo de estas páginas, se analizarán las implicaciones de la buena Administración pública en relación con algunos de los aspectos más destacados de la acción pública, tales como la centralidad del ser humano, la apertura a la realidad, la metodología del entendimiento, la participación cívica, la modernización permanente, la vinculación ética o la sensibilidad social.

Igualmente, estudiaremos con la brevedad del caso, las características más sobresalientes del derecho fundamental de la persona a la buena Administración, partiendo esencialmente del Ordenamiento europeo en materia de derechos fundamentales que es, en este momento, la principal Carta de los derechos humanos.

Un conocido autor y destacado asesor de diferentes programas de reformas de gobiernos y administraciones de todo el mundo como CROZIER señaló recientemente que, a su juicio, la mayor parte de los procesos de reformas administrativas fallidos lo habían sido por el sistemático olvido de la opinión de los ciudadanos en relación con el enfoque y orientación de las más diversas políticas públicas.

El comentario, desde luego, no tiene desperdicio. Es decir, debe tenerse muy presente en materia de buena Administración pública porque forma parte de su esencia. ¿De qué serviría una Administración pública técnicamente perfectamente articulada, con procedimientos adecuadamente elaborados y con unos magníficos procesos de políticas públicas, si no estuviera conectado a la realidad, no potenciara la participación cívica, se olvidara de las condiciones sociales o usara a la ciudadanía como justificación para su crecimiento incontrolado?

La buena Administración pública, más en tiempos de crisis, ha de estar comprometida radicalmente con la mejora de las condiciones de vida de las personas, ha de estar orientada a facilitar la libertad solidaria de los ciudadanos. Para ello es menester que su trabajo se centre sobre los problemas reales de la gente y procuren buscar las soluciones escuchando a los sectores implicados.

La buena Administración pública tiene mucho que ver con la adecuada preparación de las personas que dirigen en los organismos públicos. Deben tener mentalidad abierta, metodología del entendimiento y sensibilidad social. Deben trabajar sobre la realidad, utilizar la razón y contemplar los problemas colectivos desde perspectivas de equilibrio para ser capaces de entender dichos problemas y contemplar la pluralidad de enfoques y dimensiones que encierran situando en el centro al ser humano y sus derechos inviolables.

La dimensión ética incorpora un componente esencial a la buena Administración: el servicio objetivo al interés que ha de caracterizar, siempre y en todo caso, la acción administrativa y la impronta directiva de los responsables.

En este tiempo de crisis la perspectiva finalista del poder ha hecho acto de presencia con inusitada fuerza. El poder, en esta orientación tan presente en nuestros países, ya no es un medio para la mejora de las condiciones de vida de las personas. Es, desde la perspectiva tecnoestructural, ocasión y forma de enriquecimiento y de influencia creciente de los dirigentes.

Además, desde la dimensión estática del Estado del bienestar muchas Administraciones públicas, especialmente en el denominado mundo occidental, han estado tomadas por personajes dispuestos, como sea, a mantenerse en el poder. Para ello no han dudado en poner en marcha esa fabulosa maquinaria de subvenciones, subsidios y dádivas de toda especie con el fin de mantener bajo control a la ciudadanía.

7.2. ¿Qué es una buena Administración?

Una buena Administración pública es aquella que cumple con las funciones que le son propias en democracia. Es decir, una Administración pública que sirva a la ciudadanía, que realice su trabajo con racionalidad, justificando sus actuaciones y que se oriente continuamente al interés general. Un interés general que en el Estado social y democrático de Derecho reside en la mejora permanente e integral de las condiciones de vida de las personas.

Ni que decir tiene que la Administración pública podrá cumplir cabalmente las funciones que le son propias en democracia si las personas que en ella laboran lo hacer desde el compromiso al servicio objetivo al interés general.

Estas notas o características a las que hemos hecho referencia no son novedosas ni han sido puestas de manifiesto por primera vez en este tiempo. Si ahora subrayamos la importancia de la buena Administración pública es por contraste. Porque en estos años del modelo estático del Estado del bienestar, la Administración ni ha servido al pueblo, ni lo ha hecho objetivamente, ni, evidentemente, ha tendido al interés general.

Sencillamente, la Administración fue tomada, durante el apogeo del Estado del bienestar que denomino estático, por los grupos políticos y a ella ha servido casi en exclusiva. En lugar de explicar y justificar sus decisiones, se encerró en una torre de marfil y decidió cerrarse a la sociedad consciente de que los partidos controlaban el resto de los poderes para acampar, más o menos, en la impunidad.

En este contexto, la Administración pública creció y creció y a su amparo surgieron todo tipo de estructuras públicas, las más de las veces sometidas al derecho privado, para dar cobijo a la legión de personal de procedencia política que había que colocar para retribuir servicios prestados. Las manifestaciones de la mala Administración pública no se hicieron esperar.

La forma ordinaria de financiación de los servicios públicos fue el recurso al endeudamiento. En lugar de atender a las necesidades colectivas de los ciudadanos, se atendió a las necesidades del mantenimiento en el poder. La negligencia, la ausencia de criterios éticos y la conversión del aparato administrativo en una colosal maquinaria de laminación del adversario y de control social, reclamaron la vuelta a la buena Administración pública.

Efectivamente, cíclicamente el aparato administrativo se desvía de sus fines y es necesario poner en marcha una nueva reforma. Por eso, desde el principio de la Administración pública, su reforma ha sido, es, y seguirá siendo, una cuestión esencial, un asunto que acompaña inexorablemente su existencia.

La razón principal se puede encontrar en la necesidad de embridar la tendencia endogámica de la propia Administración pública y, sobre todo, de las personas que en ella laboran. En este sentido, la reforma de la Administración pública en la democracia constituye un trabajo permanente porque es permanente su adecuación a las necesidades colectivas de los ciudadanos y muy especialmente a la generación de las mejores condiciones vitales que permitan el ejercicio de la libertad solidaria de las personas.

Desde esta perspectiva, las reformas administrativas deben levantarse en función de las necesidades públicas de las personas y no en función de los intereses burocráticos o tecnocráticos de las Administraciones públicas. ¿Por qué? Porque, como bien sabemos, corresponde a los poderes públicos promover las condiciones para que la libertad y la igualdad del individuo y de los grupos en que se integra sean reales y efectivas y remover los obstáculos que impiden o dificulten su plenitud y facilitar la participación de todos los ciudadanos en la vida política, económica, cultural y social.

La ingente tarea que supone construir una buena Administración pública este aspecto de la vida pública requiere profundizar en una idea sustancia: asegurar las libertades reales de la gente. Desde esta perspectiva, la Administración pública aparece como uno de los elementos clave para asegurar que las aspiraciones colectivas de los ciudadanos puedan hacerse realidad.

Por lo tanto, la Administración pública nunca podrán ser un aparato que se cierre a la creatividad, o la impida con cualquier tipo de trabas, ni tampoco podrá dejar —especialmente a los más débiles— al arbitrio de intereses egoístas. La buena Administración pública se realiza desde esta consideración abierta, plural, dinámica y complementaria de los intereses generales, del bienestar integral de los ciudadanos.

En efecto, el pensamiento compatible hace posible que al tiempo que se hace una política de impulso de la sociedad civil, no haya compuertas que limiten una acción de la Administración pública que asegure la libertad de disfrutar, por ejemplo, de una justa y digna jubilación de nuestros mayores, que limiten la libertad de disponer de un sistema de salud para todos, que recorten la libertad de que todos tengan acceso a la educación en todos sus niveles, o acceso a un puesto de trabajo, o sencillamente a disfrutar de la paz.

Por eso, la Administración pública debe ser un entorno de entendimiento, y un marco de humanización de la realidad que fomente la dignidad de la persona y el ejercicio de todos los derechos fundamentales de la persona, removiendo los obstáculos que impidan su efectivo cumplimiento.

Una Administración pública que se ajuste adecuadamente a las demandas democráticas ha de responder a una rica gama de criterios que podríamos calificar de internos, por cuanto miran a su propia articulación interior, a los procesos de tramitación, a su transparencia, a la claridad y simplificación de sus estructuras, a la objetividad de su actuación, etc. Pero por encima de todos los de esta índole o, más bien, dotándolos de sentido, debe prevalecer la finalidad de servicio al ciudadano a que vengo haciendo alusión.

En este sentido, no podemos dejar de subrayar insistentemente la centralidad de la persona para la buena Administración pública. en nuestro Efectivamente, el ser humano, con el cúmulo de circunstancias que lo acompañan en su entorno social, es el auténtico sujeto de los derechos y libertades. A ese hombre, a esa mujer, con su determinada edad, su grado de cultura y de formación, mayor o menor, con su procedencia concreta y sus intereses particulares, propios, legítimos, es a quien la Administración pública sirve para que se pueda desarrollar en libertad solidaria.

En este sentido, el personal al servicio de la Administración pública, para poder desempeñar su tarea con talante de servicio y eficacia necesita, además de los medios y condiciones de trabajo adecuados, un constante esfuerzo en su competencia profesional para consolidar una Administración pública que no es una entidad abstracta. La integran personas tan reales como los ciudadanos a los que sirve.

La Administración pública, bajo las directrices del Gobierno, precisa de un razonable margen de autonomía para implementar las políticas públicas necesarias para la mejora de las condiciones de vida de los ciudadanos. En cambio, si, por el contrario, el Gobierno sucumbiera a la tentación de apoderarse de la Administración pública, sería imposible metafísicamente la existencia de una buena Administración.

Por otra parte, una Administración pública al margen del principio de juridicidad, que actuara sin normas de cobertura, en función de los caprichos y deseos de sus dirigentes, sería una mala Administración pública. El sometimiento de la Administración a la Ley y al Derecho es una de las mejores garantías para que la ciudadanía sepa que toda la actuación del complejo Gobierno-Administración: actos, silencios, omisiones, vías de hecho o inactividades, todo, puede ser controlada jurídicamente por los Jueces y Tribunales.

7.3. Principales características de la buena Administración pública

7.3.1. Centralidad de la persona

La centralidad de la persona es la primera y principal característica de una buena Administración. Hasta el punto de que si no existiera no podría hablarse de una Administración democrática porque lo que caracteriza a la Administración del Estado de derecho, de la democracia, es precisamente el servicio a la ciudadanía, su tendencia a la mejora de las condiciones de vida de las personas.

En una democracia avanzada las personas ya no son sujetos inertes que, sin más, reciben bienes y servicios de los poderes públicos. Ahora, la cláusula del Estado social y democrático de Derecho trae consigo una nueva funcionalidad para los ciudadanos al convertirse en sujetos activos, protagonistas en la determinación del interés general y en la evaluación de las políticas públicas. Hasta el punto de por el hecho de ser personas disponen de un derecho fundamental a que los asuntos de la comunidad, los asuntos que se refieren al interés general, deben ser gestionados y administrados de la mejor forma técnica posible. Es decir, para la mejora de las condiciones vitales de las personas, para que cada ser humano se pueda desarrollar en libertad solidaria.

7.3.2. Apertura a la realidad

La apertura a la realidad, la aproximación abierta a las condiciones objetivas de cada situación, y la apertura a la experiencia son componentes esenciales, actitudes básicas para la buena Administración pública.

La apertura a la realidad implica que la Administración pública ha de atender a las circunstancias sociales, económicas, culturales y políticas que impregnan su actividad. La perspectiva ideológica, esa que parte de prejuicios teóricos diseñados para su proyección mecánica y unilateral y unilateral sobre la realidad, no tiene sentido. La experiencia de determinados modelos certifica su fracaso.

Administrar desde la realidad, la buena Administración pública, implica también acercarse concienzudamente a los diferentes aspectos que ofrece la realidad y tenerlos presentes desde esquemas de moderación y equilibrio con el fin de contemplar armónicamente todas y cada una de las dimensiones que componen la rica pluralidad de la realidad.

Desde la realidad es posible la disposición permanente de corregir y rectificar lo que la experiencia nos muestre como desviaciones de los objetivos propuestos o, más en el fondo, de las finalidades que hemos asignado a la acción pública. La buena Administración pública parte de la realidad pues sólo desde ella se puede mejorar el presente para construir un mejor futuro.

7.3.3. Metodología del entendimiento

La buena Administración pública aspira a colocar en el centro del sistema a la persona y sus derechos fundamentales. Desde este punto de vista, es más sencillo y fácil llegar a acuerdos unos con otros porque de lo que se trata es de una acción pública de compromiso real con la mejora de las condiciones vitales de los ciudadanos.

En efecto. Cuando las personas son la referencia del sistema político, económico y social, aparece un nuevo marco en el que la mentalidad dialogante, la atención al contexto, el pensamiento reflexivo, la búsqueda continua de puntos de confluencia, la capacidad de conciliar y de sintetizar, sustituyen a las bipolarizaciones dogmáticas y simplificadoras, y dan cuerpo a un estilo que, como se aprecia fácilmente, busca, por encima de todo, mejorar las condiciones de vida de la gente,

El método del entendimiento supone que la confrontación no es lo sustantivo del procedimiento democrático. Ese lugar le corresponde al diálogo. La confrontación es un momento del diálogo, como el consenso, la transacción, el acuerdo, la negociación, el pacto o la refutación. Todos son pasajes, circunstancias, de un fluido que tiene como meta de su discurso el bien social, que es el bien de la gente, de las personas, de los individuos de carne y hueso. Si la administración del sector público, la buena Administración, discurre por estos derroteros las posibilidades de entendimiento de unos con otros son grandes.

La buena Administración pública se hace entender, necesita afirmar, explicar, aclarar, razonar. Por una razón elemental: el dueño señor de la Administración pública es el pueblo, y a él los dirigentes deben rendir cuentas de las decisiones que adoptan.

En el Estado de derecho es fundamental que los administradores de la cosa pública se habitúen a la rendición de cuentas sobre sus decisiones y, sobre todo, a que el poder se ejerza desde la explicación, desde la razón, desde la luz, desde la transparencia, desde la motivación inherente a la posición que se tiene desde arriba.

7.3.4. Promoción de la participación

La buena Administración pública significa, entre otras consideraciones, poner como centro del trabajo público la preocupación de los ciudadanos, de la gente: sus aspiraciones, sus expectativas, sus problemas, sus dificultades, sus ilusiones. Pero no de cualquier manera, contando con las personas, con los destinatarios del quehacer público que realizan las Administraciones públicas.

En efecto, la buena Administración supone la necesidad de contar con la presencia y participación real de la ciudadanía, de toda la ciudadanía, evitando que las fórmulas cerradas que proceden de las ideologías de este nombre expulsen de su consideración a determinados sectores sociales.

En este sentido, la buena Administración no puede atender tan sólo los intereses de un sector, de un grupo, de un segmento social, económico o institucional, ya que una condición de estos nuevos espacios es el equilibrio, entendiendo por tal, la moderación y atención a los intereses de todos. Preocuparse sólo por el interés de algunos, aunque se trate de grupos mayoritarios, significa prescindir de otros, y consecuentemente practicar un exclusivismo que es ajeno a la buena Administración pública.

Por eso, la determinación de los objetivos de las políticas públicas no puede hacerse realmente si no es desde la participación ciudadana. La participación ciudadana se configura como un objetivo público de primer orden ya que constituye la esencia de la democracia y, por ello, ocupa un lugar sobresaliente entre los parámetros centrales de la buena Administración pública.

Una actuación pública que no persiga, que no procure un grado más alto de participación ciudadana, no contribuye al enriquecimiento de la vida democrática y se hace, por lo tanto, en detrimento de los mismos ciudadanos a los que se pretende servir. Pero la participación no se formula solamente como objetivo político, sino que las nuevas políticas públicas reclaman la práctica de la participación como método.

Tratar de la participación como método es tratar de la apertura del gobierno y la Administración pública que la quiere practicar hacia la sociedad. Una organización cerrada no puede pretender captar, representar o servir los intereses propios de la ciudadanía.

La condición de esa apertura es una actitud, una disposición, alejada de la suficiencia y de la prepotencia, propia tanto de las formulaciones ideológicas como de las tecnocráticas. Pero las actitudes y las disposiciones necesitan instrumentarse, traducirse en procesos y en instrumentos que las hagan reales. Y la primera instrumentación que exige una disposición abierta es la comunicativa, la comunicación.

La buena Administración pública exige receptividad: tener la sensibilidad suficiente para captar las preocupaciones e intereses de la sociedad en sus diversos sectores y grupos, en los individuos y colectividades que la integran. No se trata simplemente de apreciaciones globales, de percepciones intuitivas, ni siquiera simplemente de estudios o conclusiones sociométricos. Se precisa diálogo real. Y diálogo real significa interlocutores reales, concretos, que son los que encarnan las preocupaciones y las ilusiones concretas, las reales, las que pretendemos servir.

A mi juicio, una de las finalidades —si no la principal— que mejor define las nuevas políticas públicas es la de la participación, la libre participación de la gente en los asuntos públicos.

En efecto, la referencia a la libertad, además de centrarnos de nuevo en la condición personal de la persona, nos remite a una condición irrenunciable de su participación, su carácter libre, pues sin libertad no hay participación. La participación no es un suceso, ni un proceso mecánico, ni una fórmula para la organización de la vida social. La participación, aunque sea también todo eso, es más: significa la integración del individuo en la vida social, la dimensión activa de su presencia en la sociedad, la posibilidad de desarrollo de las dimensiones sociales del individuo, el protagonismo singularizado de todos los hombres y mujeres.

En este sentido la participación no puede regularse con decretos ni con reglamentos. Sólo hay real participación —insisto— si hay participación libre. De la misma manera que la solidaridad no puede ser obligada. Esta relación de semejanza entre participación y solidaridad no es casual, por cuanto un modo efectivo de solidaridad, tal vez uno de los más efectivos, aunque no sea el más espectacular, sea la participación, entendida como la preocupación eficaz por los asuntos públicos, en cuanto son de todos y van más allá de nuestros exclusivos intereses individuales.

Ahora bien, al calificar la participación como libre, quiero referirme no sólo a que es optativa sino también a que, en los infinitos aspectos y modos en que la participación es posible, es cada vecino quien libremente regula la intensidad, la duración, el campo y la extensión de su participación.

La diversificación de intereses, impulsados por un clima de participación y compromiso cada vez mayores con los asuntos públicos, sobre todo —aunque no exclusivamente—, por parte de los jóvenes, ha culminado en el establecimiento de un denso tejido asociativo, con intereses, sensibilidades e incluso planteamientos políticos diversos.

En ese tejido deben buscarse —sin exclusiones preestablecidas— a los interlocutores: asociaciones y colegios profesionales, asociaciones de padres de alumnos, asociaciones de amas de casa, de mujeres, grupos juveniles; entidades deportivas y culturales, organizaciones no gubernamentales, grupos, entidades y asociaciones de la tercera edad, asociaciones parroquiales, grupos y asociaciones ecologistas, sectores industriales y empresariales, consumidores, asociaciones y movimientos vecinales, entidades educativas, órganos de la Administración particularmente dirigidos a la atención al público; comisiones de fiestas, medios de comunicación, sociedades gastronómicas, instituciones de recreo y tiempo libre, sociedades de caza y pesca; etc., etc., etc.

La capacidad para establecer un diálogo con el más amplio número de representantes sociales será un indicativo de su apertura real a la sociedad. En ese diálogo no debe olvidarse el objetivo principal que se persigue. No se trata de convencer, ni de transmitir, ni de comunicar algo, sino ante todo y, sobre todo, en primer lugar, de escuchar.

Escuchar es, en efecto, una característica de la buena Administración pública. En diálogo escuchar no comporta una disposición pasiva, sino al contrario, es una disposición activa, indagatoria, que busca el alcance de las palabras del interlocutor, comprender su manera de percibir la realidad, la conformación de sus preocupaciones y la proyección de sus ilusiones y objetivos.

El punto de partida es la correcta disposición de apertura. Sin ella el diálogo será aparente, sólo oiremos lo que queremos oír e interpretaremos de modo sesgado lo que se nos dice. La pretensión de centrarse en los intereses de la gente será ilusoria.

Ese diálogo debe caracterizarse además por su flexibilidad. Es decir, no se trata de un intercambio rígido y formalista; no es una encuesta, está abierto, y han de ponerse en juego los factores personales y ambientales necesarios para hacerlo más confiado y fructífero. En ese mismo sentido ha de tenerse en cuenta el talante personal del interlocutor y contar también con el propio, para que la condición de los interlocutores no sea un elemento de distorsión en la comunicación.

El diálogo debe conducirse sin limitación en los temas salvo que atente a la dignidad de la persona. También interesa conocer, cuando sea el caso el descontento que producimos, a quien y por qué. Y en medio de la multitud de propuestas de solución que se darán, habrá que resaltar que interesa considerarlas todas, pero de modo muy especial las que tengan como rasgo el equilibrio propio del centro, es decir, las que toman en consideración a todos los sectores afectados por el problema que se trate o la meta que se persiga, y no sólo al propio.

7.3.5. Vinculación ética

En las formulaciones recientes sobre la buena Administración pública suele estar siempre presente la dimensión ética, seguramente porque se ha caído en la cuenta de que la buena Administración pública debe estar orientada al bienestar integral de los ciudadanos y debe facilitar, por tanto, a quienes son sus destinatarios su mejoramiento personal.

La importancia de la Ética en relación con la muy noble actividad pública continúa siendo en el presente uno de los aspectos más complejos de afrontar probablemente porque todavía el poder y el dinero son grandes ídolos a los que se adora con intensa devoción. El poder por el poder, sea financiero o político, explica sobradamente el sentido de la crisis en la que nos encontramos.

En efecto, la relación entre Ética y Administración pública en sentido amplio constituye un problema intelectual de primer orden, de gran calado. Desde los inicios mismos del pensamiento filosófico y a lo largo de toda la historia en Occidente ha sido abordado por tratadistas de gran talla, desde las perspectivas más diversas y con conclusiones bien dispares. Y por mucho que se haya pretendido traducir algunas de ellas en formulaciones políticas concretas, la experiencia histórica ha demostrado sobradamente que ninguna puede tomarse como una solución definitiva de tan difícil cuestión.

El centro de la Administración pública, repito, es la persona, el ciudadano. La persona, el ser humano, no puede ser entendido como un sujeto pasivo, inerme, puro receptor, destinatario inerte de las decisiones públicas

Definir a la persona como centro de la acción pública significa no sólo, ni principalmente, calificarla como centro de atención, sino, sobre todo, considerarla el protagonista por excelencia de la Administración pública. Aquí se encuentra una de las expresiones más acabadas de lo que entiendo por buena Administración pública en el marco democrático.

Afirmar que la libertad de los ciudadanos es el objetivo primero de la acción pública significa, pues, en primer lugar, perfeccionar, mejorar, los mecanismos constitucionales, políticos y jurídicos que definen el Estado de derecho como marco de libertades. Significa también crear las condiciones para que cada hombre y cada mujer encuentre a su alrededor el campo efectivo, la cancha, en la que jugar, libremente su papel activo, en el que desarrollar su opción personal, en la que realizar creativamente su aportación al desarrollo de la sociedad en la que está integrado.

Establecidas esas condiciones, el ejercicio real de la libertad depende inmediata y únicamente de los propios ciudadanos, de cada ciudadano. La buena Administración pública ha de mirar precisamente a la generación de este ambiente en el que cada ciudadano pueda ejercer su libertad de forma solidaria. Para ello, los administradores de la cosa pública han de tener siempre bien presente que la acción pública ha de atender de manera preferente al bienestar integral de todos los ciudadanos.

El solar sobre el que es posible construir una buena Administración pública es, insistimos una vez más, el de la realidad del ser humano, una realidad no acabada, ni plenamente conocida, por cuanto es personalmente biográfica, y socialmente histórica, pero incoada y atisbada como una realidad entretejida de libertad y solidaridad, y destinada, por tanto, desde esa plataforma sustantiva, a protagonizar su existencia.

La buena Administración pública no puede reducirse, pues, a la simple articulación de procedimientos, con ser este uno de sus aspectos más fundamentales. La administración buena Administración pública debe partir de la afirmación radical de la preeminencia de la persona, y de sus derechos, a la que los poderes públicos, despejada toda tentación de despotismo o de autoritarismo, deben subordinarse.

La afirmación de la prioridad del ser humano, de la sustancialidad de la persona es el elemento clave de la configuración ética de la buena Administración pública. Pero hablar de configuración ética no puede entenderse como la articulación de una propuesta ética concreta, definida, que venga a constituir una especie de credo o de código de principios dogmáticos desde los que se pretenda hacer una construcción política.

La buena Administración pública, por lo tanto, no puede fundarse, como algunos pretenden que se haga, en la propuesta de soluciones definitivas, perfectamente perfiladas en los gabinetes de los ideólogos que pretenden tener la clave para la interpretación de todo acontecimiento humano. La acción pública se ve orientada por grandes principios generales que en absoluto resuelven, que no dan la fórmula para la solución de problema concreto alguno.

Los grandes principios generales orientan en la búsqueda de soluciones, pueden ser elementos de contraste para un juicio sobre la validez de las soluciones propuestas, pero por sí mismos no resuelven nada, porque las soluciones a los problemas concretos van a depender del juicio prudencial de quienes han de decidir.

En efecto. La validez de la solución aportada vendrá contrastada por la experiencia. No basta comprobar que las soluciones aplicadas están en consonancia teórica con los grandes principios que defendemos. Es necesaria la prueba última de la contrastación empirica, la comprobación de que lo resuelto, lo ejecutado, produce los efectos deseados, o al menos efectos aceptables en la mejora de la situación que se deseaba resolver.

La buena Administración pública opera en un marco de moderación y de conocimiento de la realidad, tratando de mejorarla, lo que es compatible evidentemente con la rectificación sobre la marcha de los errores que se puedan cometer. Pretender que la Administración pública esté libre de tachas o errores es algo metafísicamente imposible que cuándo se cree firmemente se producen grandes desastres.

Podríamos decir que la apertura a la realidad, la aproximación abierta y franca a las condiciones objetivas de cada situación, y la apertura a la experiencia son componentes esenciales, actitudes básicas del talante ético desde el que debe construirse la buena Administración pública. En ellas se funda la disposición permanente de corregir y rectificar lo que la experiencia nos muestre como desviaciones de los objetivos propuestos o, más en el fondo, de las finalidades que hemos asignado a la acción pública.

Pensar la complejidad de la realidad y acercarse a ella desde el supuesto de la propia limitación, al tiempo que acaba con todo dogmatismo, rompe también cualquier tipo de prepotencia en el análisis o en el dictamen de soluciones, a la que el político pueda verse tentado.

El buen administrador público ha de tener claro que no es infalible, que sus opiniones, sus valoraciones están siempre mediatizadas por la información de que parte, que es siempre limitada, necesariamente incompleta.

La Administración pública radicalizada sólo se puede ejercer desde convicciones que se alejan del ejercicio crítico de la racionalidad, es decir desde el dogmatismo que fácilmente deviene fanatismo, del tipo que sea.

Sin embargo, toda acción política es relativa. El único absoluto asumible es el hombre, cada hombre, cada mujer concretos, y su dignidad. Ahora bien, en qué cosas concretas se traduzcan aquí y ahora tal condición, las exigencias que se deriven de ellas, las concreciones que deban establecerse, dependen en gran medida de ese «aquí y ahora», que es por su naturaleza misma, variable.

La moderación, lejos de toda exaltación y prepotencia, implica una actitud de prudente distanciamiento, la asunción de la complejidad de lo real y de nuestra limitación. La complejidad de lo real no es una derivación del progreso humano, de los avances científicos y de la tecnología, por mucha complejidad que hayan añadido a nuestra existencia.

Con la actitud de equilibrio quiero referirme a la atención que el administrador público debe dirigir no a un sector, a un segmento de la población, a un grupo, por muy mayoritario que fuese, de ciudadanos, sino que el político debe tener presente la realidad social en todas sus dimensiones.

Se trata de administrar para todos, contando con los intereses y las necesidades de todos, y también y sobre todo con las de los que no las expresan, por cuanto entre ellos se encuentran posiblemente los que tienen más escasez de medios o menos sensibilidad para sentir como propios los asuntos que son de todos. Equilibrio, pues, como garantía, también, del buen gobierno y la buena administración.

El equilibrio es una exigencia y una condición de la buena Administración pública. El administrador público no está comprometido con un segmento, ni con una mayoría por amplia que fuese, sino que lo está con todos, aunque la base social que constituye su soporte serán necesariamente los sectores más dinámicos, activos y creativos del cuerpo social.

Al tratar acerca de las condiciones objetivas de las diversas situaciones a las que el administrador público se enfrenta, podría interpretarse que deben atender sólo a lo que podríamos llamar condiciones reales, prescindiendo de las referencias a la subjetividad, a las inclinaciones, a la conciencia de las gentes, al sentir social.

Nada más lejos de lo que debe ser. El sentir social, la conciencia social, debe ser un elemento de primer orden en la consideración del administrador público, si realmente se admite que la ciudadanía es el elemento fundamental en la articulación de la vida política. El sentir social forma parte de las condiciones objetivas, porque es un factor que actúa realmente, que gravita sobre las situaciones reales, y debe ser tenido en cuenta en su valoración.

Por ello, la acción pública debe tener muy en cuenta la opinión pública. Sería suicida, pero sobre todo sería inadecuado e injusto, actuar de espaldas a ella. Pero la acción pública no puede plantearse como un seguidismo esclavizado de esa opinión. Negar una crisis que está instalada ya en la sociedad es, en este sentido, un grave error que tarde o temprano el pueblo cobra.

La atención a la opinión pública no significa sólo atención a la opinión mayoritaria, ni mucho menos. El buen administrador público debe tener particular sensibilidad para atender a las demandas de grupos y sectores minoritarios que manifiestan un especial compromiso ético-político en la solución de graves problemas que aquejan a nuestra sociedad, y trascendiéndola, al mundo entero, y que representan, en cierto modo, aquello que se denominaba conciencia crítica de la sociedad.

La conciencia ecológica, el antimilitarismo, el reparto de la riqueza, el compromiso con los desposeídos, la crítica de una sociedad consumista y competitiva, la reivindicación de la dignidad de la condición femenina, la denuncia de una sociedad hedonista y permisiva, etc., son tantas manifestaciones de una particular sensibilidad ética.

A veces, es cierto, estas tomas de postura se hacen con manifestaciones desmesuradas y reduccionistas o totalizantes, pero que nunca el administrador público debe dejar de tener presente, con el equilibrio y mesura que deben caracterizarle. Una respuesta cumplida a las demandas y expectativas de la sociedad de nuestro tiempo, requiere estar abierto también a las nuevas sensibilidades y hacer una ponderada valoración de sus diversas manifestaciones, sabiendo distinguir los compromisos auténticos de los oportunismos y de las estrategias de lucha partidista.

Las sociedades democráticas son fundamentalmente, esencialmente, sociedades plurales, hasta el punto de que un pluralismo disminuido o menoscabado puede ser interpretado como un síntoma de déficit democrático. La buena Administración pública ha de comprometerse con el pluralismo real, no con ese falso pluralismo de salón que no es más que una burda manipulación.

El pluralismo auténtico se traduce en diálogo. Cuando existe diversidad social, pero no hay diálogo, propiamente no deberíamos hablar de pluralismo sino de sectarismo. Aquí nos encontraríamos otra vez con la división maniquea del cuerpo social característica de todo comportamiento sectario.

Hoy, a pesar de la insistencia en la buena Administración pública, la proliferación de talantes autoritarios en la escena democrática constituye una no pequeña preocupación en la medida en que pareciera que la democracia es susceptible de un uso alternativo por estos nuevos autoritarismos que acechan por doquier.

Posiblemente en el diálogo es donde más pueden apreciarse las condiciones que caracterizan el talante de la buena Administración pública: moderación, respeto mutuo, conciencia de la propia limitación, atención a la realidad y a las opiniones ajenas, actitud de escucha, etc.

La disposición al diálogo no debe ser sólo una actitud de la buena Administración pública. El diálogo, como actitud socialmente generalizada, debe ser un objetivo público de primer orden.

Una sociedad democrática no es tanto una sociedad que vota, ni una sociedad partidista, con ser estos elementos factores vertebradores fundamentales en una democracia. Una sociedad democrática es ante todo una sociedad en la que se habla abiertamente, en la que se hace un ejercicio público de la racionalidad, en la que las visiones del mundo y los intereses individuales y de grupo se enriquecen mutuamente mediante el intercambio dialógico.

El diálogo auténtico entraña un enriquecimiento de la vida social y una auténtica integración, pues el diálogo supone la transformación de la tolerancia negativa, el mero soportar o aguantar al otro, al distinto, en tolerancia positiva, que significa apreciar al otro en cuanto que no nos limitamos simplemente a existir a su lado, sino que coexistimos con él.

7.3.6. Innovación y sociedad del conocimiento

En el ámbito de las nuevas tecnologías, en el ámbito de la sociedad de la información y del conocimiento, tenemos que ser conscientes de que hay que combinar y que hay que trabajar en alianza estratégica con los derechos fundamentales de las personas.

La buena Administración pública no puede olvidar que la sociedad del conocimiento ha de mejorar la calidad de la cultura cívica de las personas, pues de lo contrario estaremos desaprovechando una magnífica oportunidad para incidir positivamente en la mejora de las condiciones de vida de los ciudadanos.

En la nueva sociedad del conocimiento, se ha hablado mucho, se ha escrito mucho, sobre cómo tienen que concebirse las organizaciones. Por ejemplo, se ha señalado que deben ser de organizaciones inteligentes, flexibles, organizaciones humanas, abiertas, no rígidas, no herméticas, no verticales, no artificiales y no piramidales.

Me parece de gran interés la afirmación de Alejandro LLANO, que dice que la clave en estas organizaciones de la sociedad del conocimiento tiene mucho que ver con el proceso artesanal del aprendizaje. La formación no termina nunca, como sabemos muy bien, y el conocimiento es crecimiento, también como persona.

Los saberes que se producen a través de las nuevas tecnologías deben ayudar también a mejorar el trabajo diario de la organización y a mejorar también el trabajo de las personas que forman parte de la Administración pública, sin olvidar que hay una dimensión ética inherente a la propia Administración, tal y como analizamos en el epígrafe precedente.

En este marco, la buena Administración pública asume un papel básico y fundamental en la medida en que en una sociedad democrática la administración de lo público debe realizarse desde la condición central del ser humano y desde la convicción de que el poder público es una institución para mejorar las condiciones de vida de los ciudadanos.

Por supuesto que en la sociedad del conocimiento lo importante son las personas. Las personas no son mercancías, las personas tienen un potencial de libertad e inteligencia muy importante y los buenos administradores públicos tienen que ser capaces de hacer aflorar esas potencias, esa capacidad de aportación de ideas, esa capacidad de intercambio de ideas, esa capacidad de generar confianza para transformar la realidad.

En la sociedad del conocimiento, donde Internet, la red, tiene tanta importancia, tenemos que ser conscientes de que la clave está en concebir los conocimientos como capacidad para mejorar la vida de los hombres, no en acumular todo un conjunto de información que viene por la red y que no se sabe para qué sirve.

Pensamos en una sociedad donde resplandezcan los derechos fundamentales de los que menos tienen menos condiciones tienen de salir adelante. Y esta nueva sociedad que está emergiendo poco a poco, ofrece muchas potencialidades para mejorar la vida de los ciudadanos desde las vertientes pública y privada. Se habla de la nueva economía, de los nuevos canales comerciales, de la nueva democracia, más directa y más participativa, se habla también de nuevas formas de concebir y ejecutar las políticas públicas.

Desde la buena Administración pública hay que pensar que los poderes públicos tienen el gran desafío de, protegiendo y mejorando la seguridad de las personas, mejorar las condiciones para el libre desarrollo solidario de los ciudadanos.

La importancia que las nuevas tecnologías de la información y la comunicación tienen en la mejora de las relaciones entre Administración pública y ciudadanos es evidente.

Solo hay que pensar en las posibilidades que las TICS ofrecen al ciudadano para acceder a la información pública, en las posibilidades que tiene la organización de informar con más transparencia a la población, en la posibilidad de hacer participar al ciudadano en la toma de decisiones o en la definición de sus necesidades colectivas. La simplificación que puede representar para la organización pública la puesta en común de recursos, evitando trámites e informaciones innecesarias y duplicaciones de tareas se impone por sí misma.

Las ventajas de las nuevas tecnologías son evidentes, sobre todo en orden a recuperar, en la práctica, esa idea central del pensamiento democrático de que las instituciones son de la propiedad ciudadana.

Las distintas Administraciones públicas, a lo largo y ancho del planeta, han avanzado sustancialmente en esta materia. Ahí están administración las ventanillas únicas que permiten la interconexión de registros, la ventanilla única empresarial que agiliza la creación de empresas, el portal de las Administraciones públicas, la Intranet administrativa, la regulación de la ley de firma electrónica, el documento nacional de identidad electrónico, la gestión telemática de determinados trámites administrativos, como las cotizaciones a la Seguridad Social, o la declaración y pago de impuestos...

Sin embargo, hay que reconocer que aún queda camino que recorrer en la implantación de una autentica Administración electrónica que garantice mayores cotas de eficacia, de eficiencia y de calidad de los servicios, así como más cercanía a los ciudadanos.

Para que la Administración pública on-line tenga sentido, el desarrollo al interior de la organización pública debe ir en paralelo al propio desarrollo tecnológico de la sociedad. Por ello no solo hay que hacer esfuerzos por implantar la e-Administración, sino que también hay que priorizar la extensión del uso de las nuevas tecnologías en la sociedad, minimizando la brecha social que se puede producir según se use o no la información.

Hemos de admitir que en muchos países del globo el acceso a Internet es escaso entre la población a pesar de los esfuerzos económicos que se están realizando por implantar el uso del ordenador a las escuelas, o por hacer más económico el acceso a Internet. Esta realidad, y la adopción de determinadas medidas, como mejorar la seguridad electrónica, garantizar la confidencialidad, son claves para que cobre sentido la Administración en línea.

Una nueva cultura, tecnológica y profundamente humanista a la vez, es la que impregna la buena Administración pública. Este ambiente debe presidir la propia organización, los métodos de trabajo, las gestiones administrativas, los procedimientos, la prestación de servicios públicos. Para que esta nueva cultura tecnológica y humana, radicalmente tecnológica y radicalmente humana, penetre verdaderamente es muy importante trabajar en el mundo de la educación y de la formación.

Por eso, en una institución como el Instituto Nacional de Administración pública es esencial insistir y subrayar la formación de los funcionarios en el manejo de los nuevos instrumentos informáticos de gestión, sin perder de vista algo fundamental: que las TICS no son un fin en sí mismas, son un medio para conseguir una Administración pública más humana que facilite el libre ejercicio de los derechos fundamentales de las personas.

7.3.7. Sensibilidad social

Una de las características que mejor define a la buena Administración pública es la sensibilidad social. En efecto, la sensibilidad social, actitud solidaria, deriva del principio de la centralidad de la persona en la actuación de la Administración pública. Perspectiva que permite conducir la proa de la nave del aparato administrativo a la búsqueda las soluciones reales a las cuestiones colectivas y a orientar las decisiones en los ámbitos de la cooperación, de la convivencia, de la integración y de la confluencia de intereses. En este contexto, la persona y su dignidad son la clave y la fuerza que lleva a la gran tarea de humanizar desde la misma Administración.

La sensibilidad social supone, insisto, colocar a las personas en el centro de la actuación administrativa. Cuando ello así acontece, la acción pública se dirige de manera comprometida a prestar servicios reales al pueblo, a atender los intereses reales de la gente, a escuchar de verdad a la ciudadanía. Ello implica necesariamente el entendimiento con los diferentes interlocutores para mejorar las condiciones de vida de los ciudadanos.

Ahora bien, esas prestaciones, esos servicios no son un fin sino un medio para alcanzar mayores cotas de bienestar general e integral para el pueblo. Son un medio para la mejora de las condiciones de ejercicio de la libertad solidaria de las personas, no un sistema de captación de voluntades.

En fin, las prestaciones sociales, las atenciones sanitarias, las políticas educativas, las actuaciones de promoción del empleo, son bienes de carácter básico que una buena Administración pública debe poner entre sus prioridades, de manera que la garantía de esos bienes se convierta en condición para que la sociedad libere energías que permitan su desarrollo y la conquista de nuevos espacios de libertad y de participación ciudadana.

Las prestaciones públicas constituyen el entramado básico del llamado Estado del bienestar, modelo que poco a poco va camino de su desaparición salvo que proyectemos el quehacer público desde la perspectiva dinámica del Estado del bienestar.

Por eso, ¿cómo es posible seguir defendiendo la subvención como fin, cuándo es uno de los mayores atentados al progreso social? En efecto, cuándo el Estado de bienestar se toma como un fin en sí mismo, la Administración pública se reduce al papel de suministrador de servicios, con lo que el ámbito público se convierte en una rémora del desarrollo social, político, económico y cultural, en lugar de su catalizador o impulsor.

En este ambiente se dificulta, cuándo no se impide desde la raíz, el necesario equilibrio para la creación de una atmósfera adecuada para el libre desarrollo de las personas y de las asociaciones, levantándose una estructura estática y cerrada que priva al cuerpo social del dinamismo necesario para propiciar la libertad y la participación de la ciudadanía.

Las prestaciones, los derechos, tienen un carácter dinámico que no puede quedar a merced de mayorías clientelares, anquilosadas, sin proyecto vital más allá de la reivindicación del derecho adquirido o de la conservación de la posición. Cuando ello acontece, se olvida que las prestaciones sociales se justifican en la medida que se incardinan en el bienestar general e integral de la gente, o, si se quiere, en la mejora de las condiciones de vida de los ciudadanos.

Nos puede servir como ejemplo la acción de la Administración pública en relación con los más desfavorecidos, entre los que contamos a los marginados, los pobres, los parados o los mayores. Las prestaciones públicas nunca pueden tener la condición de dádivas mecánicas. Más bien, la buena Administración pública debe propiciar con sus prestaciones el desarrollo, la manifestación, el afloramiento de las energías y las capacidades escondidas en esos amplios sectores sociales.

7.4. El derecho ciudadano a la buena Administración pública

La buena Administración pública parte del derecho ciudadano, fundamental para más señas, a que sus asuntos comunes y colectivos estén ordenados de forma y manera que a su través se mejoren las condiciones de vida de las personas. Las Administraciones públicas, desde esta perspectiva, han de estar conducidas y manejadas por una serie de criterios mínimos, llamados de buena administración.

La buena Administración pública es un derecho ciudadano de naturaleza fundamental. ¿Por qué se proclama como derecho fundamental por la Unión Europa? Por una gran razón que reposa sobre las más altas argumentaciones del pensamiento político: en la democracia, las instituciones políticas no son de propiedad de políticos o altos funcionarios, sino que son del dominio popular, de los ciudadanos, de las personas de carne y hueso que día a día, con su esfuerzo por encarnar los valores cívicos y las cualidades democráticas, dan buena cuenta del temple democrático en la cotidianeidad.

Por ello, si las instituciones públicas son de la soberanía popular, de dónde proceden todos los poderes del Estado, es claro que han de estar ordenadas al servicio objetivo del interés general.

Desde el punto de vista normativo, es menester reconocer que la existencia positiva de este derecho fundamental a la buena administración parte de la Recomendación núm. R (80) 2, adoptada por el Comité de Ministros del Consejo de Europa el 11 de marzo de 1980 relativa al ejercicio de poderes discrecionales por las Autoridades administrativas, así como de la jurisprudencia del Tribunal de Justicia de las Comunidades Europeas y del Tribunal de Primera Instancia.

Entre el Consejo de Europa y la Jurisprudencia comunitaria, desde 1980, se fue construyendo, poco a poco, el derecho a la buena Administración pública, derecho que la Carta Europea de los Derechos Fundamentales de diciembre de 2000 recogería en el artículo 41.

Antes del comentario de este precepto, me parece pertinente señalar dos elementos de los que trae causa: la discrecionalidad y la jurisprudencia. En efecto, la discrecionalidad, se ha dicho con acierto, es el caballo de Troya del Derecho Público por la sencilla razón de que su uso objetivo nos sitúa al interior del Estado de derecho y su ejercicio abusivo nos lleva al mundo de la arbitrariedad y del autoritarismo.

El ejercicio de la discrecionalidad administrativa en armonía con los principios de derecho es muy importante. Tanto como que un ejercicio destemplado, al margen de la motivación que le es inherente, deviene en abuso de poder, en arbitrariedad. Y, la arbitrariedad es la ausencia del derecho, la anulación de los derechos ciudadanos en relación con la administración.

Por lo que respecta a la jurisprudencia, debe tenerse en cuenta que normalmente los conceptos de elaboración jurisprudencial son conceptos construidos desde la realidad, algo que es en sí mismo relevante y que permite construir un nuevo derecho fundamental con la garantía del apoyo de la ciencia que estudia la solución justa a las controversias jurídicas.

El artículo 41 de la Carta constituye un precipitado de diferentes derechos ciudadanos que a lo largo del tiempo y a lo largo de los diferentes Ordenamientos han caracterizado la posición central que hoy tiene la ciudadanía en todo lo que se refiere al Derecho Administrativo.

Pues bien, dicho precepto dispone:

1. Toda persona tiene derecho a que las instituciones y órganos de la Unión traten sus asuntos imparcial y equitativamente y dentro de un plazo razonable.

2. Este derecho incluye en particular:

- el derecho de toda persona a ser oída antes de que se tome en contra suya una medida individual que le afecte desfavorablemente.
- el derecho de toda persona a acceder al expediente que le afecte, dentro del respeto a los intereses legítimos de la confidencialidad y del secreto profesional y comercial.
- la obligación que incumbe a la administración de motivar sus decisiones.

3. Toda persona tiene derecho a la reparación por la Comunidad de los daños causados por sus instituciones o sus agentes en el ejercicio de sus funciones, de conformidad con los principios generales comunes a los Derechos de los Estados miembros.

4. Toda persona podrá dirigirse a las instituciones de la Unión en una de las lenguas de los Tratados y deberá recibir una contestación en esa misma lengua.

Los ciudadanos europeos tenemos un derecho fundamental a que los asuntos públicos se traten imparcialmente, equitativamente y en un tiempo razonable. Es decir, las Instituciones comunitarias han de resolver los asuntos públicos objetivamente, han de procurar ser justas —equitativas— y, finalmente, han de tomar sus decisiones en tiempo razonable.

En otras palabras, no cabe la subjetividad, no es posible la inequidad y no se puede caer en la dilación indebida para resolver. En mi opinión, la referencia a la equidad como característica de las decisiones administrativas comunitarias no debe pasar por alto. Porque no es frecuente encontrar esta construcción en el Derecho Administrativo de los Estados miembros y porque, en efecto, la justicia constituye, a la hora del ejercicio del poder público, cualquiera que sea la institución pública en la que nos encontremos, la principal garantía de acierto.

La referencia la razonabilidad del plazo para resolver incorpora un elemento esencial: el tiempo. Si una resolución es imparcial, justa, pero se dicta con mucho retraso, es posible que no tenga sentido, que no sira para nada. El poder se mueve en las coordenadas del espacio y del tiempo y éste es un elemento esencial que el derecho comunitario destaca suficientemente. La razonabilidad se refiere al plazo de tiempo en el que la resolución pueda ser eficaz de manera que no se dilapide el legítimo derecho del ciudadano a que su petición, por ejemplo, se conteste en un plazo en que ya no sirva para nada.

El derecho a la buena Administración pública es un derecho fundamental de todo ciudadano comunitario a que las resoluciones que dicten las instituciones europeas sean imparciales, equitativas y razonables en cuanto al fondo y al momento en que se produzcan. Dicho derecho según el citado artículo 41 incorpora, a su vez, cuatro derechos.

El primero se refiere al derecho a que todo ciudadano comunitario tiene a ser oído antes de que se tome en contra suya una medida individual que le afecte desfavorablemente. Se trata de un derecho que está reconocido en la generalidad de las legislaciones administrativas de los Estados miembros como consecuencia de la naturaleza contradictoria que tienen los procedimientos administrativos en general, y en especial los procedimientos administrativos sancionadores o aquellos procedimientos de limitación de derechos. Es, por ello, un componente del derecho a la buena Administración pública que el derecho comunitario toma del Derecho Administrativo Interno.

El segundo derecho derivado de este derecho fundamental a la buena Administración pública se refiere, de acuerdo con el párrafo segundo del citado artículo 41 de la Carta de Derechos Fundamentales, al derecho de toda persona a acceder al expediente que le afecte, dentro del respeto de los intereses legítimos de la confidencialidad y del secreto profesional y comercial. Nos encontramos, de nuevo, con otro derecho de los ciudadanos en los procedimientos administrativos generales.

Claro está, existen límites derivados del derecho a la intimidad de otras personas, así como del secreto profesional y comercial. Es decir, un expediente en que consten estrategias empresariales no puede consultado por la competencia en ejercicio del derecho a consultar un expediente de contratación que le afecte en un determinado concurso.

El tercer derecho que incluye el derecho fundamental a la buena administración es el más importante: el derecho de los ciudadanos a que las decisiones administrativas de la Unión europea sean motivadas. Llama la atención que este derecho se refiera a todas las resoluciones europeas sin excepción. Me parece un gran acierto la letra y el espíritu de este precepto. Sobre todo, porque una de las condiciones del ejercicio del poder en las democracias es que sea argumentado, razonado, motivado.

El poder público que se basa en la razón ética es legítimo. El que no se justifica es sencillamente arbitrario. Por eso todas las manifestaciones del poder debieran, como regla motivarse. Su intensidad dependerá, claro está, de la naturaleza de los actos de poder. Si son reglados la motivación será menor. Pero si son discrecionales, la exigencia de motivación será mayor. Es tan importante la motivación de las resoluciones públicas que bien puede afirmarse que la temperatura democrática de una Administración es proporcional a la intensidad de la motivación de los actos y normas administrativos.

En una sentencia más reciente, de 15 de octubre de 2010, el Tribunal Supremo precisa el alcance de la motivación que exige nuestra Constitución señalando que tal operación jurídica «se traduce en la exigencia de que los actos administrativos contengan una referencia específica y concreta de los hechos y los fundamentos de derecho que para el órgano administrativo que dicta la resolución han sido relevantes, que permita reconocer al administrado la razón fáctica y jurídica de la decisión administrativa, posibilitando el control judicial por los tribunales de lo contencioso administrativo». Además, tal obligación de la Administración «se engarza en el derecho de los ciudadanos a una buena administración, que es consustancial a las tradiciones constitucionales comunes de los Estados miembros de la Unión Europea, que ha logrado refrendo normativo como derecho fundamental en el artículo 41 de la Carta de los Derechos Fundamentales de la Unión Europea, proclamada por el Consejo de Niza de 8/10 de diciembre de 2000, al enunciar que este derecho incluye en particular la obligación que incumbe a la Administración de motivar sus decisiones».

En el apartado tercero del precepto se reconoce el derecho a la reparación de los daños ocasionados por la actuación u omisión de las instituciones comunitarias de acuerdo con los principios comunes generales a los derechos de los Estados miembros. La obligación de indemnizar en los supuestos de responsabilidad contractual y extracontractual de la Administración está, pues, recogida en la Carta. Lógicamente, el correlato es el derecho a la consiguiente reparación cuándo las instituciones comunitarias incurran en responsabilidad. La peculiaridad del reconocimiento de este derecho, también fundamental, derivado del fundamental a la buena administración, reside en que, por lo que se vislumbra, el régimen de funcionalidad de este derecho se establecerá desde los principios generales de la responsabilidad administrativa en derecho comunitario.

La cuestión del derecho a la indemnización cuando el Estado, como consecuencia del funcionamiento de sus servicios, haya provocado daños a los ciudadanos es un tema polémico. En realidad, una Administración que debe indemnizar con cantidades millonarias es una mala Administración por causar con frecuencia daños a los ciudadanos, por mucho que esté reconocido el derecho a la justa indemnización. Es mejor Administración aquella que indemniza menos porque ocasiona menos daños a los ciudadanos como consecuencia del funcionamiento de los servicios públicos en general.

El apartado cuarto del artículo 41 de la Carta de los Derechos Fundamentales de la Unión Europea dispone que toda persona podrá dirigirse a las instituciones de la Unión en una de las lenguas de los Tratados y deberá recibir una contestación en esa lengua.

Por su parte, la jurisprudencia ha ido, a golpe de sentencia, delineando y configurando con mayor nitidez el contenido de este derecho fundamental a la buena administración atendiendo a interpretaciones más favorables para el ciudadano europeo a partir de la idea de una excelente gestión y administración pública en beneficio del conjunto de la población de la Unión Europea.

Debe tenerse presente, también, que el artículo 41 del denominado Código Europeo de Buena Conducta Administrativa de 1995 es el antecedente del ya comentado artículo 41 de la carta de los Derechos Fundamentales. Es más, se trata de una fiel reproducción.

El artículo 41 de la Carta Europea de los Derechos Fundamentales de diciembre de 2000 es, ciertamente, la referencia normativa más importante que existe en el seno de la UE en la materia. Hasta el punto que el Código de Buena Conducta Administrativa de la UE, dirigido a las instituciones y a los órganos de la Unión Europea, aprobado por resolución del Parlamento Europeo de 6 de septiembre de 2001, es un instrumento de concreción precisamente del derecho fundamental a la buena administración.

En la introducción que hace el Defensor del Pueblo Europeo al Código el 5 de enero de 2005, en el epígrafe dedicado a la naturaleza jurídica se recuerda literalmente el contenido del citado artículo 41 de la Carta y se recuerda que el Defensor del Pueblo Europeo investiga posibles casos de mala administración en las actividades de las instituciones y órganos de la Unión.

La referencia a las instituciones y órganos de la Unión debe entenderse en sentido amplio puesto que las decisiones y las declaraciones de voluntad de las instituciones y los órganos se realizan, bien unilateralmente, bien colectivamente o multilateralmente, de forma y manera que la buena o la mala administración se refiere obviamente a os titulares o al titular de la potestad en cada caso.

Según el Código, y el propio Parlamento Europeo, que se han inspirado en el informe del Defensor del Pueblo Europeo de 1997, es mala administración la que se produce cuándo un organismo público no obra de conformidad con las normas o principios a los que debe obligatoriamente atenerse.

La propia Carta dispone en su artículo 43 que todo ciudadano de la UE o toda persona física o jurídica que resida o tenga su domicilio fiscal en un Estado miembro tiene derecho a someter al Defensor del Pueblo de la Unión los casos de mala administración en la acción de las instituciones u órganos comunitarios, con exclusión del Tribunal de Justicia y del Tribunal de Primera Instancia en el ejercicio de sus funciones jurisdiccionales.

Siendo el precepto impecable, tiene un pequeño problema, que es el referido al uso del término acción para significar las actuaciones que pueden ser objeto de reclamación por haber lesionado este derecho fundamental. En lugar de acción, y para evitar problemas interpretativos, de manera que las omisiones y las inactividades también puedan desencadenar la reclamación ante el Defensor del Pueblo Europeo, debió haberse utilizado la expresión actuación, que incluye tanto decisiones expresas, como presuntas o inactividades, junto a vías de hecho.

También se recuerda en la introducción que estamos glosando, que el propio Parlamento de la UE, a través de una resolución contemporánea al mismo Código, entendió que para la determinación o comprobación de si se da un supuesto de mala administración es preceptiva la actuación del Defensor del Pueblo, dando con ello efecto al derecho de los ciudadanos a una buena administración tal y como está redactado en el artículo 41 de la Carta.

Es decir, el Defensor del Pueblo es quien en principio toma en consideración las reglas y principios establecidos en el Código al examinar los casos de mala administración.

Es tal la relevancia del derecho fundamental a la buena Administración pública, que el Parlamento Europeo solicitó a la Comisión Europea que le presentara un reglamento en el que se concretaran las obligaciones que para las instituciones y órganos de la UE se derivaran de este derecho ciudadano.

Tal reglamento, se dice en la introducción del defensor del Pueblo Europeo, sería de vital importancia pues subrayaría el carácter vinculante de las reglas y principios contenidos en el Código, que así se aplicarían de forma uniforme y consistente por todas las instituciones y órganos de la UE promoviendo así la transparencia.

Esta apreciación del Defensor del Pueblo Europeo acerca de la naturaleza jurídica del contenido del Código me parece fundamental. Por una razón sencilla, si las reglas y principios del Código, de eminente carácter ético no son de general observancia para todas las instituciones y órganos de la UE, entonces nos encontraríamos con unas consecuencias contradictorias en sí mismas.

En efecto, si el Código no tuviera consecuencias jurídicas, sus principios y normas de conducta serían meras guías voluntarias para el quehacer público en las instituciones y órganos de la UE, cuándo constituyen evidentes principios básicos y fundamentales de la propia actuación administrativa. Su lesión y conculcación, en la medida en que constituyen transgresiones de la esencia misma de la función pública, de la función de servicio objetivo al interés general, deben ser sancionadas.

Si la dimensión ética de la función pública no tiene relevancia jurídica, no podremos garantizar que el comportamiento de autoridades y funcionarios se ajuste y se oriente a las más elementales reglas y criterios del servicio público.

Mientras formalmente no se apruebe dicho reglamento, el Defensor del Pueblo Europeo sigue trabajando en orden a transformar el Código en Derecho Administrativo Europeo. Tal objetivo es de gran trascendencia pues de esta manera existiría un cuerpo normativo uniforme para todas las instituciones y órganos de la UE en lo que se refiere a los principios que rigen sus relaciones con los ciudadanos.

En este sentido, la elaboración en 2012, por parte del Defensor del Pueblo Europeo, de los principios de la función pública de la UE es una muy buena herramienta pues ayuda a dar mayor difusión y conocimiento a los principios básicos establecidos en el Código que se derivan del fundamental derecho a la buena administración establecido en el artículo 41 de la Carta Europea de los Derechos Fundamentales.

Por lo que se refiere al aludido Código Europeo de Buena Conducta, aprobado por el Parlamento Europeo en septiembre de 2001, poco tiempo después de la Carta Europea de los Derechos Fundamentales (diciembre de 2000), es necesario señalar que es un instrumento magnífico para que el Defensor del Pueblo compruebe la existencia de casos de mala administración cuándo así se le solicite, cumpliendo cabalmente de esta manera la función de control externo de la actuación de las instituciones y órganos de la UE que tiene encomendad. En efecto, esta función la realiza el Defensor del pueblo de acuerdo con el artículo 195 del Tratado de la CE y con el Estatuto del propio Defensor.

La virtualidad del Código es que permite a los ciudadanos de la UE conocer en la realidad práctica en qué consiste este derecho fundamental, que significa en concreto y en qué casos se lesiona por parte de las Autoridades de la unión.

Aunque el Defensor del Pueblo asegura, enero de 2005, que muchos países se han inspirado en el Código para redactar los Códigos nacionales y que se ha hecho una extensa e intensa labor de difusión, lo cierto y verdad es que la simple opinión que existe en la ciudadanía acerca de la UE y de sus instituciones es suficiente elocuente del conocimiento real que tienen los pueblos europeos de este derecho fundamental y de sus consecuencias.

El Código señala en su artículo 1 que las instituciones y órganos de la UE, obviamente representados o encarnados en personas individuales o colectivas, deben respetar los principios establecidos en el Código en sus relaciones con el público. Más que respetar, lo que deben es cumplir diligentemente las obligaciones y deberes que marca el Código, y que son corolarios necesarios del derecho fundamental a la buena administración que asiste a todo ciudadano de la UE.

El Código es de aplicación, artículo 2, a todos los funcionarios y agentes de la UE de acuerdo con el Estatuto de la función pública europea y el régimen jurídico aplicable a los agentes de la Unión. El Código utiliza el término funcionario para designar a los funcionarios de la UE en sentido estricto y a los agentes de la UE a los que es de aplicación. Funcionarios y agentes podríamos denominar al personal al servicio de la Administración pública de la UE.

Sin embargo, como precisa el precepto, el Código también se extiende, es lógico, a otras personas que trabajen para la Administración comunitaria como son los contratados en régimen de Derecho privado, expertos de Administraciones nacionales en comisión de servicios, así como becarios.

Es decir, las obligaciones y deberes que se derivan del derecho fundamental a la buena administración se refieren a todas las personas que de forma directa o indirecta laboran para la Administración comunitaria, incluso a becarios y expertos nacionales en comisión de servicios. Tal extensión de las obligaciones es coherente con el alcance y significado de estas obligaciones y deberes, que gravan la conducta de aquellas personas que reciben su retribución de los fondos públicos comunitarios, con independencia de su categoría profesional.

El Código precisa, en el artículo 2, que entiende por público, por ciudadano, por el sujeto con el que se relaciona la Administración pública comunitaria. Entiende por público a toda persona física o jurídica, independientemente de que residan o tengan su domicilio en un Estado miembro. Es decir, el autor del Código manifiesta un entendimiento muy amplio, como debe ser, del significado y alcance del término público

También en el artículo 2 precisa dos cuestiones terminológicas. Nos dice que por institución hay que entender institución y también órgano, y por funcionario, funcionario y agente de las Comunidades Europeas.

Por lo que se refiere al ámbito material de aplicación, el Código contiene los principios generales de buena administrativa aplicables a todas las relaciones entre las instituciones y el público en el artículo 3.

Capítulo aparte merecen los principios que rigen las relaciones entre los funcionarios y la institución, que se encuentran en el Estatuto de la función pública comunitaria. No se entiende bien la mención que el artículo realiza a que tales principios generales se pueden dispensar si existen disposiciones específicas en la materia. Pueden ser desarrollados, eso sí, pero inaplicables por existir normas específicas parece un tanto contradictorio.

¿Es qué estos principios pueden ponerse entre paréntesis o declarase inaplicables para casos específicos? ¿Es qué los principios de ausencia de discriminación, proporcionalidad, ausencia de abuso de poder, imparcialidad, independencia, objetividad, confianza legítima, coherencia, asistencia, justicia, imparcialidad, racionalidad, cortesía, respuesta, acuse de recibo, identificación del funcionario competente, audiencia, motivación, celeridad, acceso a la información...?

También el Código, como no podía ser de otra manera, prescribe el principio de juridicidad al disponer en su artículo 4 que el funcionario actuará de conformidad con la legislación y aplicará las normas y procedimientos establecidos en la legislación comunitaria.

En concreto, el funcionario velará porque las disposiciones que afecten a los derechos o intereses de los ciudadanos estén basados en la ley y que su contenido cumpla la legislación. Se trata, pues, de la enunciación del principio de legalidad en su versión más formal. Salvo que interpretemos el término legislación en un sentido amplio, que no es fácil, tal y como está redactado, podríamos colegir que hay una referencia al derecho. El principio de juridicidad se refiere a la ley y al derecho.

En el artículo 5 empiezan las referencias a los principios generales de buena conducta administrativa, que constituyen un corolario necesario, no se puede perder de vista, del derecho fundamental a la buena administración del que disponen los ciudadanos de la UE.

El primero de estos principios generales es el de igualdad o, en términos negativos, ausencia de discriminación. El principio se plantea en el marco de la tramitación de las solicitudes del público y en el ámbito de la toma de decisiones. En ambos casos, el funcionario debe garantizar el principio de igualdad de trato, que implica que los ciudadanos que se encuentren en la misma situación procedimental serán tratados de igual manera, de manera similar dice el Código. En el caso de que se produzca alguna diferencia de trato, está deberá ser justificada, motivada convenientemente en función, dice el Código, de las características pertinentes objetivas del caso. Es decir, la motivación debe estar fundada sobre la realidad, sobre las características pertinentes del caso y, lo que es más importante, debe hacerse objetivamente.

El contenido del principio de ausencia de discriminación, en particular, implica que el funcionario evitará toda discriminación injustificada entre miembros del público por razones de nacionalidad, sexo, raza, color, origen étnico o social, características genéticas, lengua, religión o creencias, opiniones políticas o de cualquier tipo, pertenencia a una minoría nacional, propiedad, nacimiento, discapacidad, edad u orientación sexual. Estas listas tan largas deberían evitarse pues en el futuro no sería extraño que surja una nueva causa de discriminación por lo que es mejor usar fórmulas más amplias que den cabida a cualquier forma de discriminación por la causa que fuere.

Un principio general, también del Derecho, es el de proporcionalidad. El Código en su artículo 6 lo define así: al adoptar decisiones el funcionario garantizará que las medidas sean proporcionales al fin perseguido, evitando toda forma de restricción de los derechos de los ciudadanos, así como la imposición de cargas cuándo éstas y aquellas no sean razonables con respeto al objeto perseguido.

Además, al adoptar decisiones, el funcionario respetará el justo equilibrio entre los intereses individuales y el interés público general. Es decir, las decisiones deben estar en consonancia con el fin establecido en las normas que le sirven de cobertura y con el interés general concreto.

El interés general al que deben estar supeditadas todas las decisiones de los funcionarios tiene dos dimensiones. Por un lado, los principios y criterios del Estado social y democrático de Derecho que han de estar proyectados en las normas que sirven de cobertura a dichas medidas. Y, por otra, la realidad concreta en que se encarna el interés general porque el interés general solo tiene sentido para el Estado de derecho si se nos presenta de forma concreta y con la motivación y justificación que sea menester según el grado de discrecionalidad ínsito en la potestad desde la que se dicta la decisión.

Igualmente, la referencia que hace al justo equilibrio entre el interés particular y el interés general debe entenderse como operación de contraste jurídico realizada sobre el caso concreto, sobre la realidad. En otras palabras, es muy adecuada esta expresión de justo equilibrio que utiliza el autor del Código en esta materia porque, en mi opinión, constituye un fiel reflejo de una de las características que mejor define el sentido de las ciencias sociales en este tiempo: el pensamiento compatible o complementario.

El poder en el Estado de derecho sólo tiene sentido se ejerce al servicio objetivo del interés general. Por eso, el artículo 7 se refiere al principio de ausencia de abuso de poder. Precisamente porque el poder público es una institución que se justifica en la medida en que se dirige a posibilitar el libre y solidario desarrollo de las personas.

La persona es el centro y la raíz del Estado y los poderes públicos que las normas atribuyen a los titulares, individuales o colectivos, se justifican en la medida en que su ejercicio vaya dirigido a la mejora de las condiciones de vida de los ciudadanos, no de las condiciones de vida de los gobernantes. Por eso el artículo 7 dispone con toda claridad que los poderes se ejercerán únicamente de acuerdo con la finalidad para la que han sido otorgados por las disposiciones pertinentes, evitando el uso de dichas potestades para objetivos sin fundamento legal o que no estén motivados por un interés público.

Es decir, el poder debe ejercerse en función del fin previsto en la norma, que no puede ser otro que de interés general, obviamente, y también por razones de interés público explícitas, que obviamente habrán de argumentarse convenientemente. Insisto, en los casos en que el poder se funde sobre razones de interés general, éste ha de estar perfectamente delimitado en la realidad y argumentado en lo concreto suficientemente.

La imparcialidad y la independencia son también dos principios básicos que deben distinguir la actuación de los funcionarios comunitarios y, por ende, a las mismas instituciones europeas.

En virtud de la imparcialidad, dice el artículo 8 que el funcionario se abstendrá de toda acción arbitraria que afecte adversamente a los ciudadanos, así como de cualquier trato preferente por cualesquiera motivos. En mi opinión, una interpretación literal, pegada a la letra de este parágrafo del precepto, nos llevaría a una conclusión absurda: que una acción arbitraria que no afecte negativamente a los ciudadanos de la Unión podría ser posible.

Una acción arbitraria es una acción irracional y, como ya sabemos, el quehacer administrativo de la unión Europea, por mor del artículo 41 de la Carta, debe estar motivado. Y una acción motivada excluye radicalmente la arbitrariedad que es, insisto, contraria a la misma Carta y, por tanto, como más adelante comentaremos, al artículo 18 del Código. La imparcialidad exige que no se tome partido a favor de ninguna persona, física o jurídica, porque todas son iguales ante la ley y hacia todas se debe ofrecer el mismo y correcto trato.

A la independencia de los funcionarios se refiere el artículo 8 en su último parágrafo en estos términos: «la conducta del funcionario nunca estará guida por intereses personales, familiares o nacionales, ni por presiones políticas. El funcionario no participará en una decisión en la que el mismo, o un familiar cercano, tenga intereses económicos».

El funcionario sólo debe guiarse por razones de interés general. Además, cuándo advierta que una determinada decisión a la que está llamado a participar colisiona con asuntos personales o familiares, deberá abstenerse.

Corolario necesario del derecho a una buena Administración pública es el principio de objetividad. La subjetividad suele estar en la base de la mala administración, de las decisiones arbitrarias, que son todas aquellas en las que existe una ausencia de racionalidad. El principio de objetividad en el Código está redactado, artículo 9, en términos de principio de relevancia, que es una consecuencia concreta de la objetividad: «al adoptar sus decisiones, el funcionario tendrá en cuenta los factores relevantes y otorgará a cada uno de los mismos su propia importancia en la decisión, excluyendo de su consideración todo elemento irrelevante».

Si entendemos que la objetividad supone racionalidad porque lo objetivo es lo que se puede argumentar desde la lógica, lo que se puede fundar desde las más elementales reglas de la razón, el principio de relevancia reclama al funcionario que identifique el o los asuntos relevantes en cada decisión, resolviendo desde esos parámetros y excluyendo las cuestiones accesorias o tangenciales.

Este principio tiene mucha importancia porque hasta ahora en muchos casos los funcionarios resolvían o dictaban medidas o decisiones administrativas en las que, por razones, subjetivas, o por sinrazones, basándose en argumentos peregrinos o accesorios.

Los precedentes administrativos siempre han sido muy importantes en la praxis administrativa, así como el principio de confianza legítima, corolario necesario del principio de buena fe proyectado sobre el derecho administrativo. Es lógico que haya una cierta continuidad en las políticas públicas y que los criterios de regularidad y, valga la reiteración, y de continuidad sigan fundando el régimen de los servicios públicos, así como de los llamados servicios de interés general.

Las decisiones administrativas gozan de la presunción de legitimidad, que exige, cuando se dictan al amparo de potestades discrecionales una debida justificación. En otras palabras, que las expresiones de voluntad de la Administración, también de la comunitaria, generan razonables expectativas que, salvo por acreditadas razones de interés general, habrán de ser cumplidas por los funcionarios.

El artículo 10 del Código se ocupa de este tema al señalar que el funcionario será coherente en su propia práctica administrativa, así como en la actuación administrativa de la institución, lo que implica que el funcionario debe respetar el precedente administrativo existente en la institución, salvo que existan razones fundadas, en cuyo caso deberá, dice el artículo glosado, expresar ese fundamento por escrito.

Coherencia, precedente administrativo, racionalidad, son términos relacionados con el quehacer de las Administraciones públicas, que en sus actuaciones no disponen, ni mucho menos, de la autonomía de las personas físicas, pues están vinculadas a las normas y a los procedimientos.

El principio de confianza legítima está contemplado también en este precepto, concretamente en el párrafo segundo: el funcionario respetará las legítimas y razonables expectativas de sus actuaciones ante los ciudadanos. El límite de este principio se encuentra en la legitimidad y la racionalidad de las expectativas generadas. Si éstas fueran ilegales o arbitrarias, nos encontraríamos con una grave lesión de este principio, que el Código denomina «legítimas expectativas, consistencia y asesoramiento».

En los dos primeros párrafos de este precepto, el Código se refiere a la confianza legítima y en el tercero al principio de asesoramiento, que es un principio que se deriva de la centralidad del ser humano y, por ende, del derecho fundamental a la buena administración: si fuera necesario, el funcionario asesorará a los ciudadanos acerca de cómo debe presentarse un asunto de su competencia, así como sobre el modo en que se debe actuar mientras se trate ese asunto.

Consecuencia de la equidad que el artículo 41 de la Carta exige a los funcionarios y a las instituciones en el principio de justicia, establecido en el artículo 11: «el funcionario actuará de manera imparcial, justa y razonable». Imparcialidad, justicia y racionalidad, tres principios que conforman el alma de la Administración. Están indeleblemente unidos entre sí.

La buena Administración pública exige un trato cortés, educado, de los funcionarios a los ciudadanos, y viceversa también evidentemente. El artículo 12 trata este principio denominado de cortesía, principio que es tratado en un sentido muy amplio, pues bajo la rúbrica general de cortesía, se hace referencia a la diligencia, a la corrección y a la accesibilidad a los ciudadanos. Quizás fuera más adecuado referirse al principio de servicio al ciudadano, que es más general. La referencia a la diligencia alude a trabajo bien hecho, a trabajo realizado con profesionalidad, lo que nos llevaría también a enunciar, cosa que el Código no hace, a este principio, que es desde luego un principio de ética muy importante, tanto que es capital y central para comprender el sentido y alcance del sentido ético del quehacer administrativo de los funcionarios de la UE.

En este punto, el autor del Código ubica el deber de respuesta, que es una obligación, legal por supuesto, pero que tiene un fuerte contenido ético. Así, podemos leer en el párrafo primero de este artículo que, al responder a la correspondencia, llamadas telefónicas y correo electrónico, el funcionario tratará en la mayor medida posible de ser servicial y responderá a las preguntas que se le plantean de la manera más completa y exacta posible.

En efecto, el principio de servicio imprime una forma de trabajar de los funcionarios a disposición de los ciudadanos, por lo que su entero quehacer administrativo debe estar presidido por este principio, de manera que, en sus relaciones con los ciudadanos, también cómo es lógico con sus subordinados, siempre debe conducirse con este sentido de servicio permanente.

Una consecuencia del principio de servicio es que al ciudadano deben ahorrársele todos los trámites innecesarios. El párrafo segundo del artículo 12 dispone que, si el funcionario advierte que un asunto sometido a su consideración no es de su competencia, deberá orientar al ciudadano en cuestión al funcionario realmente competente. Sin embargo, sería más sencillo para el ciudadano, que fuera el propio funcionario el que internamente remita el asunto al competente haciéndoselo saber así al ciudadano solicitante. Esta solución me parece más coherente con el principio de servicio porque indicar al ciudadano a quien debe dirigirse supone tantas veces continuar un peregrinaje administrativo, a veces sin fin.

¿Y si el funcionario comete un error que afecta negativamente a los derechos o intereses legítimos de un ciudadano? El párrafo tercero del artículo 12 viene a dar por bueno ese inteligente dicho que reza así: rectificar es de sabios. En estos casos, el artículo señala que el funcionario presentará sus excusas, tratará de corregir los efectos negativos resultantes de su error de la forma más rápida posible e informará al interesado de las posibilidades de recurso de conformidad con el artículo 19 del código.

En consonancia con el artículo 41 de la Carta, el Código garantiza que los ciudadanos que se dirijan a las instituciones comunitarias en una de las lenguas del Tratado recibirán una respuesta en dicha lengua (artículo 13). En este mismo sentido, de facilitar a los ciudadanos los trámites ante la UE, el artículo 14 del Código dispone que de toda reclamación o petición de los ciudadanos ante las instituciones de la UE se entregará a dichos ciudadanos un acude de recibo en un plazo máximo de dos semanas, salvo que en este plazo se pueda enviar una contestación pertinente o salvo en los casos en los que las reclamaciones o peticiones resulten impertinentes, bien por su número excesivo o por ser repetitivas o absurdas.

El acuse de recibo señala el párrafo segundo de este precepto, especificará el nombre y número de teléfono del funcionario competente para tramitar el asunto, así como del servicio al que dicho funcionario pertenece. Tal disposición permite que el derecho que asiste a todo ciudadano a conocer el estado de los procedimientos administrativos en que sea interesado sea efectivo, pues de esta manera los ciudadanos pueden relacionarse con el funcionario responsable y preguntar sobre el curso de sus reclamaciones o pedidos.

El principio de servicio al ciudadano y de facilitación de los trámites se concreta en el artículo 15 del Código, en el que se establece que, si un escrito o reclamación es dirigida a una institución que no sea competente para su tramitación, dicha unidad deberá ponerla en conocimiento del órgano competente advirtiendo de tal circunstancia al ciudadano solicitante indicándole además la identidad y el teléfono del funcionario competente al que se ha hecho llegar el expediente. Una vez que el funcionario competente empiece la instrucción del expediente deberá, en caso de existir errores u omisiones en la solicitud, comunicarlo al interesado facilitándole que pueda subsanar dichos errores u omisiones.

El derecho de audiencia y de hacer observaciones durante el procedimiento se encuentra reconocido en el artículo 16 del Código. El funcionario deberá garantizar este derecho, facilitando, además, que se respeten los derechos de defensa del interesado porque en el procedimiento administrativo, como señalamos con anterioridad, rige el derecho a la tutela administrativa efectiva.

El derecho de audiencia se complementa, como corolario necesario, con el derecho que asiste a todo ciudadano interesado en el procedimiento administrativo, siempre que la decisión afecte a sus derechos e intereses, de hacer observaciones y comentarios por escrito y, de ser necesario, a formular observaciones orales con anterioridad a la adopción de la decisión administrativa.

El derecho a la buena Administración pública del artículo 41 de la Carta Europea de los Derechos Fundamentales incluye el derecho a que las decisiones se adopten en plazo razonable. Por eso, el artículo 17 del Código reconoce este derecho a la decisión en plazo razonable, sin demoras y, en caso de ser necesario, antes de un período de dos años a contar desde el momento en el que conste la recepción del escrito de solicitud.

Este mismo derecho, sigue diciendo el precepto, se aplica también a la respuesta a cartas de los ciudadanos dirigidas a las instituciones comunitarias, así como a las respuestas a notas administrativas que el funcionario haya enviado a sus superiores jerárquicos solicitando instrucciones relativas a las decisiones que deban adoptar. En el parágrafo segundo del artículo se contemplan los casos de expedientes complejos en los que no sea posible resolver en el plazo anteriormente indicado. En estos casos, el Código dispone que el funcionario competente informe al ciudadano autor del escrito en el más breve plazo de tiempo posible, significando que en estos casos la decisión administrativa deberá comunicarse a dicho ciudadano en el plazo más breve posible.

El derecho a la buena Administración pública del artículo 41 de la Carta incluye la obligación para los funcionarios de motivar sus decisiones. Este derecho-deber a la motivación de las decisiones, uno de los más importantes como señalamos con anterioridad, está regulado en el artículo 18.

En este precepto se señala que toda decisión de las instituciones de la UE que pueda afectar desfavorablemente a los derechos e intereses de los ciudadanos deberá indicar los motivos en que esté basada, exponiendo claramente los hechos pertinentes y el fundamento jurídico de la decisión. En este sentido, el funcionario, según dispone el párrafo segundo del artículo, evitará adoptar decisiones basadas en motivos breves o genéricos que no contengan un razonamiento concreto.

Es decir, la motivación de ser clara, concreta y con expresa referencia al supuesto individual al que se refiere. Cuando las decisiones afecten a un número elevado de ciudadanos, según el parágrafo tercero del artículo 18, y no sea, por tanto, posible comunicar detalladamente los motivos de la decisión, se procederá a partir de respuestas normalizadas, aunque el funcionario, en un momento posterior, facilitará al ciudadano que expresamente lo solicite una motivación individual.

El principio de servicio a los ciudadanos incluye, es lógico, que se les facilita la información relativa a los recursos y reclamaciones, con mención de las autoridades ante las que se deben presentar, así como los plazos para hacerlo, que están a su disposición frente a las resoluciones administrativas que afecten desfavorablemente a los derechos e intereses de los ciudadanos, tal y como dispone el artículo 19 del Código.

Las notificaciones de las decisiones que afecten desfavorablemente a los derechos e intereses de los ciudadanos deberán ser comunicadas por inmediatamente a su adopción, absteniéndose el funcionario de comunicar dichas resoluciones a otras fuentes antes que al ciudadano afectado, tal y como prescribe el artículo 20.

El artículo 21 establece el principio del respeto a la vida privada y a la integridad de las personas, a la protección de los datos personales con ocasión de los procedimientos y decisiones administrativas, materia en la que se han de observar las normas comunitarias dictadas al efecto, evitando el funcionario especialmente el tratamiento de datos personales con fines no justificados o la transmisión de tales datos a personas no autorizadas.

El acceso a la información es otra manifestación del principio y del derecho a la buena administración. Tal materia ocupa el artículo 22 del código, que impone a los funcionarios el deber de facilitar a los ciudadanos la información que soliciten, incluida la información acerca de cómo iniciar un procedimiento en el ámbito de su competencia.

Por supuesto, la información suministrada por el funcionario debe ser clara y comprensible. Si la información se solicita oralmente y es demasiado complicada o demasiado extensa, el funcionario, párrafo segundo del artículo 22, indicará a la persona afectada que formule la petición por escrito. En caso de que la materia objeto de la información sea confidencial, el funcionario, párrafo tercero, deberá indicar al peticionario los motivos por los que no puede comunicar dicha información. Cuando se soliciten informaciones de las que no sea competente el funcionario que reciba tales peticiones, deberá indicar al solicitante de las mismas el nombre y teléfono del funcionario competente y, si fuera el caso, los datos de la institución competente o responsable para tratar dicha información (párrafo cuarto).

Finalmente, el funcionario, dependiendo del tema de la solicitud, dirigirá a la persona solicitante de la información al servicio de información al público de la institución competente (párrafo quinto). El principio de servicio y de facilitación aconsejaría en este supuesto que sea el propio funcionario el que internamente haga llegar la solicitud de información a dónde corresponda, comunicando dicha circunstancia al solicitante.

En el mismo sentido, el artículo 23 se refiere al acceso de los ciudadanos a los documentos y archivos administrativos, señalando que, en estos casos, dichas solicitudes se tratarán de acuerdo con el derecho comunitario.

El derecho de acceso a la información sólo será efectivo si los archivos en los que obran las informaciones están ordenados y bien tratados. Por eso el artículo 24 manda a los departamentos de las instituciones a mantener los adecuados archivos de correspondencia de entrada y salida de los documentos que reciban y de las medidas que se adopten.

Finalmente, cada institución procurará informar a los ciudadanos de sus derechos y, cuándo sea posible, lo hará electrónicamente, publicándolo en su página web. Además, la propia Comisión europea, en nombre de todas las instituciones de la UE publicará y distribuirá el Código entre los ciudadanos en forma de folleto (artículo 25).

El Defensor del Pueblo Europeo es la institución competente para conocer de las reclamaciones frente a lesiones o incumplimientos establecidos en este Código dice el artículo 26, por lo que adquiere una gran relevancia en orden a la garantía del derecho a la buena administración y a la preservación de los principios éticos de la función pública en Europa.

Una cuestión central en la materia es la referente a la autoridad que ha de investigar las denuncias de mala administración de las instituciones europeas. Pues bien, de acuerdo con el artículo 195 del Tratado de Roma y del Estatuto del Defensor del Pueblo, resulta que esta tarea es de competencia del propio Defensor del Pueblo. Una definición de mala administración nos la ofrece el informe del Defensor del año 1997: «se produce mala administración cuándo un organismo no obra de acuerdo con las normas o principios a los que debe estar sujeto».

Definición que es demasiado general e imprecisa, por lo que habrá de estarse a los parámetros jurídicos señalados en el artículo 41 de la Carta, de manera que habrá de observarse, además de la lesión de las normas del servicio de los principios generales que presiden la actividad de las instituciones públicas, sí efectivamente se contraviene la equidad, la imparcialidad, la racionalidad en los plazos, la contradicción, la motivación, la reparación o el uso de las lenguas oficiales.

En fin, el reconocimiento a nivel europeo del derecho fundamental a la buena Administración pública constituye, además, un permanente recordatorio a las Administraciones públicas, de que su actuación ha de realizarse con arreglo a unos determinados cánones o estándares que tienen como elemento medular la posición central del ciudadano. Posición central del ciudadano que ayudará a ir eliminando de la praxis administrativa toda esa panoplia de vicios y disfunciones que conforman la llamada mala administración.

7.5. Conclusiones

A lo largo de estas páginas, animadas por el propósito de transmitir al lector algunas reflexiones sobre el buen gobierno y la buena administración de instituciones públicas, en su doble modalidad de obligación de los poderes públicos y derecho fundamental de las personas, se ha puesto de relieve la necesidad de subrayar la centralidad del ser humano y de los derechos fundamentales como eje desde el que comprender el sentido de la propia Administración pública. Veamos algunas conclusiones.

En primer lugar, para que pueda hablarse de verdad de una buena Administración pública hay que observar si su actuación se orienta, siempre y en todo, al servicio real de la población, al servicio objetivo del interés general. De un interés general que es concreto y argumentado y que, en última instancia, se dirige a la mejora de las condiciones de vida de las personas.

En segundo término, una buena Administración pública se refleja en la conducta ética de sus miembros. Si los servidores públicos no se distinguen por un trabajo bien hecho, realizado de cara a la comunidad, recto, buscando la justicia y la equidad, entonces no existirá una buena Administración pública.

En tercer lugar, una buena Administración es aquella en la que participan los ciudadanos y desde la que se promueve el ejercicio de la libertad solidaria de las personas.

En cuarto lugar, el derecho fundamental a la Administración pública del que disponemos los ciudadanos define un estatuto jurídico en el que encontramos un repertorio de principios, derechos, también de obligaciones, que caracterizan la posición jurídica central de la persona en sus relaciones con el aparato administrativo.

Finalmente, el derecho fundamental a la buena Administración trae consigo un giro copernicano en la forma de comprender el funcionamiento de la Administración en su conjunto y, sobre todo, en la necesidad de proceder a permanentes procesos de reforma y mejora desde los que la eficacia, la calidad, el servicio y la promoción de las libertades solidarias brillen con luz propia.

Bibliografía

Aristóteles, *Etica a Nicómaco*, Medina y Navarro editores, Madrid, 1873

Bonnin, C. J. *Principios de Administración pública*, Fondo de Cultura Económica, México, 2004.

Crozier, M. *El fenómeno burocrático*, Amorrortu, Bilbao, 1974.

Fernández Farreres, G. «Los códigos de buen gobierno en las administraciones públicas», *Administración y ciudadanía* Vol. 2, n.° 2, 2010.

Garcia de Enterría, E., con **Fernandez, T. R.**, *Curso de Derecho Administrativo*, Civitas, Madrid, 2011

«La significación de las libertades públicas para el Derecho Administrativo», *Anuario de Derechos Humanos*, Universidad Complutense de Madrid, 1981.

Garrido Falla, F. *Tratado de Derecho Administrativo*, Tecnos, Madrid, 2005

González Navarro, F. *Derecho Administrativo Español*, Eunsa, Navarra, 1994

Habermas, J. *Aclaraciones a la ética del discurso*, Trotta, Madrid, 2000.

Teoría de la acción comunicativa, Paidós Ibérica, Barcelona, 2000

Hume, D. *Historia natural de las religiones*, Tecnos, Madrid, 1992

Llano, A. *Humanismo cívico*, Ariel, Barcelona, 1999

Membiela, L. «La buena administración en la Administración general del Estado», *Actualidad administrativa*, n.° 4, 2007

Mir Puig-Pelat, O. *La responsabilidad patrimonial de la Administración pública*, Civitas, Madrid, 2002

Moreno Molina, J. A. y Magán, J. M, *La responsabilidad patrimonial de las Administraciones públicas*, El consultor, Madrid, 2005.

Nieto, A. *Corrupción en la España contemporánea*, Ariel, Barcelona, 1997.

Parada, R. *Derecho Administrativo*, Marcial Pons, Madrid, 2007

Pardo, M. J. *De la Administración pública a la gobernanza*, Colegio de México, México, 2004.

Rifkin, J. *La sociedad empática*, Paidós Ibérica, Barcelona, 2010.

Rodríguez-Arana, J. *El poder público y el ciudadano: la buena Administración pública como principio y como derecho*, Madrid, 2012

Tomás Mallén, B. *El derecho fundamental a la buena administración*, INAP, Madrid, 2004.

Villoria, M. *La corrupción política*, Síntesis, Madrid, 2007.

Von Ihering, R. *La lucha por el derecho*, Comares, Granada, 2008

Weber, M. *La ética protestante y el espíritu del capitalismo*, Alianza Editorial, Madrid, 2001

CAPÍTULO VIII.

EDUCACIÓN PARA LA INTEGRACIÓN JURÍDICA EUROLATINOAMERICANA

Miguel Angel Ciuro Caldani*

Palabras clave: Integración. Eurolatinoamérica. Educación. Trialismo

Sumario: 8.1. Ideas básicas; 8.2. Análisis de la educación para la integración, 8.2.1. Educación para la integración jurídica en general, 8.2.1.1. Educación respecto a la dimensión sociológica de la integración 8.2.1.2. Educación respecto a la dimensión normológica de la integración, 8.2.1.3. Educación respecto a la dimensión dikelógica de la integración, 8.2.2. Educación para las especificidades de la integración, 8.2.2.1. Educación para las especificidades materiales, 8.2.2.2. Educación para las especificidades espaciales, 8.2.2.3. Educación para las especificidades temporales, 8.2.2.4. Educación para las especificidades personales, 8.2.3. Educación para la estrategia de la integración; 8.3. Conclusión.

Resumen: La integración es, en todos sus modelos, una manera de relacionamiento igualitario de las respuestas, en este caso jurídicas, que supera las fronteras entre los elementos de la mera coexistencia de soluciones independientes, la dominación y la desintegración. La integración, en sus diversas posibilidades, significa avances en la solidaridad de un proyecto vital compartido. Sin ignorar ventajas circunstanciales posiblemente diversas, para Europa la mejor opción estratégica profunda es América Latina y para ésta la mejor opción estratégica profunda es Europa. En nuestra circunstancia argentina y mercosureña es sobre todo notoria la ventaja recíproca en la integración iberoamericana.

* Profesor emérito de la Universidad de Buenos Aires y honorario de la Universidad Nacional de Rosario.

Para comprender y realizar en plenitud la integración, es importante contar con la construcción integradora tridimensional socio-normo-dikelógica del Derecho que, en complejidad pura, presenta la teoría trialista del mundo jurídico. La teoría trialista hace evidente la necesidad de edificar en base a la profundidad de lo humano que se desarrolla con la educación.

El mundo jurídico trialista se construye con repartos de lo que favorece o perjudica a la vida (potencia e impotencia; dimensión sociológica) captados de maneras lógicas por normatividades que los describen e integran (dimensión normológica) y valorados (los repartos y las normatividades) por un complejo de valores que culmina en la justicia (dimensión dikelógica). Estos despliegues comunes a todo lo jurídico se especifican en cuanto a alcances, situaciones y dinámicas.

Los alcances de las respuestas jurídicas son materiales, espaciales, temporales y personales. Hay que educar con miras a todos ellos. De la educación y la transparencia que se favorece con la observación dependen en mucho la democracia, la buena administración y la justicia de la integración, en este caso eurolatinoamericana. Es necesario emplear los despliegues trialistas para que la educación jurídica sirva a una estrategia exitosa de la integración eurolatinoamericana.

8.1. Ideas básicas

1. La *integración* es, en todos sus modelos, una manera de relacionamiento igualitario de las respuestas, en este caso jurídicas, que supera las fronteras entre los elementos de la mera coexistencia de soluciones independientes, la dominación y la desintegración[1]. La integración, en sus diversas posibilidades, significa avances en la *solidaridad* de un *proyecto vital compartido*.

1 Es posible ampliar en Instituto Eurolatinoamericano de Estudios para la Integración, https://ielepi.com/,29-4-2024; Molina del Pozo, C. F., *Tratado de la Unión Europea*, Curitiba, Lisboa, Juruá, 2015; Derecho de la Unión Europea, 5.ª. ed., Madrid, Reus, 2021, https://www.editorialreus.es/static/pdf/primeraspaginas_9788429024722_derecho-de-la-union-europea_reus.pdf, 30-4-2024; (coord.) Integración Eurolatinoamericana, 2.ª. ed., Bs. As., Ciudad Argentina, 1998; (dir.) *El futuro de los procesos de integración en el marco de las relaciones Unión Europea - América Latina : libro conmemorativo del XXX aniversario de la fundación del Instituto Eurolatinoamericano de Estudios para la Integración* (IELEPI) 1992-2022, Coruña, Colex, 2022, cabe c. ALADI, https://biblio.aladi.org/cgi-bin/koha/opac-detail.pl?biblionumber=96586&shelfbrowse_itemnumber=102846, 28-4-2024; Carlos Molina del Pozo: los procesos de integración son el signo del futuro, https://www.youtube.com/watch?v=x5r_hF0SFd0, 1-5-2024; Ciuro Caldani, M. A., «Filosofía y sistema del Derecho de la Integración», en *Revista del Centro de Investigaciones de Filosofía Jurídica y Filosofía Social*, N.° 29, 2006, págs. 27/48, Centro de Investigaciones de Filosofía Jurídica y Filosofía Social, https://drive.google.com/file/d/1ClFytv34XD2fYKpcdobG1l_SM_WzbnX8/view, 30-4-2024; *Aportes para una teoría de las respuestas jurídicas*, Rosario, Consejo de Investigaciones de la UNR, 1976, Centro de Investigaciones cit., https://drive.google.com/file/d/11JXzawgY2rB10p-RYSVe-I6jQf5gR0zf/view, 30-4-2024.

Sin ignorar ventajas circunstanciales posiblemente diversas, para Europa la *mejor opción* estratégica profunda es América Latina y para ésta la mejor opción estratégica profunda es Europa. En nuestra circunstancia argentina y mercosureña es sobre todo notoria la ventaja recíproca en la integración iberoamericana[2].

Para comprender y realizar en plenitud la integración, es importante contar con la construcción integradora *tridimensional* socio-normo-dikelógica del Derecho que, en complejidad pura, presenta la *teoría trialista del mundo jurídico*[3]. Las diferentes construcciones del objeto jurídico se interrelacionan con diversas *necesidades educativas*. La complejidad jurídica requiere un despliegue educativo también complejo. La teoría trialista del mundo jurídico hace evidente la necesidad de edificar en base a la profundidad de lo humano que se desarrolla con la educación.

El *mundo jurídico trialista* se construye con *repartos* de lo que favorece o perjudica a la vida (potencia e impotencia; *dimensión sociológica*) captados de maneras lógicas por *normatividades* que los describen e integran *(dimensión normológica)* y valorados (los repartos y las normatividades) por un complejo de valores que culmina en la *justicia (dimensión dikelógica)*[4]. Estos despliegues *comunes* a todo lo jurídico se *especifican* en cuanto a alcances, situaciones y dinámicas.

Los *alcances* de las respuestas jurídicas son *materiales*, *espaciales*, *temporales* y *personales*. Pueden plantearse con proyecciones recortadas, como *microjuridicidades* o a totalidades, como *macrojuridicidades*. Pese a que la integración puede ser referida a las microjuridicidades de casos recortados, es

---

2 Salvo indicación expresa en contrario, al referirnos a Iberoamérica nos remitimos a la península ibérica y sus proyecciones americanas (tal vez mejor expresadas como Iberolatinoamérica).

3 Se puede ampliar en Goldschmidt, W., *Introducción filosófica al Derecho*, 6.ª ed., 5.ª reimp., Bs. As., Depalma, 1986, es posible c. https://derechocomplejo.wordpress.com/wp-content/uploads/2017/04/introduccic3b3nfilosc3b3ficaalderecho__goldschmidt.pdf, 2-5-2024; Ciuro Caldani, M. A., *Una teoría trialista del Derecho* (2ª. ed. de *Una teoría trialista del mundo jurídico*), Bs. As., Astrea, 2020; Centro de Investigaciones cit., https://centrodefilosofia.org/, 1-5-2024.

4 Diké era una de las divinidades griegas de la justicia, de ubicación relativamente humana (Hesíodo, Teogonía, Biblioteca Virtual Universal, https://biblioteca.org.ar/libros/158320.pdf, 5-5-2024; Trabajos y días, https://biblioteca.org.ar/libros/158342.pdf, 5-5-2024 y la justicia misma, (dikaiosýn); en cuanto a Dikelogía v , con sentido diferente al del texto, Althusius, J., Dicaeologica; libri tres totum et universum jus complectents, 2a. ed., Fráncfort, Corvinus, 1649, https://books.googleusercontent.com/books/content?req=AKW5QacAkzRs9YrVn0ghRM0j-O_rl2Cqu9BL1xM-sRHOvLiA3bvX7ZpzaBFhAVtJ-FDs735EsFFe-ml_3Mu0fxCnpZsDFLQeCA-oFmazGDFegENfZrFgNvH0r-2lAR1tAuots0FT-bWmMB1p6yd1msunEMYMT_JcCxfl34i-pv9MczyqmRPYUsVJ3KZ0zQ2nrBcvX8FQ-JA1gweRzXiOnmMtvpVxtYV_7lazyUIF2cbaTdXUGqvzl_4EdsS3CgVCfvni1RlJjxge4HV, 5-5-2024, Herborn 1617, Online Library of Liberty, http://oll.libertyfund.org/pages/althusius-s-political-thought, 5-5-2024.

relevante que sea considerada también en las perspectivas macrojurídicas, del complejo del proceso[5]. En dichos despliegues de micro y macrojuridicidad es de particular relevancia la *conciencia jurídica eurolatinoamericana* y para su desarrollo concreto resultaría importante, además de la *educación* con conciencia birregional, la organización de *observatorios jurídicos eurolatinoamericanos*[6]. De la educación y la transparencia que se favorece con la observación dependen en mucho la democracia, la buena administración y la justicia de los procesos.

Las *situaciones* de las respuestas jurídicas son de *aislamiento* y *relacionamiento*. Ya nos hemos referido al relacionamiento igualitario intenso constituido por la integración en cuanto al espacio.

La *dinámica* de las soluciones puede ser de *avance* o retroceso, es decir, de *«plusmodelación»* y de *«minusmodelación»* de las respuestas. Ambos sucesos reclaman *reelaboración*. Es de gran importancia la plusmodelación de la eurolatinoamericanidad, con la difícil pero necesaria reelaboración respectiva.

La estructura compleja de la teoría trialista del mundo jurídico viabiliza estrategias de valor exitosas a aplicar en la integración. Con su complejidad pura tridimensional, el trialismo conduce a la necesidad de una amplia *educación* de la persona y se constituye en una perspectiva de gran valor en la cultura toda, de gran relevancia para nuestro caso.

2. El despliegue de la juridicidad exige la realización de *valores* cuyo desenvolvimiento depende de la adhesión humana y ésta a su vez surge de la *educación*, tarea por la que entendemos el *desarrollo de las potencialidades* de los educandos y de los educadores (se trata de educación coadyuvante), que incluye esas referencias al deber ser ideal[7].

Para que ocurra la integración jurídica, es imprescindible *educar para la integración*, atendiendo a *toda* la juridicidad y de modo destacado a los *valores* respectivos con *los medios educativos* idóneos[8].

---

5 Lamentablemente hay a menudo perspectivas unilaterales que solo se refieren a casos o al conjunto.

6 V. por ej. Observatorios y Centros de Estudios de la Facultad, *Ubaderecho*, http://www.derecho.uba.ar/institucional/observatorios-y-centros-de-estudios.php, 2-5-2024. Con una orientación específica de gobierno electrónico, Observatorio Jurídico, *Agencia de Gobierno Electrónico y Sociedad de la Información y del Conocimiento*, https://www.gub.uy/agencia-gobierno-electronico-sociedad-informacion-conocimiento/node/261#:~:text=El%20Observatorio%20Jur%C3%ADdico%20es%20un%20espacio%20para%20el%20estudio%2C%20an%C3%A1lisis,la%20Sociedad%20de%20la%20Informaci%C3%B3n%2C, 2-5-2024. Un camino para cumplir en parte la tarea de un Observatorio Jurídico sería la organización de una encuesta que relevara el estado de la educación para la integración eurolatinoamericana y permitiera avanzar con mejor orientación hacia su desarrollo.

7 Consideramos a un valor un *deber ser ideal*.

8 V. por ej. «Programa de Trabajo 2024 2025», Espacio Común de Educación Superior a Distancia https://www.ecoesad.org.mx/pdf/Programa-de-trabajo_ECOESAD_2024-2025.

Como el Derecho y el resto de la cultura la *educación*, que construimos como *desarrollo sistemático* del individuo en su personalidad[9], es construible también de manera satisfactoria con alcance *tridimensional* que incluye *actos educativos (dimensión sociológica)*, captados de manera lógica por *juicios* que los describen e integran *(dimensión lógica)* y valorados, los actos y los juicios, por un *complejo de valores* que incluye la verdad, la belleza, la justicia, el amor, etc. *(dimensión axiológica)*. Como todos los otros valores a nuestro alcance, los de la educación culminan en el valor humanidad, el deber ser cabal de nuestro ser. También la educación, construida siempre con las dimensiones referidas, posee *especificidades* en cuanto a *alcances*, *situaciones* y *dinámica*. El despliegue educativo requiere el desenvolvimiento exitoso de una estrategia al respecto.

La educación, ha de ser *permanente*, comenzando antes del nacimiento y concluyendo con la muerte y debe emplear *todos los medios* disponibles, en nuestra *circunstancia*, en una *nueva era* caracterizada por la conciencia de los derechos humanos, pero, de manera novedosa, por disponibilidades científicas y técnicas sorprendentes. Entre los medios relevantes en la nueva era, de relativa crisis de los instrumentos tradicionales, se encuentran los *influencers*, los *big data*, las *neurotecnologías*, los *robots* y la *inteligencia artificial*[10].

---

pdf, 29-4-2024; Casanueva, E. – Marcelino, L. (eds.), *Integración Académica Eurolatinoamericana, Hacia la construcción de un Espacio Común Eurolatinoamericano y Caribeño de Educación Superior, Ciencia, Tecnología e Innovación, Aportes del Seminario Internacional* UTPL-FAP ALCUE-OEI-IdA- SNSPA-ESN, Loja, La Universidad Católica de Loja, Foro Académico Permanente ALC-UE, 70EI, https://www.fap-alc-ue.com/wp-content/uploads/2021/09/Libro-del-Seminario-UTPL-FAPALCUE.pdf, 5-5-2024; *Segunda Cumbre Académica América Latina y el Caribe y Unión Europea Celac-UE, Construyendo el Espacio Común de Educación Superior, Ciencia, Tecnología e Innovación para la Asociación Estratégica Birregional*, https://www.cumbreacademica2018.unc.edu.ar/wp-content/uploads/sites/99/2018/02/4._es-en_declaracion_ii_cumbre_academica_ue-celac_9_de_junio_de_2015.pdf, 1-5-2024; Braida, E., *II Cumbre Académica Y Del Conocimiento: Por Una Cooperación Solidaria, Respetuosa y Cooperativa*, 10 de mayo de 2013, Asociación de Universidades Grupo Montevideo, http://grupomontevideo.org/site/ii-cumbre-academica-y-del-conocimiento/, 1-5-2024.

9 Nos agrada la etimología de educar como «sacar afuera», «criar», v. Corominas, J. con la colaboración de J. A. Pascual, *Diccionario crítico etimológico castellano e hispánico*, t. II, Madrid, Gredos, 1980, pág. 546. V. asimismo Picardo Joao, O. (coord.) y otros, *Diccionario Enciclopédico de Ciencias de la Educación* (edición El Salvador), El Salvador, San Salvador, Centro de Investigación Educativa, Colegio García Flamenco, 2005, págs. 92 y ss. https://eduso.wordpress.com/wp- content/uploads/2008/06/diccionario-de-ciencias-de-la-educacion.pdf, 2-5-2024. Es posible ampliar en nuestro artículo «Notas para una teoría tridimensional de la educación», en *Revista de Filosofía Jurídica y Social*, N.° 36, 2016, págs. 169/224, Centro de Investigaciones ... cit., https://drive.google.com/file/d/1q-qEnku2dfCEsO2kyyK7fpj8BXGPcxh3l/view, 3-5-2024.

10 C. por ej. Top 15 de los influencers educativos de 2022, https://bloges.influence4you.com/top-15-de-los-influencers-educativos/, 1-5-2024; v. no obstante, asimismo, La investigación de la Comisión y de las autoridades de protección de los consumidores pone de manifiesto que los influencers rara vez revelan los contenidos comerciales, https://

En la estructura de nuestra cultura, la educación jurídica es en última instancia responsabilidad principal de las Facultades de Derecho, pero ha de estar *presente* en toda la estructura de las Universidades y en toda la formación de la sociedad[11].

Nos resulta relevante en nuestro caso, en especial, la educación donde se integra la materia jurídica con la espacialidad eurolatinoamericana en la construcción de una temporalidad plena de posibilidades extraordinarias, con personas que pertenecen a generaciones muy diversas de las que conocimos hace apenas unas décadas. Educar para la juridicidad eurolatinoamericana es una tarea compleja que, desde la perspectiva de este artículo, ha de abarcar la plenitud de referencia a la materia *Derecho*, la amplia *espacialidad* de las dos regiones, el sentido *temporal* del pasado, el presente, el futuro (más próximo) y el porvenir (más lejano) y el complejo de todas las *personas* de la birregionalidad y vinculadas con ella.

El destino de toda estrategia jurídica ha de ser el desarrollo de los seres humanos y la consideración educativa, también humanista, debe referirse a la plenitud de sus potencialidades al respecto. Hay que *educar para la integración* atendiendo a todas las posibilidades de cada partícipe del proceso, considerado de maneras individual y colectiva. Si los individuos no se sienten realizados, abandonarán el proceso integrador. Las instituciones educativas han de intensificar las proyecciones de su labor, evitando las limitaciones que suelen llevar a muchos a pensar que el Derecho es «cosa exclusiva de juristas» y no una realización más o menos justa de todos los humanos. La limitación de la formación jurídica ha contribuido a sucesos como el Brexit, al despliegue del euroescepticismo y el mercosur-escepticismo y a la creencia (a veces en cierta medida fundada) en la existencia de «castas» que se desentienden del resto de la población y bloquean su desarrollo[12].

spain.representation.ec.europa.eu/noticias-eventos/noticias-0/la-investigacion-de-la-comision-y-de-las-autoridades-de-proteccion-de-los-consumidores-pone-de-2024-02-15_es, 1-5-2024; La inteligencia artificial en la educación, Unesco, https://www.unesco.org/es/digital-education/artificial-intelligence, 2-5-2024; Inteligencia artificial y educación. Guía para las personas a cargo de formular políticas, https://unesdoc.unesco.org/ark:/48223/pf000379376, 2-5-2024. Es relevante, por ejemplo, contar con big data e inteligencia artificial para conocer mejor las posibilidades y necesidades de los educandos.

11 V. por ej. Layevska Oseguida Herrera, J., «La educación jurídica, un eje transformador en el contexto universitario», en *Revista Científica de FAREM*- Estelí, año 10, N.° 39, julio-septiembre 2021, págs. 134/156, file:///C:/Users/mciur/Downloads/Dialnet-LaEducacionJuridicaUnEjeTransformadorEnEIC_240512_181606%20(2).pdf, 6-5-2024.

12 En relación con el tema es posible v. por ej. Theiler, J. C. – Agramunt, L. F. (comp.), *La enseñanza europea para la integración latinoamericana. Presentaciones del II Congreso Internacional de la Red de Integración Latinoamericana*, Santa Fe: Ediciones UNL, 2012, https://www.unl.edu.ar/integracion/descargas/file/publicacion2012.pdf, 1-5-2024; Espacio Europeo de Educación, European Commission, https://education.ec.europa.eu/es, 2-5-2024.

De maneras destacadas la educación para la integración eurolatinoamericana requiere que la conciencia respectiva se fortalezca en las *escuelas* de todos los niveles, en la formación de una *Universidad*, al principio de posgrado y al fin de grado eurolatinoamericana, o al menos iberoamericana. Reclama el empleo de *medios técnicos* de formación que complementen los tradicionales, por ejemplo, con la intervención de influencers, el uso de big data, las neurotecnologías y la inteligencia artificial[13].

3. Existen *denominadores comunes* y *particulares*[14] eurolatinoamericanos, que han de tenerse en cuenta para la estrategia de cualquier relacionamiento exitoso. Importa avanzar en la generación de denominadores comunes en el sentido de llegar, en la mayor medida posible, a un *proyecto vital compartido*, de cierto modo, una *«nacionalidad» eurolatinoamericana*. Incluso es relevante formar conciencia sobre la dificultad paralela de opciones de relacionamientos alternativos para el protagonismo geoestratégico de las dos zonas[15]. La educación ha de aportar para el aprovechamiento y el desarrollo de los despliegues compartidos de la eurolatinoamericanidad[16].

---

13 Es posible ampliar en nuestros artículos «Universidad Eurolatinoamericana», en *Revista de Filosofía* cit., N.° 38, 2021, págs. 226/232, Centro de Investigaciones de Filosofía Jurídica y Filosofía Social, https://drive.google.com/file/d/1gwzk_M7Pj-bWOcSH7ak85JfnyhOrjYXx/view, 2-5-2024 y «Aprovechamiento de las posibilidades técnicas para la difusión de la cultura europea (en especial la Universidad Europea a Distancia y la Red Europeana)», en *Revista de ECSA-Argentina*, N.° 12, págs. 67/75.

14 Se puede ampliar en nuestro estudio «Denominadores particulares y comunes del Derecho y la Política», en *Estudios de Filosofía Jurídica y Filosofía Política*, t. II, págs. 205/252, Centro de Investigaciones cit., https://drive.google.com/file/d/13OeqNTqENYu6PmqXM-00mx2ksKamnGIQJ/view, 6-5-2024.

15 Por ejemplo, las fuerzas de atracción de los Estados Unidos de América y China.

16 Se puede c. *v. gr.* Educación Superior, EU-LAC, https://eulacfoundation.org/es/educacion-superior, 30-4-2024; Durán Cruz, D. – Morán Blanco, S. (coords.), *Congreso Internacional Euro-Latinoamericano y Caribeño: «La necesaria creación de un espacio cultural birregional: valores, principios y propuestas»*, Hamburgo, Fundación EU-LAC, 2022, https://eulacfoundation.org/sites/default/files/2022-03/ES-Web-Version-Buch-EU-LAC-Congres-International_0.pdf, 1-5-2024; Fajardo del Castillo, T., «El Espacio Euro-Latinoamericano de Educación Superior. Una visión desde Europa», en del Valle Gálvez, J. A. y otros (coords.), *La cumbre de Cádiz y las relaciones de España con América Latina*, 2013, págs. 87/100, https://dialnet.unirioja.es/servlet/articulo?codigo=4588149, 1-5-2024; Hernández Nieto, R., «Europa y América Latina: por un espacio común de conocimiento», en *Política Exterior*, 28 de septiembre de 2017, https://www.politicaexterior.com/europa-y-america-latina-por-un-espacio-comun-de-conocimiento/, 1-5-2024.

8.2. Análisis de la educación para la integración

8.2.1. Educación para la integración jurídica en general

8.2.1.1. Educación respecto a la dimensión sociológica de la integración

4. La dimensión sociológica del mundo jurídico instala en la *vida*, con el despliegue de sus *intereses* y *fuerzas*. En estos sentidos, educar para la integración jurídica eurolatinoamericana exige desarrollar la comprensión de la juridicidad en el engarce vital, con sus intereses y fuerzas.

El despliegue de la dimensión sociológica se produce con *adjudicaciones* de lo que favorece o perjudica a la vida, que es denominado de manera respectiva «potencia» e «impotencia». Las adjudicaciones son *distribuciones* de la naturaleza, las influencias humanas difusas o el azar o *repartos* originados por la conducta de humanos individualizables. Hay que educar para las adjudicaciones de la eurolatinoamericanidad, en sus dos vertientes de distribuciones y repartos.

5. Todo proceso jurídico ocurre en marcos de *condicionamientos* por *distribuciones* de la *naturaleza*, las *influencias humanas difusas*, el *azar* y la *conducción* que en *repartos* producen humanos determinables. Esto significa que educar para la integración jurídica eurolatinoamericana exige desarrollar conciencia de tales condicionamientos, favorables y desfavorables, al respecto. Por ejemplo: entre los despliegues predominantemente favorables, están la polifacética cultura occidental compartida y el gran peso geoestratégico que tendría la región integrada; entre los desfavorables, se hallan las distancias geográficas entre las zonas a incorporar, la atracción de fuerzas externas, las voluntades claudicantes y, sobre todo, las áreas económicas competitivas.

6. En cuanto a las *distribuciones*, la *geografía* eurolatinoamericana posee diversidades no solo por la ubicación en los dos continentes sino por diferencias regionales importantes dentro de cada una de ellas.

Europa es un continente (o subcontinente de Eurasia) relativamente pequeño, de 10,53 millones de km2. Es en general muy llano, signado por una gran extensión de costas. Cuenta con importantes ríos. Tiene una alta densidad poblacional diferenciada, de aproximadamente 750 millones de habitantes, con una media de 109 habitantes por km2. Europa está dividida en cincuenta países. La Unión Europea incluye veintisiete, sobre todo, ubicados en el centro, el Oeste y el Este cercano del subcontinente. *América Latina y el Caribe* incluyen casi las totalidades de Sudamérica y Centroamérica, grandes partes de América del Norte y el espacio caribeño. Abarcan más de 20 millones de km2, con grandes llanuras y enormes montañas, la Amazonia (el «pulmón» del Planeta) y enormes riquezas naturales. La zona tiene una población de aproximadamente 665 millones de habitantes. Comprende 46 unidades políticas. Si se ha de producir, como deseamos, una diferenciada integración eurolatinoamericana, se debe desarrollar una educación diversificada pero común que tenga en cuenta tales circunstancias.

7. En cuanto a las *influencias humanas difusas*, la *cultura* eurolatinoamericana tiene denominadores comunes, en la herencia *griega*, *romana*, *germánica* y *judeocristiana*, pero también denominadores culturales particulares, con la influencia eslava en el Este europeo, árabe musulmana en el Sur de Europa y las distintas herencias de los pueblos originarios de la América llamada «latina».

Gran parte de la población latinoamericana es de origen europeo, sobre todo hispano-portugués e itálico, e incluso hay cierto proceso inverso de latinoamericanos que se trasladan para vivir en Europa. En particular, la península ibérica y nuestra América se constituyen con una fuerte influencia prerromana y latina, que significa recorridos comunes muy relevantes hispanos, lusitanos y mediterráneos.

Hay debilidades para la birregionalidad que afectan a las dos regiones. Europa Central tiene importantes proyecciones hacia el Este. La Europa oriental no rusa se encuentra entre las influencias de Rusia y del Centro y Oeste de Europa. América Latina del Norte y Centro se halla en significativa cercanía con los Estados Unidos.

8. En lo *económico*, las dos regiones comparten, con grados de desarrollo muy diferentes, distintas versiones del *capitalismo*, a veces más anglosajón y liberal, en otros casos más «renano» y social[17]. La Unión Europea funciona como un mercado único compuesto por veintisiete países. El valor total de todos los bienes y servicios producidos, el producto interior bruto (PIB) de la UE en 2021 ascendió a 14,5 billones de euros[18]. El producto interior bruto de América Latina y el Caribe en 2022 ascendió a 630 billones de dólares estadounidenses[19]. Los altos índices de inflación en algunos países evidencian escasa educación económica en varios marcos latinoamericanos[20].

---

17 V. *Asamblea Eurolatinoamericana centra debate en sostenibilidad, migración y transición ecológica, Parlamento del Mercosur*, https://www.parlamentomercosur.org/innovaportal/v/21908/1/parlasur/asamblea-eurolatinoamericana-centra-debate-en-sostenibilidad-migracion-y-transicion-ecologica.html, 2-5-2024.

18 C. Datos y cifras sobre la economía de la Unión Europea, Unión Europea, https://european-union.europa.eu/principles-countries-history/key-facts-and-figures/economy_es#:~:text=%C2%BFQu%C3%A9%20tama%C3%B1o%20tiene%20la%20ecoeco%C3%ADa,a%2014%2C5%20billones%20EUR., 30-4-2024.

19 Producto interno bruto de América Latina y el Caribe desde 2010 hasta 2022, Statista, https://es.statista.com/estadisticas/1067837/pib-total-america-latina-y-caribe/, 30-4-2024.

20 Cabe c. *Revista Euro Latinoamericana de Análisis Social y Político*, RELASP, https://ojs.unsj.edu.ar/index.php/relasp/about, 6-5-2024.

9. Si bien hay gran diversidad *lingüística* en el espacio europeo, también existen amplios ámbitos con lenguas comunes, sobre todo, en relación con el empleo del *español* y el *portugués* en lo iberoamericano. Gran parte de la birregionalidad habla derivaciones del latín. Las dos regiones usan como lengua instrumental el inglés.

10. Un factor de proximidad también relevante es el legado *religioso* cristiano común, dividido, sin embargo, en Europa, sobre todo, por la separación de católicos, ortodoxos y protestantes y en América Latina por el desplazamiento de presencias católicas por el ingreso protestante. Las influencias musulmanas diferencian de maneras relevantes a la Europa del Este y de parte del extremo Sur de la del Norte Central y Oeste y se proyectan en América Latina.

11. El Mediterráneo y el Atlántico forman una continuidad *histórica* que es escenario natural de la eurolatinoamericanidad. El Atlántico es un nuevo «Mare Nostrum» de los últimos siglos. En los recorridos constitutivos de eurolatinoamericanidad se concretaron fuertes vínculos dinásticos, que hicieron crisis, *v. gr.*, en la persona del popular, pero poco viable, Carlos II de Habsburgo (el Hechizado) y la Guerra de Sucesión Española. La historia de las monarquías española y portuguesa, fuertemente entrelazadas, es parte de nuestra historia latinoamericana; a su vez, para la integración birregional Europa debe reconocer que la historia de los indios, por ej. vasallos libres de la Corona española, es también parte de su historia. El Imperio Romano, el de Carlomagno y el Sacro Imperio Romano Germánico y la Unión Europea son fuertes expresiones de europeidad que indirectamente influyen en América Latina. La presencia eslava y la proyección asiática diferencian de manera relevante a la Europa del Este de la Central y Oeste y consecuentemente de América Latina[21].

Las dos regiones viven procesos de integración propios de muy diversos grados de desarrollo, pero la idea de integración birregional resulta un legado de lo profundo de gran parte del *«espíritu del pueblo»* eurolatinoamericano, sobre todo iberoamericano.

12. Existe un relevante acervo *artístico* común eurolatinoamericano enriquecido por particularidades; en iberoamérica la música popular tradicional tiene grandes e importantes afinidades[22].

---

21 Es posible v. por ej. AS: VS., *Historia de Europa* (colección), Madrid, Siglo XXI, eds. vs., http://sigloxxieditores.com/media/imagenes/Historia_de_Europa.pdf, 29-4-2024; Guerra Vilaboy, S., «Etapas y procesos en la historia de América Latina», en *Cuadernos de trabajo, Xalapa*, Instituto de Investigaciones Histórico-Sociales, Universidad Veracruzana, 1997, https://biblioteca.clacso.edu.ar/Mexico/iih-s-uv/20170608043740/pdf_473.pdf, 3-5-2024.

22 V. por ej. *Red Eurolatinoamericana de Artes Escénicas*, https://redelae.org/quienes-somos/, 11-5-2024.

13. Las bases de la *educación* eurolatinoamericana arrojan que la tasa de *alfabetización* en Europa en 2021 fue de 98,76 %[23] y en América Latina y el Caribe, c. de 2018, cuando había unos 32 millones de analfabetos, de un 80 %[24]. Ambas zonas tienen, con predominio europeo, un amplio marco de universidades[25].

14. Según el acertado decir de José Ortega y Gasset el hombre es él y su *circunstancia*[26] La educación jurídica eurolatinoamericana ha de tomar como base las circunstancias con fuerte presencia de sentidos vitales comunes para promover la integración.

15. La centralidad de la dimensión sociológica ocurre en la *conducción* de humanos determinables que denominamos *repartos*. Al respecto, importa tener en cuenta quiénes reparten (son *repartidores*), quiénes son *recipiendarios* beneficiados o gravados con lo que favorece o perjudica a la vida (respectivamente potencia e impotencia), cuáles son los *objetos* qué se adjudican (potencias e impotencias), cuál es la *forma* (o sea el camino previo) para llegar a las decisiones y cuáles son las *razones* (móviles, razones alegadas y razones sociales) de los repartos. La educación de la conciencia respecto de los elementos de los repartos permitirá que los individuos y las sociedades puedan formarse juicios fundados acerca de lo que les brindaría o no la continuidad del proceso integrador eurolatinoamericano.

---

23 C. Tasa de alfabetización – Clasificaciones, the GlobalEconomy, https://es.theglobaleconomy.com/rankings/literacy_rate/European-union/, 2-5-2024 (fuente UNESCO).

24 Llorente, A., «4 cifras sobre la alfabetización en América Latina que quizá te sorprendan», en *BBC News Mundo*, 8 de septiembre de 2018, https://www.bbc.com/mundo/noticias-america-latina-45453102, 29-4-2024.

25 C. Universidades en Europa, Study Medicine, https://universidades.estudiareneuropa.eu/, 2-5-2024 (1. Alemania (416), 1. Gran Bretaña (416), 3. Polonia (359), 4. Rusia (357), 5. Francia (165), 6. Ucrania (132), 7. Portugal (125), 8. Italia (94), 9. España (84), 10. Rumania (80), 11. Austria (76), 12. Hungría (70), 13. Bélgica (66), 14. República Checa (61), 15. Holanda (60), 16. Irlanda (56), 17. Croacia (55), 18. Suecia (50), 19. Finlandia (42), 19. Suiza (42), 21, Eslovaquia (32), 22. Bulgaria (31), 23. Grecia (29), 24. Dinamarca (25), 25. Noruega (23), 26. Eslovenia (18), 27. Letonia (16), 28. Estonia (10), 29. Lituania (8), 30. Lichtenstein (3), 31. Islandia (2), 32. Andorra (1), 32. Ciudad del Vaticano (1), 32. Luxemburgo (1), 32. Malta (1), 32. Mónaco (1), 32. San Marino (1), 32. Serbia (1)); Universidades y desarrollo en el Gran Caribe, Asociación de Estados del Caribe, http://www.acs-aec.org/index.php?q=es/osg/universidades-y-desarrollo-en-el-gran-caribe#:~:text=Sin%20profundizar%20mucho%20en%20sus,25%20instituciones%20de%20educaci%C3%B3n%20superior., 2-5-2024. En América Latina, 197. La Unión de Universidades de América Latina y el Caribe tiene 230 instituciones afiliadas (Unión de Universidades de América Latina y el Caribe, Wikipedia, https://es.wikipedia.org/wiki/Uni%C3%B3n_de_Universidades_de_Am%C3%A9rica_Latina_y_el_Caribe, 5-5-2024; UDUALC, https://udualc.org/, 5-5-2024)

26 Ortega y Gasset, J., *Meditaciones del Quijote, Meditación Preliminar, Meditación Primera*, Madrid, Publicaciones de la Residencia de Estudiantes, 1914, esp. págs. 43/44, https://dn790007.ca.archive.org/0/items/meditacionesdelq00orte/meditacionesdelq00orte.pdf, 2-5-2024.

Las afinidades eurolatinoamericanas, que la educación ha de desarrollar, contribuyen sobre todo a mejorar la audiencia que se desarrolle como forma de los repartos y las razones alegadas y la razonabilidad social[27]. Obviamente, no basta con apostar a ciertos sentimientos de simpatía recíproca, la tarea es mucho más amplia y profunda, hay que producir *empatía*, debemos poder caminar los mismos caminos.

16. Los repartos pueden ser *autoritarios* o *autónomos*. Los primeros se desarrollan por imposición y realizan el valor poder. Los segundos se desenvuelven por acuerdo de los interesados y satisfacen el valor cooperación. En principio los repartos autónomos, al apoyarse en el desarrollo del consentimiento de los interesados, tienen preferencia dikelógica (de justicia) respecto de los autoritarios. No solo vale educar para la autonomía en general, la integración eurolatinoamericana es un marco en especial favorable para ella.

17. Los repartos pueden presentarse en *orden* o *desorden*. El orden, denominado también régimen, realiza el valor homónimo (orden) que, cuando se encamina a la justicia, es paz. El orden puede producirse mediante *planificación gubernamental* o *ejemplaridad*.

La planificación indica fácticamente quiénes son los supremos repartidores y cuáles son los criterios supremos de reparto y se expresa en constituciones, directivas, leyes, decretos, sentencias, etc. Cuando está en marcha realiza el valor previsibilidad. La ejemplaridad se despliega por el seguimiento de modelos considerados razonables y se manifiesta en costumbres, usos, jurisprudencia, etc. La ejemplaridad satisface el valor solidaridad entre los repartidores. De cierta manera, la ejemplaridad respeta más la libertad y por eso es preferible a la planificación. En el desenvolvimiento de la racionalidad social están las bases últimas más perdurables de toda ordenación social.

Es imprescindible educar en general con miras al orden integrador, con el empleo de los medios que resulten pertinentes, sobre todo, con miras a la ejemplaridad. Los sucesos críticos de los procesos integradores suelen surgir, en cambio, de la insuficiente ejemplaridad. Los procesos integradores han de apoyarse en órdenes expresados en Estados sólidos, requisito que no se cumple en diversos casos. Hay que desarrollar un orden educador que viabilice los medios para el orden de la integración eurolatinoamericana.

18. Los repartos pueden encontrar *límites voluntarios* de los repartidores y *límites necesarios surgidos de la «naturaleza de las cosas»*. Estos límites son físicos, psíquicos, lógicos, sociopolíticos, socioeconómicos, vitales, etc. Hay que educar para que los repartidores de la integración eurolatinoamericana sepan encontrar los límites voluntarios pertinentes y no tropiecen con

27 Es relevante la educación para la audiencia y el conocimiento recíprocos (v. en relación con el tema por ej. *Asamblea Permanente Eurolatinoamericana* (Eurolat), https://www.parlamentoandino.org/index.php/gestion/foros-birregionales/eurolat, 30-4-2024; EU-LAC, https://eulacfoundation.org/es, 30-4-2024; EU-LAT, https://eulatnetwork.org/es/, 30-4-2024).

los límites necesarios, por ejemplo, con miras a que venzan los obstáculos psíquicos localistas y de proyecciones ajenas, el cerramiento de los marcos sociopolíticos y socioeconómicos, etc.

Los factores de poder forman *constituciones materiales*, y vale educar para que esos factores no obstruyan y en cambio favorezcan la integración. Para que crezca la eurolatinoamericanidad se debe tener claridad en cuanto a los factores a desarrollar o neutralizar.

19. Las *categorías básicas* con se construye la dimensión sociológica son la *causalidad*, la *finalidad objetiva* que «encontramos» en los acontecimientos, la *finalidad subjetiva*, la *posibilidad* y la *realidad*. Todas, menos la finalidad subjetiva, son *pantónomas*, es decir, se refieren a la plenitud de sus posibilidades (pan=todo; nomos=ley que gobierna). Esas totalidades nos son inabordables, porque no somos omniscientes, ni omnipotentes, de modo que tenemos que considerarlas mediante *fraccionamientos* a producir cuando no es posible saber o hacer más. Dichos cortes son generadores de *certeza*. La integración exige recomposición de los casos, con fraccionamientos y desfraccionamientos, y cambia el panorama de las certezas y las incertidumbres. Hay que resignificar con miras a la eurolatinoamericanidad y la educación es un medio relevante para lograrlo.

Por ser de integración, superadora y no desconocedora de los elementos integrados, las resignificaciones han de *respetar y enriquecer*, no destruir, tales elementos. La educación para la integración, en este caso eurolatinoamericana, ha de valerse de finalidades subjetivas tendientes a ella y de recomposiciones de los sentidos de las otras categorías, encaminadas a la realización del proceso deseado. Hay que capacitar para afrontar incertidumbres, en la senda de la construcción de nuevas certezas. La integración tiene que ocurrir desde la realidad y en la realidad, evitando las inclinaciones abstractas con frecuencia meramente declamatorias, de algunos espacios de la birregionalidad.

20. Los recortes de las pantonomías y las finalidades subjetivas intervienen en la construcción de los *casos*. Dadas las grandes diversidades eurolatinoamericanas, parece en principio conveniente dividir el proceso integrador birregional en los casos de diferentes *«subprocesos»*, sobre todo en lo espacial y material, que se vayan integrando en una correcta estrategia. Es necesario educar para dichas diversidades.

8.2.1.2. Educación respecto a la dimensión normológica de la integración

21. Las normatividades (normas, imperativos, principios, instrucciones, etc.) *captan* repartos proyectados. Al hacerlo, los *describen* y los *integran*. Es importante que las normatividades reflejen la realidad social y al fin se resuelva con justicia.

En detalle, es relevante que las normatividades expresen con acierto los contenidos de las voluntades de sus autores, es decir, que sean *fieles*; se cumplan, o sea, resulten *exactas*; satisfagan las necesidades de los autores, los encargados del funcionamiento y el resto de la sociedad, es decir, sean *adecuadas*, y tengan efecto en el conjunto, o sea, posean *impacto*. La fidelidad se logra con la interpretación, la exactitud se obtiene con la aplicación y la adecuación se consigue, sobre todo, en la elaboración. El logro de tales cualidades se facilita cuando la sociedad es debidamente educada. Hay que lograr que las normatividades de la integración eurolatinoamericana obtengan dichas cualidades.

En el terreno *conceptual* en general, vale contar con que, no solo fáctica sino también normativa (y dikelógicamente) muchas personas vivimos, como resultado de la trama histórica compartida, *dobles nacionalidades* eurolatinoamericanas[28].

22. Para que las normatividades se concreten en las vidas de las personas es imprescindible que *funcionen* a través de un complejo de tareas que incluye el *reconocimiento*, la *interpretación*, la *determinación*, la *elaboración*, la *aplicación*, la *síntesis* y la *argumentación*. El funcionamiento puede ser real o conjetural. Ha de estar a cargo de funcionarios idóneos, por ejemplo, de una *jurisdicción* convencida de la integración y debe apoyarse en la conciencia social. Asimismo, ha de resolver las carencias que vayan presentándose con normatividades de espíritu integrador. De esta perspectiva funcional surgen nuevos títulos para exigir que la integración eurolatinoamericana cuente con apoyo educativo. Hay que *educar para el funcionamiento de la integración eurolatinoamericana*.

23. Las normatividades de la integración deben formar un nuevo *ordenamiento* que realice el valor coherencia. Encaminado a la justicia, este valor se ha de convertir en armonía. Es imprescindible educar para la armonía eurolatinoamericana.

8.2.1.3. Educación respecto a la dimensión dikelógica de la integración

24. La dimensión dikelógica del mundo jurídico se constituye con un complejo de valores que integran de maneras principales, además del culminante valor *justicia*, los valores *utilidad*, *verdad*, *amor*, *belleza*, *salud*, etc. Por sobre todos estos valores está el valor más elevado que tenemos a nuestro alcance, la *humanidad*, el deber ser cabal de nuestro ser. Los valores referidos pueden *relacionarse* de modo legítimo, en coadyuvancia o en sustitución, o de ma-

---

28 En nuestro caso personal, argentinoitaliana (v. en relación con el tema Martel, I., «Estos son los países europeos que permiten la doble nacionalidad», en *El Debate*, 17 de octubre de 2022, https://www.eldebate.com/sociedad/20221017/estos-son-paises-europeos-permiten-doble-nacionalidad-cns_66208.html, 1-5-2024.

nera ilegítima, en el secuestro del material estimativo de un valor por otro. La integración eurolatinoamericana ha de valerse del despliegue legítimo de dicho complejo, apoyado en la educación al respecto. La utilidad puede ser circunstancialmente referencia preferente para vinculaciones extrañas a la integración, pero la hondura de la integración es espacio para la realización de todo el complejo, con la última remisión jurídica a la justicia y al fin a la mejor satisfacción de lo humano. Hay que brindar una educación jurídica humanista orientada a la integración eurolatinoamericana.

25. La justicia puede pensarse por diferentes caminos, denominados *clases de justicia*. Entre éstas hay algunas especialmente afines a la integración, que se deben tener en cuenta de modo particular en el proceso educativo. Por ejemplo, con miras a la integración, en este caso eurolatinoamericana, hay que formar en la justicia *polilogal* (de varias razones; no monologal); a menudo *espontánea* (sin «contraprestación»; no conmutativa); *gubernamental* (originada en el todo; no «partial»); *integral* (referida al todo; no sectorial); *de participación* (no de aislamiento); *general* (orientada al bien común; diversa de la justicia particular) y *«de llegada»* (dispuesta a sacrificar lo existente por los resultados; no «de partida»).

26. La justicia como valor tiene tres *despliegues*: la *valencia* (deber ser idea puro, «la justicia debe ser»), la *valoración* (deber ser ideal aplicado, esto que es justo debe ser, esto que es injusto no debe ser) y la *orientación* (desarrollada mediante el empleo de criterios generales).

El material estimativo de las valoraciones de justicia en el Derecho es la totalidad de las adjudicaciones razonadas pasadas, presentes y futuras. Esto hace que también la justicia sea una categoría *pantónoma* que, dado que no somos omniscientes ni omnipotentes, nos vemos en la necesidad de fraccionar cuando no podemos saber o hacer más, generando *seguridad jurídica*. Los criterios generales orientadores son de gran utilidad para facilitar la referencia al valor, pero pueden resultar inadecuados para los casos o lisa y llanamente inaceptables. Los procesos integradores, como el eurolatinoamericano, suelen requerir recomposiciones en cuanto desfraccionamientos y fraccionamientos, generadores de nuevas inseguridades e inseguridades, y el cambio en los criterios generales de valor. Los tres despliegues del valor exigen una adecuada educación, en este caso, con miras a la integración eurolatinoamericana.

27. El contenido de la construcción del valor justicia que proponemos se apoya en el *principio supremo* que exige adjudicar a cada individuo y a la especie humana en su conjunto la posibilidad de *desarrollarse plenamente*. Toda persona ha de poder y debe desarrollarse en un perfil tridimensional, que varía con la integración, en nuestra circunstancia, eurolatinoamericana, y ha de obtener una educación encaminada al efecto.

28. La justicia de los *repartos aislados* debe pensarse en relación con sus *elementos*, cuyo valor ha de facilitarse a través de la educación, en este caso, eurolatinoamericana.

La legitimidad de los *repartidores* puede surgir del acuerdo de los interesados, constitutivo de la *autonomía*, o de la superioridad moral, científica o técnica, con la que se forma la *aristocracia*. La autonomía puede ser plena, referida a la totalidad del reparto, o parcial. En este sentido, el mero acuerdo de todos los interesados en que alguien reparta constituye la paraautonomía (presente por ejemplo en los árbitros); el acuerdo de la mayoría forma la infraautonomía (que ocurre en la democracia) y el acuerdo que brindarían los interesados en caso de conocer los repartos genera la criptoautonomía (como sucede a menudo en la gestión de negocios ajenos sin mandato). La integración eurolatinoamericana y la educación respectiva han de encaminarse a tales maneras de la legitimación autónoma y aristocrática por cauces nuevos. Es particularmente relevante contar con legitimaciones infraautónomas democráticas, paraautónomas arbitrales y las combinaciones de aristocracia y democracia que suelen caracterizar a los jueces y los administradores.

La justicia de la calidad de los *recipiendarios beneficiados* con potencias depende de la necesidad o de la conducta, constitutivas, de manera respectiva, de *merecimientos* y *méritos*. Los títulos de la calidad de recipiendarios *gravados* con impotencia son la *responsabilidad* y la *posibilidad de aportar*. La integración, en nuestro caso eurolatinoamericana, exige el incremento de esos títulos y la necesidad de educar al respecto. La solidaridad en la integración incrementa de maneras especiales las legitimidades por merecimientos (necesidades) y por la posibilidad de aportar.

La legitimidad de los *objetos* de reparto, es decir, las *potencias* y las *impotencias*, se refiere a la justicia de la *vida* en su comienzo, transcurso y final, la *creatividad*, la *propiedad*, la *actividad*, la *compañía*, etc. La integración, en este caso eurolatinoamericana, ha de orientar la educación necesaria para el desarrollo de tales objetos. Cabe destacar que la integración birregional puede ser un instrumento de particular relevancia para el incremento de la creatividad que la educación ha de promover. Sobre todo, cuando se trata de circunstancias como la integración eurolatinoamericana y en especial la iberoamericana, corresponde en gran medida la conservación y el desarrollo debidos, difíciles pero imprescindibles, de una herencia cultural varias veces milenaria, en beneficio de las generaciones que fueron, son y serán.

La justicia de la *forma* de los repartos exige que se concreten la *audiencia* y las *pruebas* necesarias. Una y otras son particularmente difíciles en marcos tan amplios como el de la integración eurolatinoamericana, pero resultan imprescindibles.

La legitimidad de las *razones* de los repartos surge de la *fundamentación*, que ha de ser *sólida*, *profunda* y *accesible*. La integración, en nuestro caso eurolatinoamericana, debe contar con ella y para viabilizarla hay que adecuar la educación. En el diálogo integrador, de formas y fundamentación, es en particular necesario educar para la audiencia, la prueba y la fundamentación. Hay que formar para escuchar, observar y dar razones en la eurolatinoamericanidad.

29. Para ser justo el *régimen* ha de tomar a cada individuo como un *fin* y no como un medio, es decir, debe ser *humanista* y no totalitario. La cercanía cultural propia de la integración, como la de nuestro caso, viabiliza el humanismo y la educación, orientada con ese propósito, ha de intensificarlo.

El humanismo requiere *libertad*, *igualdad* y *comunidad* (para algunos, fraternidad), como lo destacó el lema revolucionario francés. La libertad reclama *liberalismo político*, la igualdad exige *democracia* y la comunidad necesita *«res publica»*. Alguien educado tiene mejores condiciones para ser libre y para reconocer su igualdad con los demás y su pertenencia a la comunidad humana. Los procesos de integración, en nuestro caso eurolatinoamericana, intensifican esos requerimientos y los viabilizan. Para la integración hay que educar hacia la libertad, la igualdad y la comunidad. Europa se refiere a la unión en la diversidad[29].

30. La realización del humanismo exige la *protección* del individuo contra todas las amenazas: de los *demás individuos* como tales y como régimen; excepcionalmente respecto de *sí mismo* y contra *todo «lo demás»* (enfermedad, miseria, ignorancia, soledad, desempleo, etc.). Un sendero de especial valor para el humanismo son los derechos humanos y sus garantías. La integración, en nuestro caso eurolatinoamericana, y la educación requieren y viabilizan esos sentidos de la protección[30].

8.2.2. Educación para las especificidades de la integración

8.2.2.1. Educación para las especificidades materiales

31. Hay que educar para la integración eurolatinoamericana respecto de las especificidades. La integración requiere que la educación reorientada con ese objetivo se refiera en cuanto sea viable a todos los aspectos *materiales* de la vida, en nuestro caso, a todos los despliegues respectivos de la juridicidad. Las especificidades del Derecho en lo material forman *ramas* del mundo jurídico. Importa educar para la integración en todas ellas.

Las ramas del Derecho se caracterizan por sus *autonomías originarias* y *derivadas*. Las autonomías *originarias* se refieren a particularidades tridimensionales y al fin se identifican por *principios propios*. Requieren despliegues *legislativos*, *judiciales* y *administrativos*. La autonomía legislativa culmina con la codificación;

29 Quizás, en el curso del federalismo europeo que algunos países pueden alcanzar, un día se llegue a la diversidad en la unidad.

30 Para una integración realmente valiosa se han de concretar la transparencia, la democracia y la buena administración en los ámbitos estatales y en la birregionalidad. En relación con el tema c. por ej. *Anuario de la Red Eurolatinoamericana de Buen Gobierno y Buena Administración*, IJ, https://latam.ijeditores.com/index.php?option=publicacion&idpublicacion=674, 5-5-2024.

la autonomía judicial se concreta en tribunales propios y la autonomía administrativa requiere órganos ejecutivos específicos. Las autonomías *derivadas* son *académicas*, *científicas* y *educativas* o *pedagógicas*. La autonomía académica requiere espacios educativos propios; la autonomía científica culmina con órganos de investigación y tratados específicos y la autonomía educativa o pedagógica consiste en la aptitud de la rama para abrir la mente a nuevas perspectivas jurídicas. Los procesos de integración, en nuestro caso eurolatinoamericana, requieren de manera especial el desarrollo de la rama *Derecho de la Integración* (en la Unión Europea Derecho Comunitario) *con esas autonomías*. Entre los principios fundamentales de la integración se encuentran los de libertad, solidaridad, armonización y cooperación. Desde la perspectiva de este estudio, un paso inmediato para la integración eurolatinoamericana de gran valor es la autonomía académica, *v. gr.*, no solo con cátedras de Derecho de la Integración sino con una Universidad Eurolatinoamericana o al menos Iberoamericana.

Las autonomías del Derecho de la Integración incrementan y particularizan la viabilidad de *otras ramas*, como la próxima *Derecho Internacional*, el *Derecho Administrativo*[31] y otras requeridas con particular intensidad por la conciencia de los derechos humanos y las características científico-técnicas de la actual nueva era de la postmodernidad: el *Derecho de la Salud*, el *Derecho de la Educación*, el *Derecho de la Ciencia y la Técnica*, el *Derecho del Arte*, el *Derecho Ambiental*, el *Derecho Espacial*, etc. Hay que educar para la integración y al hacerlo se enriquece la educación respecto de toda la plenitud de las ramas del Derecho.

La educación jurídica ha de integrarse con significados de todos los otros aspectos de la *vida*. El Derecho debe ser para que todos ellos se realicen. Así, por ejemplo, la educación jurídica eurolatinoamericana debe valerse de desenvolvimientos *idiomáticos*, *artísticos*, *científicos y técnicos*, etc. de la cultura eurolatinoamericana[32].

En la materia idiomática, para la educación con miras a la integración eurolatinoamericana los ya importantes estudios de literatura española que se hacen en Hispanoamérica han de incrementar su relevancia y también los literatos hispanoamericanos deben presentarse en la Península con la significación pertinente al proceso. Es relevante la existencia de instituciones como la Asociación de Academias de la Lengua Española[33]. Los acervos literarios europeos y latinoamericanos deben nutrirse recíprocamente[34].

---

31 Es posible c. por ej. Saldaña Ortega, V., *El Derecho Administrativo Europeo*, Cizur Menor (Navarra), Aranzadi, 2023.

32 Cabe recordar que se ha considerado a la justicia un «valor franciscano», cuyo valer consiste en permitir que los demás valores valgan (Reale, M., *Filosofía do Direito*, 5.ª ed., t. II, San Pablo Saraiva, 1969, pág. 626).

33 *Asociación de Academias de la Lengua Española*, https://www.asale.org/, 4-5-2024.

34 También son relevantes, por ejemplo, la Organización de Estados Iberoamericanos y la Carta Cultural Iberoamericana (c. *v. gr. Organización de Estados Iberoamericanos*, https://

8.2.2.2. Educación para las especificidades espaciales

32. Los espacios eurolatinoamericanos deben dejar de estar fracturados y han de considerarse como una plenitud diferenciada. Hay que educar en la percepción eurolatinoamericana de los dos ámbitos. Por ejemplo: las juridicidades referidas al Atlántico han de dejar de tener caracteres «exteriores» a las dos áreas convirtiéndose en juridicidades «interiores» de la integración.

8.2.2.3. Educación para las especificidades temporales

33. Para la integración hay que educar en una nueva temporalidad referida al pasado, el presente, el futuro (próximo) y el porvenir (más lejano). Todos los personajes históricos de las dos áreas eurolatinoamericanas han de ser resignificados. Por ejemplo: Isabel I de Castilla se hace más presente en su papel en la fundación de la cultura iberoamericana y Moctezuma y Atahualpa deben ser reconocidos como partícipes relevantes de la iberoamericanidad. Los héroes de los conflictos entre países europeos y latinoamericanos deben seguir considerándose tales, pero con el creciente despliegue de los enfoques referidos a esos u otros héroes que hagan a la afirmación de la eurolatinoamericanidad. San Martín y Bolívar, próceres de la emancipación hispanoamericana, deben seguir siendo héroes, ahora también en la Península en un proceso de eurolatinoamericanidad. La lucha de San Martín al servicio de España, cuando vivía en la Península, e incluso las gestiones iniciales de Bolívar en nombre de la monarquía española adquieren así mayor significación. La independencia latinoamericana ha de ser comprendida también como un proceso de la iberoamericanidad.

En la *nueva era* que vivimos la integración eurolatinoamericana, sobre todo iberoamericana, es una realización de gran valor que la educación ha de promover. La integración birregional contribuirá a salvar la oquedad de la globalización/marginación y la educación debe aportar al respecto.

8.2.2.4. Educación para las especificidades personales

34. Hay que educar para la integración en los desarrollos de todas las personas de la eurolatinoamericanidad, promoviendo los contactos enriquecedores entre ellas. Vale facilitar la realización de reuniones científicas y artísticas, los viajes, etc.

oei.int/, 30-4-2024 y Carta Cultural Iberoamericana, https://oei.int/oficinas/secretaria-general/carta-cultural-iberoamericana/la-carta-cultural-iberoamericana, 30-4-2024).

8.2.3. Educación para la estrategia de la integración

35. La educación para la juridicidad requiere desarrollos estratégicos, en este caso para la integración eurolatinoamericana. La estrategia requiere el reconocimiento de las circunstancias, con sus *fortalezas*, *debilidades*, *amenazas* y *oportunidades*, el estudio de los *costos* y los *beneficios*, la adopción de *decisiones* en condiciones de mayor o menor certidumbre y la referencia de éstas a *propios fortalecimientos*, *relacionamientos* y *enfrentamientos*. La educación ha de ser una perspectiva en todos esos enfoques estratégicos y en particular debe capacitar para la estrategia integradora[35]. Un enfoque de especial relevancia ha de ser en definitiva la *recomposición* geoestratégica de todos los despliegues particulares de la birregionalidad con miras a la eurolatinoamericanidad. Entre las principales fortalezas y oportunidades de la integración eurolatinoamericana está la consistencia cultural, sobre todo hispano-luso-ítalo americana, que debe ser aprovechada para el desenvolvimiento jurídico y el despliegue del resto del proyecto de vida en común. Hay que educar para una estrategia eurolatinoamericana de propio fortalecimiento de la birregionalidad; para el relacionamiento con otros espacios y, eventualmente para enfrentar las amenazas que éstos pueden significar.

Nos parece que el desarrollo de la educación integradora en la Unión Europea[36] requiere intensificación y sus limitaciones son en parte causa de la crisis que viene viviendo le proceso integrador, sobre todo desde la ocasión del Brexit. La integración eurolatinoamericana debe proceder de manera correspondiente, evitando el sendero restrictivo[37].

---

35 Sería relevante formar un *Observatorio de la Eurolatinoamericanidad* que realizara, por ejemplo, encuestas respecto a la opinión y la participación respectivas.

36 Dice actualmente la Unión Europea «La política de la Unión en materia de educación y formación tiene como objetivo promover un nivel de empleo elevado, garantizar una protección social adecuada, luchar contra la exclusión social y velar por un nivel elevado de educación y formación» («Educación», *Hablamos de Europa*, https://www.hablamosdeeuropa.es/es/Paginas/Educaci%C3%B3n.aspx, 7-5-2024). Hay que educar de manera intensa, desde las raíces, para la integración, no solo contribuir al mejoramiento de los procesos educativos particulares. Vale atender, en este sentido, por ejemplo, a la Prioridad estratégica N° 4: reforzar la educación superior europea (C. «Resolución del Consejo relativa a un marco estratégico para la cooperación europea en el ámbito de la educación y la formación con miras al Espacio Europeo de Educación y más allá (2021-2030)», en *Diario Oficial de la Unión Europea*, 26 de febrero de 2021, (2021/C 66/01), https://eur-lex.europa.eu/legal-content/ES/TXT/PDF/?uri=CELEX:32021G0226%2801%29&from=ES, 28-4-2024); «Conclusiones del Consejo sobre una estrategia europea de capacitación de las instituciones de educación superior para el futuro de Europa (2022/C 167/03)», en *Diario* ... cit., 21 de abril de 2022, https://eur-lex.europa.eu/legal-content/ES/TXT/PDF/?uri=CELEX:52022XG0421%2802%29&from=ES, 28-4-2024.

37 V. Mercosur en la UNCUYO: el papel de la educación superior en la integración del bloque, marzo de 2024, https://www.uncuyo.edu.ar/prensa/mercosur-en-la-uncuyo-el-papel-de-la-educacion-superior-en-la-integracion-del-bloque, 2-5-2024.

8.3. Conclusión

36. La integración, en nuestro caso eurolatinoamericana y sobre todo iberoamericana, tiene un profundo significado de justicia y humanidad, superador de las limitaciones de las radicalizaciones capitalistas y acorde a los desafíos de una nueva era, que es un deber jurídico desarrollar, de modo destacado, a través de la educación. La complejidad tridimensional de la teoría trialista del mundo jurídico es un instrumento de gran valor para cumplirlo.

CAPÍTULO IX.

ORDENAMIENTOS JURÍDICOS DE LA INTEGRACIÓN EN SUDAMÉRICA: DIVERSIDAD Y COMPLEJIDAD

César Montaño Galarza*

Palabras clave: Sudamérica, derecho de la integración, supranacionalidad, Comunidad Andina.

Keywords: South America, integration law, supranacionality, Andean Community.

Sumario: Introducción; 9.1. El ADN de los procesos de integración; 9.2. El derecho de la integración en Sudamérica. 9.3. La Comunidad Andina, organización internacional de integración y su ordenamiento jurídico supranacional; 9.4. El derecho de la integración en el caso del proceso de integración andino; 9.5. Situación actual y perspectivas del ordenamiento jurídico de la integración en Sudamérica; 9.6. Comentarios finales; Bibliografía.

Resumen: este trabajo da cuenta del estado actual de los diversos ordenamientos jurídicos de los procesos de integración en marcha en Sudamérica. Al efecto, se establecen las diferencias correspondientes entre la variante simplicada del «derecho de la integración económica» y la más compleja o sofisticada del «derecho comunitario o supranacional» aplicadas en diferentes organizaciones de integración. Resalto en especial la experiencia de la Comunidad Andina, por ser considerada como la más avanzada en la región en términos

* Rector y docente-investigador de la Universidad Andina Simón Bolívar, Sede Ecuador — ASB-E —.

institucionales y jurídicos, a más de los importantes avances logrados en materia económica-comercial. A lo largo del escrito destaco los vínculos existentes entre la temática central elegida y la democracia, la transparencia y la buena gobernanza —claves para el efectivo y justo funcionamiento de las instituciones y sociedades—, tres elementos imprescindibles para la construcción de verdaderas comunidades de derecho encaminadas al cumplimiento de los objetivos de la integración en beneficio de los pueblos de los estados miembros, tal como en general rezan las normas fundacionales de los procesos de integración.

Introducción

El presente trabajo aborda el estado actual de los ordenamientos jurídicos que sirven a los diferentes procesos de integración en marcha en Sudamérica. Al efecto, se establecen las diferencias correspondientes entre el derecho de la integración económica y el derecho comunitario o supranacional aplicado en diferentes organizaciones de integración existentes. Destaco especialmente la experiencia de la integración andina, por ser considerada como la más avanzada en la región en términos institucionales y jurídicos, además de la importante base económica con la que cuenta —el mercado intracomunitario o subregional—. A lo largo del escrito realizo los necesarios destaques o resalto los vínculos existentes entre la temática central elegida y la democracia, la transparencia y la buena gobernanza —claves para el efectivo y justo funcionamiento de las instituciones y sociedades—, tres elementos imprescindibles para la construcción efectiva de verdaderas comunidades de derecho encaminadas al cumplimiento de los objetivos de la integración en beneficio de los pueblos de los estados miembros, tal como en general rezan las normas fundacionales de los procesos de integración.

Tales aspectos de la gobernanza en contexto de integración regional comprenden: transparencia, entendida como el acceso público a la información y procesos gubernamentales claros y comprensibles; rendición de cuentas, es decir, la responsabilidad de los líderes y funcionarios públicos por sus decisiones y acciones; Estado de derecho, como garantía de que todas las personas están sujetas a leyes justas y que se aplican de forma imparcial; participación ciudadana, o el involucramiento activo de los ciudadanos en la toma de decisiones y la formulación de políticas; equidad e inclusión, comprendida como el trato justo y equitativo para todos los miembros de la sociedad, sin discriminación; eficiencia y eficacia, en el sentido del uso responsable de los recursos públicos para lograr resultados de servicio a la sociedad; finalmente, consensos y compromisos, en alusión al proceso de toma de decisiones que refleja los intereses y necesidades de diversos grupos de la sociedad. En suma, la gobernanza en la línea expresada promueve un gobierno justo, responsable y efectivo en la prestación de servicios y en la protección de los derechos de los ciudadanos, para lo cual, definitivamente el ordenamiento jurídico de la integración juega un determinado rol que puede ser relevante cuando se trata de un ordenamiento avanzado, como lo es el del tipo comunitario o supranacional.

Con estos propósitos y cuestiones previas, aquí inicialmente realizo la explicación de lo que llamo el ADN estatal en los procesos de integración; luego explico sobre las varias modalidades de ordenamientos jurídicos de la integración que se aplican en los procesos existentes en Sudamérica; seguidamente explico el caso de la Comunidad Andina con su especial ordenamiento jurídico; después abordo elementos relevantes del entramado institucional andino con sus particularidades, los cuales permiten exponer en detalle la naturaleza y especificidades del derecho comunitario andino como una disciplina del tipo comunitario o supranacional distinta a otras de menor evolución; más adelante desarrollo algunos postulados sobre el derecho de la integración y sus proyecciones en distintos procesos de integración que conviven en el cono sur. Cierro este trabajo con algunos comentarios, y con la bibliografía utilizada.

9.1. El ADN de los procesos de integración

Luego de muchos años de estudio y reflexión sobre los aspectos inherentes a la temática de la integración regional, tengo cada vez más fuerte convicción de que los procesos de integración o, mejor dicho, las organizaciones internacionales de integración creadas por los estados miembros para impulsar los concretos procesos integradores, no pueden ser radicalmente diferentes en su estructura y constitución fundamental de los referidos estados. Surgiría entonces una lógica entre creador —Estado nacional— y su creación —organización internacional de integración—, dentro de la cual el ADN del primero, tendrá una presencia significativa en la segunda. Ambas realidades, la del Estado creador o fundador y la de la organización creada compartirán vocación de completitud, amplia, esto es, serán más o menos similares en los principales pilares que las sostienen, me refiero a los pilares político, económico, social y cultural, así como en sus responsabilidades al servicio del ciudadano.

Esto quiere decir también que las bases del Estado, constituidas por una herencia del modelo republicano, con todo lo que ello implica en términos de separación y equilibrio de poderes, sistema democrático y transparencia para una buena gobernanza —que toma en cuenta: la transparencia, la rendición de cuentas, la vigencia del Estado de derecho, la participación ciudadana, la equidad e inclusión, la eficiencia y eficacia, y la búsqueda de consensos y compromisos—, debe replicarse inevitablemente en algún grado importante en el nivel supranacional, esto aplicado a los campos de la conducción política, el de las regulaciones, y el de la aplicación y cuidado de la normativa. En otras palabras, la organización internacional de integración creada por los estados miembros, si bien es algo nuevo, no es radicalmente diferente a lo que en esencia caracteriza al Estado nacional. Es por esta poderosa razón que, por ejemplo, los poderes ejecutivo, legislativo y judicial de la organización supranacional de integración, son precisamente expresión y proyección de la realidad del Estado republicano, base de la construcción comunitaria o supranacional.

Un dato adicional aparece importante en estos razonamientos. Se trata de que los objetivos que naturalmente persiguen los estados miembros se concentran en hacer los mayores esfuerzos posibles para servir a los pueblos y a sus sociedades, tal como también lo ejecutan las organizaciones internacionales de integración del tipo comunitario o supranacional, mandatos expresos en cada uno de los tratados fundacionales. Es decir, existe un paralelismo, una especie de desdoblamiento y una similaridad entre los objetivos que persiguen los estados y las organizaciones creadas por los mismos; en esta línea de pensamiento, los esfuerzos para alcanzarlos se concretan, con diversa velocidad, en los andariveles interno y externo del Estado. En el marco del presente trabajo, se verá cómo a mayor presencia del ADN estatal en el proceso de integración, habrá mayor elaboración y complejidad del ordenamiento jurídico, podría decirse que se alcanzará cotas más elevadas de democracia, transparencia y gobernanza.

9.2. El derecho de la integración en Sudamérica

Es casi imposible asumir sin discusión que el ordenamiento jurídico diseñado para regular la realidad de un proceso de integración preponderantemente económico solo se dirija a las cuestiones netamente económicas del proceso, sin embargo, en estos casos, se utiliza la expresión *derecho de la integración económica*, para explicitar la disciplina jurídica especialmente útil a procesos de integración carentes de una vocación más amplia de universalidad, porque responde sobre todo a metas de orden económico.

En la práctica comparada, la mayoría de los procesos de integración en vigencia en el medio latinoamericano (Área Latinoamericana de Integración —Aladi—, Mercado Común del Sur —Mercosur—, Sistema de Integración Centroamericano —SICA—), puede ser encasillada como procesos de corte económico-comercial, con énfasis en lo económico, a diferencia del único proceso que persigue otros objetivos adicionales a los de esos campos, como es el ejemplo de la Comunidad Andina —CAN— (organización comunitaria o supranacional), la cual cubre o abarca variados aspectos del ámbito social, por lo que muestra con claridad una vocación más amplia o de universalidad. La Alianza del Pacífico (2012) quedaría al margen de este grupo de procesos de integración, puesto que se trata de un pacto con un propósito común, pero que, sin embargo, al encarnar una dinámica internacional distinta, carece de instituciones y de normativa gestada al margen de los Estados miembros.

Traigo al presente lo explicado por Alberto Zelada Castedo[1], en el sentido de que el «derecho de la integración económica» constituye un instrumento

---

1 Zelada Castedo, Alberto. *Derecho de la integración económica regional*. Buenos Aires: INTAL, Depalma, 1989.

para que los países integrantes del proceso avancen hacia el cumplimiento de los objetivos previamente negociados, los cuales constan en los tratados y acuerdos fundacionales de la integración, por esta razón, sostiene, no sería adecuado asimilarlo al denominado derecho comunitario, sea este en su expresión europea o en la andina; ambos comparten algunos elementos caracterizadores. Agrega que el derecho comunitario es útil para la formación y consolidación de una comunidad de Estados, mientras que el derecho de la integración económica no serviría sino únicamente para concretar los niveles de integración iniciales, entre ellos, por ejemplo, la unión aduanera.

El derecho de la integración económica es una rama especializada, ha sido diseñada para que los países avancen en un proceso de integración de propósito económico-comercial, por lo tanto, carece de los atributos propios o inherentes al derecho comunitario, que como ya dijimos son la primacía, la aplicabilidad directa e inmediata y el efecto directo. A lo sumo, el derecho de la integración económica cuenta con los elementos naturales del derecho internacional económico, configurando de esta manera una especialización un tanto limitada si se la compara con la que les sirve a las comunidades de Estados.

Según lo expuesto hasta aquí, el derecho de la integración económica, por su naturaleza, goza de primacía frente al derecho nacional de los Estados miembros, sin embargo, no podría decirse que cuenta también con los principios de aplicabilidad directa e inmediata, ni con el que corresponde al efecto directo, esto porque en la región no hay mayor discusión sobre el valor supralegal del derecho internacional en general, ni acerca del derecho internacional económico en particular, en consonancia con las respectivas y diversas cláusulas constitucionales, sin embargo, los Estados miembros de procesos como la Aladi, el Mercosur y la ex Unasur no han autorizado para que las normas se apliquen directa e inmediatamente, ni para que generen efecto directo; en cambio, esta posibilidad solo se contempla en el derecho comunitario o supranacional, tal como lo han dejado claro en variadas ocasiones los jueces de los tribunales de justicia en la CAN, la Unión Europea y en el SICA.

Para lograr la vigencia plena del derecho de la integración económica es necesario que los Estados miembros de los procesos lo incorporen al sistema jurídico interno, en cada caso. A diferencia de esta situación, claramente en las experiencias de la CAN y de la Unión Europea, no es forzoso que en cada caso los Estados incorporen el derecho de la integración al ordenamiento estatal, puesto que los principios propios del derecho comunitario o supranacional le franquean tal posibilidad.

Otro elemento importante al distinguir al derecho de la integración económica del derecho comunitario radica en que para efectos de la interpretación, en el caso del primero, se requiere la intervención directa de los órganos de los Estados miembros o, a lo sumo, de una instancia técnica en la que participan delegados de los Estados; mientras que en el caso del segundo, se debe contar con la participación de jueces comunitarios integrantes de los tribunales de justicia permanentes, propios de las comunidades supranacionales.

De igual manera, con el propósito de diferenciar claramente estas dos ramas jurídicas citadas, diré que, de manera general, el derecho de la integración económica no se desarrolla a través de un ordenamiento secundario o derivado, como ocurre naturalmente con el derecho comunitario, ordenamiento jurídico complementado con normas secundarias o derivadas adoptadas por órganos comunitarios específicos dotados de las competencias necesarias para ese efecto.

Al tener en cuenta los varios elementos esgrimidos, resulta que el derecho comunitario constituye una disciplina jurídica más avanzada y perfilada que el derecho de la integración económica en sus diferentes expresiones. Otra manera de apreciar las cosas podría llevar a concluir que el derecho de la integración económica es una rama jurídica general alineada con las lógicas y dinámicas propias de la intergubernamentalidad, mientras que el derecho comunitario es una de carácter más específico, tributaria de la realidad supranacional.

Como la práctica totalidad de los procesos de integración —de vocación comunitaria o no— avanza en la perspectiva de concretar en sus primeras épocas objetivos o propósitos de carácter económico-comercial, no se puede prescindir de herramientas jurídicas precisas relacionadas con el manejo idóneo de la política económica, del mercado y de sus múltiples componentes. Me refiero, en concreto, a los dispositivos, mecanismos e instrumentos propios o naturales del campo aduanero, los cuales son establecidos y aplicados a través de una serie de disposiciones jurídicas enmarcadas en la realidad del comercio mundial y su control, ámbitos que hacen parte del derecho aduanero, que son establecidos en normativa de la integración.

Tal como se ha dicho, a manera de ejemplo, en la CAN existe un desarrollo importante de normativa de derecho comunitario referido a la materia aduanera —que por su naturaleza prevalece sobre la normativa estatal—. Esta normativa tiene como fin intervenir, facilitar y controlar la entrada, permanencia y salida de un territorio nacional de mercancías objeto de tráfico internacional y de los medios de transporte que las lleven, para determinar y aplicar el régimen de derecho al cual esas mercancías estén sometidas, también para especificar los tributos exigibles, aplicar las sanciones pertinentes y ejercer los controles previstos en las leyes aduaneras aplicables, entre ellas: Nomenclatura común Nandina (Decisiones 812 y 821, y la Resolución 1243); Valoración aduanera (Decisión 571 y Resoluciones 1456, 1684, 1828 y 1952); Tránsito aduanero comunitario (Decisiones 617, 636 y 787); Armonización de regímenes aduaneros (Decisiones 618, 670 Documento Único Aduanero, 671 y 716, y las Resoluciones 1312 y 1442); Asistencia mutua y cooperación entre administraciones aduaneras (Decisión 728); Régimen andino sobre control aduanero (Decisión 778); y, Programa común de formación aduanera andina (Decisión 573).

Como una forma de contrastar realidades, se tiene que la experiencia en materia de regulaciones aduaneras en el Mercosur es diferente a la de la CAN; en aquel grupo de integración se aprobó a nivel de presidentes en 2010 el llamado «Código Aduanero del Mercosur», instrumento jurídico que más adelante debía ser incorporado por los congresos o parlamentos nacionales en sus legislaciones estatales, de tal forma que tenga plena vigencia en todo el territorio del bloque regional, con lo cual se consolidaría la unión aduanera más grande del mundo, luego de la Unión Europea y de la Unión Aduanera de Sudáfrica. El referido Código tiene su antecedente en la Decisión 10/10 para la eliminación del doble cobro del arancel externo común a mercaderías provenientes de terceros que circulan entre sus Estados Parte; fue aprobado mediante la Decisión 27/10 del Consejo del Mercado Común.

En similar sentido, el 1 de mayo de 2016, entró en vigor un nuevo Código Aduanero de la Unión Europea; este instrumento jurídico fue establecido mediante el Reglamento (UE) No. 952/2013 del Parlamento Europeo y del Consejo, de 9 de octubre de 2013, que es normativa comunitaria común en ese bloque de integración. Para el caso del SICA también se ha adoptado un instrumento jurídico titulado Código Aduanero Uniforme Centroamericano, dirigido a fortalecer el funcionamiento del Mercado Común Centroamericano; la versión actual fue aprobada en 2008, sin embargo, su origen data del año 1963.

Como apretado resumen hasta aquí, diremos que en Sudamérica se encuentran diferentes modalidades o expresiones del derecho de la integración económica, las mismas que difieren o, no se comparan en los componentes fundamentales con el derecho comunitario; este último representa un instrumento particular tanto de la CAN como del SICA, mientras que para los demás procesos de la región se aplica el primero. Y agregaremos que la variante de ordenamiento jurídico de la integración más avanzada, sofisticada o consolidada —la del tipo comunitario o supranacional—, porta un ADN del Estado social y democrático de derecho más notorio, con lo cual, se contaría con instrumentos y herramientas más auspiciosos para profundizar la democracia, la transparencia y la gobernanza. En los casos de las variantes del ordenamiento jurídico de la integración menos evolucionadas, el ADN del Estado se mostraría muy tenuemente.

9.3. La Comunidad Andina, organización internacional de integración y su ordenamiento jurídico supranacional

No muchos se han detenido a analizar y explicar en detalle lo que es concretamente la CAN en el campo internacional, a la luz de las relaciones internacionales que realizan los Estados entre ellos, y entre los Estados y las organizaciones internacionales. Debido a esta razón conviene desarrollar unas líneas para la mejor comprensión de un fenómeno de alcance regional, convertido en objetivo y vehículo al mismo tiempo, para el mejor desempeño y proyección de sus partícipes, y para lograr mayores niveles de desarrollo económico y social.

Jurídicamente hablando, la CAN es una organización internacional de carácter público, para la integración de los Estados miembros —similar a la Unión Europea por diversas razones—; más adelantada y compleja en su filosofía y diseño que una organización internacional clásica de cooperación, como son, por ejemplo, la Organización de las Naciones Unidas y la Organización para la Cooperación y el Desarrollo Económico o, que una de carácter especial o intermedio, como es, por ejemplo, la Corte Penal Internacional. En similar sentido pueden clasificarse otras organizaciones de integración latinoamericanas como el SICA, el Mercosur[2] y la ex Unasur, las cuales poseen menor desarrollo jurídico e institucional.

El artículo 48 del Acuerdo de Cartagena dispone: «La Comunidad Andina es una organización subregional con personería o personalidad jurídica internacional», cualidad que le permite negociar y acordar instrumentos internacionales con otros sujetos de derecho capaces en los mismos sentidos. En 2024, esta organización acaba de cumplir 55 años de funcionamiento, posee un acervo comunitario apreciable, puesto que se trata de uno de los procesos de índole supranacional o comunitaria más adelantado en el mundo, salvando obviamente las distancias con la Unión Europea, un modelo más consolidado.

Múltiples componentes en juego dejan aseverar que la Comunidad Andina encarna un proceso de integración con evidente vocación comunitaria —no prescinde por ello de las usuales prácticas y dinámicas intergubernamentales—; posee dimensión subregional, comprende hoy en día a los Estados sudamericanos de Bolivia, Colombia, Ecuador y Perú, con sus correspondientes territorios continentales e insulares. La CAN se ha posicionado como un eslabón fundamental para la construcción de lo que se espera sea en un futuro una organización de alcance geográfico más amplio[3], razón por la que puede ser americana, latinoamericana o sudamericana[4], conjuntamente con el Mercosur.

En atención a sus fines y objetivos, según el artículo 1 del Acuerdo de Integración Subregional Andino, más conocido como Acuerdo de Cartagena,

---

2 Basaldúa, Ricardo Xavier. *Mercosur y Derecho de la Integración*, 2 edición. Buenos Aires: Abeledo Perrot, 2011. p. 51-64.

3 Salgado, Germánico. 2008.

4 Pampillo Baliño, Juan Pablo. *La integración americana. Expresión de un nuevo derecho global. Reflexiones y propuestas filosóficas, históricas y jurídicas para un nuevo derecho común americano*. México: Porrúa y Escuela Libre de Derecho, 2012.

norma fundacional o constitucional del proceso[5], la CAN se orienta a la creación de un mercado común latinoamericano, estado de profundización de la integración económica más complejo que la unión aduanera, pero más simple que la unión económica, niveles que usualmente constan dentro de la escala tradicional de la integración económica[6]. Esta disposición últimamente citada remarca la orientación transitoria de la integración andina, puesto que como se apuntó ya, se ha desarrollado hasta ahora para confluir en el futuro hacia un esquema de integración más amplio y complejo, toda vez que al tiempo de convocar a un mayor número de Estados miembros también expandiría su presencia de carácter geográfico en el cono sur.

La CAN, como organización internacional de integración, abarca y rebasa necesariamente los cometidos previos que en ejercicio de las relaciones internacionales los Estados históricamente pactaban, razón por la cual el objetivo de la integración puede ser visto como una especie de condensación de las prácticas menores y tradicionales de la cooperación, dentro de la sociedad internacional. La integración se ha convertido para muchos países de esta parte del mundo en la quintaesencia de las relaciones internacionales contemporáneas, aunque es penoso constatar que el entusiasmo y el impulso que normalmente ha acompañado el despegue de nuevos procesos —como ha ocurrido con la Unasur—, no se mantienen en el tiempo, causando prácticamente el fracaso de los mismos.

Paralelo a esta realidad se tiene que decir que el derecho internacional como disciplina jurídica especializada también ha evolucionado, pues en sus inicios sirvió para ordenar las declaraciones de guerra entre países, luego fue útil para sellar la paz entre las naciones, más adelante, para regular los espacios de la cooperación y, solo en los últimos años, sirve para el propósito de crear organizaciones de integración, pero a través de una variante jurídica que se desprende de aquel, la cual en nuestro medio se ha dado en llamar «derecho de la integración» —poseedora de expresiones y contenidos con diverso alcance y complejidad, según el proceso de integración al cual sirve— y, en Europa occidental «derecho comunitario europeo», prácticamente desde el inicio de lo que hoy en día es la Unión Europea.

---

5 Los tratados fundacionales de los procesos de integración constituyen instrumentos jurídicos de carácter programático, por medio de los cuales se establecen los fines y objetivos del proceso, así como otros elementos fundamentales de carácter institucional y otros. Normalmente estos instrumentos son incompletos, por lo que requieren de un desarrollo posterior que puede darse a través de otros instrumentos de la misma naturaleza o de normas jurídicas de menor jerarquía. De esto deriva que para el estudio del derecho de la integración, en términos generales, se haya tomado siempre en cuenta un conjunto de disposiciones jurídicas primarias u originarias y otro con prescripciones secundarias o derivadas.

6 TAMAMES, Ramón. *Estructura Económica Internacional*. Madrid: Alianza, 1999.

Del conjunto de órganos de la CAN, únicamente el Consejo Andino de Ministros de Relaciones Exteriores, la Comisión y la Secretaría General poseen poder o capacidad para adoptar normas jurídicas de alcance general y obligatorio, tanto para la Comunidad, el Sistema Andino de Integración (SAI), los Estados miembros, los ciudadanos y las empresas del espacio comunitario o subregional. Los dos primeros órganos pueden adoptar Decisiones —se han adoptado alrededor de 930 Decisiones—, y el último dicta Resoluciones —se han adoptado alrededor de 2400 desde su creación—. Estos dos tipos de normas jurídicas forman el derecho secundario o derivado de la Comunidad, cuyo propósito general consiste en desarrollar los tratados fundacionales con miras en su aplicación óptima.

Al hacer una somera revisión al papel que juegan los órganos políticos de la integración andina, se encuentra que el Consejo Presidencial Andino es el principal como órgano intergubernamental tiene la potestad de dictar Directrices —no son normas jurídicas, sino determinaciones obligatorias de carácter político intergubernamental—, por medio de las cuales se definen aspectos trascendentes de la integración, los cuales obligan a los demás componentes del SAI.

También está el Consejo de Ministros de Relaciones Exteriores, órgano también intergubernamental, formado por los cancilleres de los Estados miembros, cuya misión en suma consiste en adoptar las grandes definiciones de carácter exterior de la Comunidad, en términos políticos, de representación y coordinación. En especial, cuida el cumplimiento armónico de las obligaciones derivadas del Acuerdo de Cartagena, así como del Tratado de Montevideo de 1980[7]. Importa destacar que este Consejo posee la capacidad de adoptar Decisiones, tipo normativo de derecho supranacional derivado.

La Comisión de la CAN también adopta Decisiones, tiene un presidente a la cabeza, está constituida por un representante plenipotenciario de cada uno de los Gobiernos de los Estados miembros, por lo que es fácil deducir que funciona o se desenvuelve, sobre todo, con una dinámica intergubernamental. Se ocupa preponderantemente de aspectos inherentes a la política interna del grupo en materia de comercio e inversiones, así como también de aprobar los presupuestos anuales y evaluar la ejecución presupuestal de la Secretaría General y del Tribunal de Justicia, también se encarga de definir la contribución económica de cada Estado miembro para el sostenimiento financiero de la organización.

En otro plano, como órgano ejecutivo del SAI oficia la Secretaría General, que también otorga apoyo técnico, cuando corresponde, al resto de integrantes del Sistema. Como tareas principales de la Secretaría se encuentra la de

7 *Acuerdo de Cartagena*, artículo 16. http://www.comunidadandina.org/Normativa.aspx?link=TP

cuidar —en sede administrativa— la aplicación del Acuerdo de Cartagena y el cumplimiento de las normas del ordenamiento jurídico comunitario (tratados, Decisiones y Resoluciones). Está a cargo de un secretario general. Entre otras responsabilidades, este órgano ejecutivo emite Resoluciones y edita la Gaceta Oficial del Acuerdo de Cartagena, instrumento formal e importante que, entre otras cosas, sirve para dar a conocer la entrada en vigor de la normativa comunitaria, abonando así a la transparencia y gobernanza del proceso. En este órgano, debido a sus atribuciones o competencias, y funcionamiento, es percibible más notoriamente la cualidad supranacional, antes que intergubernamental.

Parte de la vocación democrática y de *completitud* de la CAN —tal cual sucede en forma más evidente con el Estado contemporáneo—, por los poderes que le corresponden, se corrobora con la existencia de un órgano jurisdiccional permanente como es el Tribunal de Justicia, creado en 1979, institución de naturaleza comunitaria o supranacional. La importancia del Tribunal radica en su elevante desempeño, cuestión esta última patentizada a través de sus competencias, como son la interpretación general y uniforme del ordenamiento jurídico andino, la posibilidad de velar por el cumplimiento de las obligaciones derivadas del derecho de la comunidad, la aplicación de sanciones por los incumplimientos y el control de la legalidad de las normas secundarias, de tal forma que no contravengan los tratados fundacionales. En concreto, las competencias del Tribunal de la CAN, son: interpretación prejudicial, acción de nulidad, acción de incumplimiento, recurso por omisión o inactividad, función arbitral y jurisdicción laboral. Este Tribunal emana sentencias o fallos de cumplimiento obligatorio, pues no necesitan *exequatur* para ser ejecutadas en los Estados miembros. Su funcionamiento está regulado, sobre todo, por el tratado de creación, pero también son importantes el Estatuto y el Reglamento Interno. Ningún otro proceso de integración en América Latina cuenta con un órgano permanente de administración de justicia similar al de la Comunidad Andina. Los fallos que hasta ahora ha adoptado el Tribunal han versado sobre distintos tópicos de la integración, pero fundamentalmente sobre materias de cuño económico: propiedad intelectual, propiedad industrial, derechos de autor, aduanas, comercio, telecomunicaciones, competencia, armonización de impuestos indirectos como el impuesto sobre el valor agregado y a los consumos especiales, doble tributación[8], suntuarios o específicos.

Acerca de la solución de controversias en la CAN, a diferencia de los mecanismos típicos y básicos que contemplaba la Asociación Latinoamericana de Libre Comercio (ALALC) (consultas diplomáticas y negociaciones directas), el Acuerdo de Cartagena dispone lo siguiente: «La solución de controversias que surjan con motivo de la aplicación del ordenamiento jurídico de la Comu-

8 Montaño Galarza, César. *Manual de Derecho Tributario Internacional*. Quito: Universidad Andina Simón Bolívar Sede Ecuador y CEN, 2004. p. 332 y ss.

nidad Andina se sujetará a las normas del Tratado que crea el Tribunal de Justicia»[9], órgano jurisdiccional permanente que coadyuva para la democracia, la transparencia y la gobernanza en la subregión. En cambio, en el Mercosur funciona un esquema de resolución de conflictos restringido, integrado por la Corte Permanente de Revisión de Laudos Arbitrales y el Tribunal Administrativo Laboral.

Otro órgano de la integración subregional es el Parlamento Andino. De conformidad con el Acuerdo de Cartagena, se trata de un órgano deliberante y comunitario, que representa a los pueblos de la CAN, en la actualidad está conformado por representantes elegidos por sufragio universal y directo en los Estados miembros. Si bien el Parlamento ejecuta algunas responsabilidades en el proceso, como examinar su marcha o promover las relaciones de cooperación y coordinación con los parlamentos de los Estados miembros, carece de la competencia para adoptar normas jurídicas —es más, sus actos (recomendaciones, sugerencias, declaraciones, entre otros similares) no generan obligatoriedad o vinculación[10]—, participa mínima y residualmente en la generación de normativa, a través de sugerencias dirigidas a los órganos dotados de la competencia para emanar disposiciones jurídicas, que como indiqué son: la Comisión, el Consejo Andino de Ministros de Relaciones Exteriores y la Secretaría General. Es decir, el ordenamiento jurídico andino derivado —Decisiones y Resoluciones—, no es producido por órganos dotados de estructura, al menos parcialmente parlamentaria, sino por órganos preponderantemente intergubernamentales, lo que pone en cuestión la legitimidad democrática con la cual debe cumplir cualquier ordenamiento jurídico capaz de afectar a los ciudadanos[11].

Mediante la Decisión 792, de 19 de septiembre de 2013, del Consejo Andino de Ministros de Relaciones Exteriores, sobre la implementación de la reingeniería del Sistema Andino de Integración, se dispone —artículo 2—, entre otras cosas, encargar al Grupo de Alto Nivel —creado con la misma Decisión—: «Iniciar el proceso de preparación de un Protocolo que facilite la salida del Parlamento Andino del Sistema Andino de Integración, el mismo que una vez suscrito sería sometido a la aprobación de los Poderes Legislativos de los países miembros». Debido a las limitadas competencias que posee

9 *Acuerdo de Cartagena*, *op. cit.*, artículo 47.

10 Auto dentro del Proceso No. 01-AN-2016, Acción de Nulidad interpuesta por la Universidad Andina Simón Bolívar Sede Ecuador, contra las resoluciones números 02 de 24 de noviembre de 2015 y 03 de 15 de diciembre de 2015, adoptadas por el Parlamento Andino.

11 MONTAÑO GALARZA, César. *Problemas constitucionales de la integración*. México: Editorial Porrúa, Universidad Anáhuac, Red Internacional de Juristas para la Integración Americana, Universidad Andina Simón Bolívar Sede Ecuador, 2013. VICIANO PASTOR, *Roberto*. «Problemas de legitimidad constitucional de las integraciones supranacionales». En: *Cuadernos Constitucionales de la Cátedra Fadrique Furió Ceriol*, no. 67/68, 2011.

esta institución, unido al desempeño ineficaz, resulta irrelevante en términos de profundización de la democracia y de construcción de gobernanza.

Actualmente, luego de haber superado la pandemia, la CAN desarrolla una agenda diversa repartida entre objetivos de índole política, económica y también social. Entre ellos destaco algunas iniciativas: se impulsan múltiples esfuerzos y avances dirigidos a la consolidación y fortalecimiento del mercado subregional andino —por ahora existe un área de libre comercio que permite un nivel de intercambio y negocios nada despreciable para los países miembros—; también hay logros en materia de libre movilidad humana y libertad de establecimiento en la perspectiva de crear las condiciones básicas de la ciudadanía andina; hay así mismo, un trabajo sostenido en el ámbito ambiental; se ha adoptado hace poco el marco jurídico de marca país; se han hecho avances significativos en interconexión eléctrica a través de la creación del mercado andino eléctrico regional; se logró la aplicación del sistema de *roaming* gratuito en el área andina; se impulsa el proyecto «Caminos Andinos» en materia de turismo. Cabe destacar en esta línea, el trabajo en materia de seguridad a instancia del Ecuador, lo que ha permitido adoptar la Decisión 922, sobre «Acciones conjuntas urgentes para la lucha contra la delincuencia organizada transnacional»[12], con 28 medidas en 13 diferentes áreas, lo cual permitirá impulsar una red de seguridad contra el crimen organizado, narcotráfico, trata de personas, tráfico de armas y minería ilegal, incluye un plan de acción con trabajo 24/7 sustentado en efectivo intercambio de información y cooperación judicial.

9.4. El derecho de la integración en el caso del proceso de integración andino

Como sucede con todo proceso de integración, la CAN cuenta con un ordenamiento jurídico específico y propio; este conjunto de normas sirve para que la organización supranacional, la estructura institucional que le es connatural y los Estados miembros ejecuten las acciones requeridas o se abstengan de ciertas actuaciones, con el propósito de cumplir los objetivos del proceso integrador, por medio de prescripciones jurídicas generales y particulares. Este ordenamiento también obliga a empresas y a personas naturales cuyo desenvolvimiento ocurre en el marco geográfico subregional. Por cierto, es incontrovertible que el régimen jurídico de la CAN es más evolucionado que los ordenamientos jurídicos de los otros procesos de integración de América Latina, por lo que a todas luces puede coadyuvar en mayor medida con la democracia, la transparencia y la gobernanza en la subregión.

12 Adoptada en la Vigésima Cuarta Reunión Extraordinaria del Consejo Andino de Ministros de Relaciones Exteriores de la Comunidad Andina, 21 de enero de 2024.

Tanto los ambiciosos fines, como los objetivos de corte económico y social del proceso están especificados en el tratado fundacional de la Comunidad (en el Acuerdo de Integración Subregional Andino, más conocido, como Acuerdo de Cartagena) de la siguiente forma:

> Art. 1.- El presente Acuerdo tiene por objetivos promover el desarrollo equilibrado y armónico de los Países miembros en condiciones de equidad, mediante la integración y la cooperación económica y social; acelerar su crecimiento y la generación de ocupación; facilitar su participación en el proceso de integración regional, con miras a la formación gradual de un mercado común latinoamericano.

Asimismo, son objetivos del Acuerdo propender a disminuir la vulnerabilidad externa y mejorar la posición de los Países miembros en el contexto económico internacional, fortalecer la solidaridad subregional y reducir las diferencias de desarrollo existentes en los Países miembros. Estos objetivos tienen la finalidad de procurar un mejoramiento persistente en el nivel de vida de los habitantes de la subregión.

Este instrumento internacional es la norma jurídica base y programática de la integración subregional andina, sin embargo, llama la atención que la misma no contempla cláusula alguna que sirva para determinar la manera como está conformado el ordenamiento jurídico de esta organización supranacional, ni sobre las relaciones entre los diversos tipos normativos que lo conforman. Es otro instrumento fundacional posterior, el Tratado de Creación del Tribunal de Justicia de la CAN, quien provee elementos relacionados con el sistema de fuentes propio del derecho andino. El artículo 1 de este Tratado señala que el ordenamiento jurídico de la Comunidad comprende: el Acuerdo de Cartagena, sus Protocolos e Instrumentos adicionales; el propio Tratado del Tribunal y sus Protocolos Modificatorios; las Decisiones del Consejo Andino de Ministros de Relaciones Exteriores y la Comisión de la Comunidad Andina; las Resoluciones de la Secretaría General de la Comunidad Andina; los Convenios de Complementación Industrial y otros que adopten los Países miembros entre sí y en el marco de proceso de la integración subregional andina. Se trata del sistema jurídico de la integración más completo y complejo en América Latina, nutrido visiblemente del ADN de los ordenamientos jurídicos estatales, por sus características y contenidos esenciales, como se podrá deducir de los comentarios y precisiones que siguen.

En primer lugar, el señalamiento de los tipos de normas andinas deja ver que unas son creadas a través de acuerdos entre los Estados miembros (los tratados y los convenios), mientras que otras son adoptadas o producidas por medio de la actuación de órganos del Sistema Andino de Integración, dotados con tales competencias y atribuciones, por ejemplo, para adoptar Decisiones y Resoluciones. En segundo lugar, la organización de los tipos de normas referidas implica un orden jerárquico entre ellas, así los tratados conforman el derecho comunitario fundacional, originario o primario; mientras que las demás —las Decisiones y las Resoluciones—, representan el derecho comunitario derivado o secundario. Como tercera cuestión, no se ha tomado en cuenta dentro del conjunto de normas andinas, al Tratado de Creación del Parlamento Andino. En cuarto término, todo el derecho derivado está sometido al derecho originario, de tal forma que se garantiza una estratificación o jerarquización entre los diferentes tipos normativos. La quinta cuestión radica en que esta disposición de las fuentes no toma en cuenta que la Comunidad puede negociar y, en consecuencia, suscribir tratados u otros instrumentos internacionales con el resto de los sujetos de derecho internacional —por ejemplo, en el caso de la firma de un acuerdo de asociación entre la CAN y la UE—, evento que daría lugar a la creación de normas jurídicas nuevas que necesariamente se enmarcarían dentro del ordenamiento supranacional, bajo el amparo de los tratados fundacionales.

Sobre este último caso debe considerarse que los tratados primigenios son una especie de norma constitucional del proceso, por lo cual domina sobre las demás normas jurídicas, tal como sucede en los Estados nacionales respecto a la relación entre la Constitución y los tratados y convenios internacionales en general, visto que aquellos que se ocupan de los derechos humanos suelen tener una consideración especial, tal cual ocurre, por ejemplo, en Bolivia, según el artículo 410 de la Constitución, disposición que considera a los tratados y convenios de derechos humanos como parte del bloque de constitucionalidad; una conclusión similar puede plantearse al amparo del artículo 424 de la Constitución del Ecuador.

Respecto a la vigencia del ordenamiento jurídico andino derivado, las Decisiones obligan a los Estados miembros desde la fecha en que son aprobadas por el Consejo Andino de Ministros de Relaciones Exteriores o, en su caso, por la Comisión de la CAN[13]; sin embargo, en esta situación, dichas regulaciones rigen solo con carácter de obligación o compromiso político internacional, más no jurídico, ya que, como explico enseguida, la vigencia jurídica y la aplicabilidad de las normas se concretan de manera distinta. Veamos, de conformidad con el artículo 3 del TCTJ, la obligación de carácter jurídico surge una vez que las Decisiones y las Resoluciones son directamente aplicables en los Estados miembros, evento que, según el tratado instituyente de la corte comunitaria, se da solo desde su publicación en la Gaceta Oficial del Acuerdo de Cartagena, salvo que las mismas fijen una fecha posterior. Puede suceder también que se necesite la *transposición* de la normativa andina: «cuando su texto así lo disponga, las Decisiones requerirán de incorporación al derecho interno, mediante acto expreso en el cual se indicará la fecha de su entrada en vigor en cada País Miembro». Es decir, tanto las Decisiones como las Resoluciones entran en vigor a partir de lo que determine su propio texto o, en su defecto, desde que se publican en la Gaceta Oficial. Esta realidad sobre la vigencia de las normas de la integración andina es exclu-

13 Tratado de Creación del Tribunal de Justicia de la Comunidad Andina, (TCTJ), artículo 2. http://www.comunidadandina.org/Normativa.aspx?link=TP

siva de este proceso, por lo que no se puede verificar en ningún otro a nivel latinoamericano.

Vale destacar aquí que el artículo 4 del TCTJ define principios centrales del derecho internacional público, rescatados para el desarrollo y consolidación del ordenamiento jurídico de la CAN como disciplina jurídica nueva y altamente especializada. La última disposición en cuestión reclama una especie de «cooperación leal» entre los Estados involucrados en la integración, según la cual están obligados a adoptar las medidas necesarias para asegurar el cumplimiento de las normas del ordenamiento jurídico andino —obligación positiva de hacer— y que, así mismo, se comprometen a no adoptar ni emplear medida alguna que resulte contraria a dichas normas o, que obstaculice de algún modo su aplicación —obligación negativa de no hacer—. Esta disposición encarna dos principios del derecho internacional contenidos en la Convención de Viena de Derecho de los Tratados de 1969: el principio de buena fe y el principio *pacta sunt servanda*.

Las disposiciones comentadas recientemente son imprescindibles para construir una defensa sólida de la singular naturaleza del derecho comunitario andino, así como para consolidar sus postulados más caros y su identidad respecto a cualquier otro ordenamiento jurídico, sea este estatal o de otro proceso de integración. Precisamente, gran parte de la doctrina especializada —europea, andina y latinoamericana—, y jurisprudencia del tribunal comunitario andino reconoce en el derecho de la Comunidad una serie de elementos propios, y otros heredados del derecho internacional público. Me refiero enseguida especialmente a los primeros, que en forma de principios consolidan una especie *sui generis* dentro del vasto mundo jurídico.

Hablo de la primacía, la aplicabilidad directa e inmediata y el efecto directo. El primero de estos principios, *la primacía*, reclama la preeminencia —mas no la «supremacía», la cual es valor exclusivo de la Constitución estatal— del ordenamiento comunitario sobre el derecho nacional de los Estados miembros, cuando la organización supranacional, en ejercicio de sus competencias, regula alguna materia, y frente a los pactos internacionales entre los Estados miembros y entre estos y otros Estados ajenos al grupo. El segundo principio, *la aplicabilidad directa e inmediata*, significa que las normas jurídicas de la integración no requieren de ningún órgano estatal para autorizarlas o convalidarlas, claro está, salvo que la propia norma comunitaria disponga lo contrario. Y el tercero, *el efecto directo*, el cual permite a los ciudadanos y a las empresas que se desenvuelven en el territorio subregional, exigir a las administraciones y a los jueces nacionales la aplicación de las disposiciones comunitarias, cuando estas les beneficien de alguna manera.

Por medio del evolucionado derecho andino se han regulado de diversa forma sectores jurídicos y aspectos económicos, sociales y políticos relevantes del proceso de integración según los objetivos definidos por los Estados miembros, encaminados al logro de un mayor grado de profundización. Así, las normas comunitarias adoptadas son útiles para desarrollar el derecho fundacional y a la vez, para aterrizar en la práctica las políticas comunes y concertadas entre Estados. De esta manera, amén de los instrumentos normativos adoptados en el campo aduanero —tal como ya quedó referido—, muchas Decisiones han establecido regímenes comunes, por ejemplo, en materia de propiedad intelectual, y regímenes de armonización de variados sectores de los sistemas jurídicos nacionales, por ejemplo: la armonización de los aspectos sustanciales y procedimentales de los impuestos sobre el valor agregado y sobre los consumos especiales, específicos o suntuarios que rigen en el nivel estatal. Solamente en la experiencia del Mercosur podría hablarse, en algún grado, de la primacía de las normas del proceso de integración luego de que son aprobadas por los parlamentos nacionales, no así de la aplicabilidad directa e inmediata, ni del efecto directo, en especial porque las constituciones de Brasil y Uruguay impedirían tal situación.

No sería aceptable cerrar este acápite sin resaltar también que todo lo atinente al ordenamiento jurídico comunitario o supranacional andino, así como lo relacionado con su control, interpretación y aplicación, por parte de la corte de justicia comunitaria, se pone en práctica gracias a que la Comunidad Andina es una comunidad de derecho, construida sobre bases democráticas, apoyada en instituciones legítimas e inspiradas en el modelo republicano, todo lo cual prueba que el ADN estatal está presente en forma significativa en el proceso integrador, así como las tradiciones constitucionales de los estados miembros, por ejemplo, respecto a las garantías y el acatamiento de los derechos de las personas, en provecho de una aceptable gobernanza.

9.5. Situación actual y perspectivas del ordenamiento jurídico de la integración en Sudamérica

Uno de los más destacados estudiosos ecuatorianos de la integración andina fue Germánico Salgado, quien a través de su pensamiento y análisis técnico postuló que este proceso de integración debe verse como un eslabón hacia la integración sudamericana[14]. No debe abandonarse esta idea visionaria, lógica y pragmática, porque a través del fortalecimiento de los esquemas subregionales como la CAN y el Mercosur, será posible arribar con bases políticas, institucionales, económicas, jurídicas y sociales sólidas a un proceso integrador más amplio, de extensión subcontinental, sometido al

14 Véase, sobre este tema, SALGADO, Germánico. *El Grupo Andino. Eslabón hacia la integración de Sudamérica*, 2 edición. Quito: Universidad Andina Simón Bolívar Sede Ecuador y Corporación Editora Nacional, 2007; MARÍN IBÁÑEZ, Rolando. *La «Unión Sudamericana» alternativa de integración regional en el contexto de la globalización*. Quito: Universidad Andina Simón Bolívar Sede Ecuador y Corporación Editora Nacional, 2000.

derecho y construido sobre bases de democracia y transparencia, para una buena gobernanza regional.

Una de las inspiraciones más importantes para concretar la integración sudamericana consta en el Tratado de Creación de la ex Unasur (2008), instrumento que originó una nueva organización para la integración en esta parte del globo. En el preámbulo de ese instrumento internacional, entre otras cuestiones, los doce países firmantes: «ENTIENDEN que la integración suramericana debe ser alcanzada a través de un proceso innovador, que incluya todos los logros y lo avanzado por los procesos de Mercosur y la CAN, así como la experiencia de Chile, Guyana y Suriname, yendo más allá de la convergencia de los mismos»[15]. Esta postura inicial del grupo ratifica la visión de la CAN como un proceso de tránsito hacia una América del Sur integrada plenamente, empero las más importantes ejecutorias de la Unasur demostraron más bien una marcada inclinación de los Estados miembros a utilizar la organización internacional en un sentido de concertación política, antes que para arribar a una integración profunda e integral[16]. Es decir, en este sentido tanto el derecho de la integración andina, como los ordenamientos jurídicos de la Unasur y del Mercosur no han experimentado mayor evolución ni consolidación; en la práctica, en los dos últimos procesos citados los ordenamientos jurídicos carecen de atributos sustanciales del derecho comunitario al modo europeo o andino.

A más de esto, varios episodios de la política internacional de los Estados miembros de la CAN vienen mostrando fracturas respecto a la idea de fortalecer decididamente la integración subregional andina, lo que también se extiende a los demás procesos en marcha en el cono sur. Uno de ellos es la clara renuencia de varios Estados para acudir a los mecanismos institucionales de resolución de los conflictos por incumplimientos de sus obligaciones, esto aunado a la eventual falta de aplicación efectiva de las sentencias en el caso del Tribunal de Justicia de la CAN. Otro elemento consiste en la posición defensiva de los propios intereses que hacen, sobre todo, Colombia y Perú, especialmente en materia de apertura comercial, lo que provocó la salida de Venezuela en 2006, situación que también se verifica de alguna manera en los casos de Bolivia y Ecuador; mientras tanto, estos dos últimos países pugnan por la recuperación de la soberanía estatal a remolque de la adopción de sus constituciones de 2009 y 2008, respectivamente, realidad que en algunos casos los ha llevado también a adoptar una posición de fuerte defensa de los intereses y proyectos políticos de los gobiernos de turno.

---

15 Firmaron este tratado, los siguientes países: Argentina, Bolivia, Brasil, Colombia, Chile, Ecuador, Guyana, Paraguay, Perú, Surinam, Uruguay y Venezuela.

16 Al respecto, entre otros, véase a TOKATLIAN, Juan Gabriel. «¿Unasur pierde el norte?» En: *El País*, 7 de mayo de 2014 [en línea]. Disponible en http://elpais.com/elpais/2014/04/23/opinion/1398278994_215974.html

Debo agregar que los gobiernos de los Estados miembros de la CAN no han sido capaces de concretar una agenda común para la negociación de un acuerdo de asociación con la Unión Europea, como se sabe, Colombia y Perú negociaron y suscribieron de manera independiente sus propios acuerdos comerciales con la Unión, y lo hizo también Ecuador (2016), con lo cual habría que analizar la potencial afectación de estos pactos al ordenamiento jurídico andino y, en especial, respecto a las obligaciones de los Estados miembros en esta organización. Es importante recordar también que en 2012 Bolivia firmó el protocolo de adhesión al bloque del Mercosur, situación que complicaría su continuidad en la CAN, porque en 2015 se convirtió en un miembro pleno de esa agrupación.

Paradójico resulta constatar que en los últimos años la idea de la integración en Sudamérica está más presente que nunca antes, no solo en el discurso político de los gobiernos, sino en los planes nacionales de política exterior y, sobre todo, en varias constituciones, con lo cual se da mayor soporte y límites a la actuación estatal[17]. Todo esto ha dado lugar, por un lado, a la reafirmación del proyecto integrador entre países de América Latina y, por otro lado, a la creación de nuevas organizaciones de integración o, en su defecto, de dinámicas para concretarla en varias dimensiones y profundidades. Pero llama la atención que estos elementos en principio positivos para la integración no hayan generado mayor desarrollo y menos aún debate sobre la disciplina jurídica tributaria en cada uno de estos procesos[18].

Esto último ocurre en los casos siguientes: Alianza Bolivariana para los Pueblos de Nuestra América —Tratado de Comercio de los Pueblos—; Unasur y la Comunidad de Estados Caribeños y Latinoamericanos, creada en 2010; el Foro para el Progreso y Desarrollo de América del Sur (PROSUR), creado en 2019. Relacionado con esto también destaca la creación de la Alianza del Pacífico entre Chile, Colombia, México y Perú, esquema que busca acelerar el intercambio económico-comercial entre los países latinoamericanos simpatizantes de la corriente liberal por una mayor apertura de las economías, también pugna por acercarse al eje Asia-Pacífico y responder

17 MONTAÑO GALARZA, *Problemas constitucionales de la integración*, *op. cit.*, p. 168 y ss.

18 Pérez Calvo sostiene lo siguiente: «Me ha sorprendido la escasa atención técnica que prestan al fenómeno de la integración latinoamericana las Constituciones de Ecuador y de Bolivia. No la olvidan pero dedican a ella varios preceptos que sólo prevén objetivos más o menos vagos para esta integración Y [sic] no prevén habilidades al Estado para llevar a cabo la integración que supone cesión de competencias a las nuevas organizaciones internacionales que puedan ir surgiendo o que ya hayan surgido». PÉREZ CALVO, Alberto. «Características del nuevo Constitucionalismo latinoamericano». En: STORINI, Claudia y ALENZA, José Francisco (directores), *Materiales sobre neoconstitucionalismo y nuevo constitucionalismo latinoamericano*. Navarra: Aranzadi, 2012. p. 57 y 58. Véase también, MONTAÑO GALARZA, César. «Las relaciones internacionales y los tratados en la Constitución de Bolivia de 2009: una respuesta innovadora». En: VICIANO PASTOR, Roberto y STORINI, Claudia (editores), *Innovación y continuismo en el modelo constitucional boliviano de 2009*. Valencia: Tirant lo Blanch, 2016. p. 417 y ss.

frente a políticas de corte proteccionista adoptadas en algunos bloques de la región. Lo curioso es que, al parecer, en la bitácora de las relaciones exteriores de los Estados suramericanos está ausente en forma general el modelo de la integración del tipo comunitario o supranacional, más bien los países apuestan por la configuración de procesos de menor alcance, lo que ciertamente no beneficia a la consolidación de la CAN, ni del derecho comunitario en Sudamérica.

Esta reseña apretada de lo que sucede provee pistas para entender que, al igual que ocurre con otros procesos, la situación actual de la CAN es compleja y que está marcada fuertemente por avatares de la política internacional de los Estados miembros. Este proceso integracionista previsiblemente se debatiría, en principio, entre tres escenarios: el primero, consistente en mantener lo alcanzado, lo cual básicamente se resume en la existencia de una estructura institucional importante que funciona con elementos intergubernamentales y supranacionales; la presencia de un ordenamiento jurídico único en América Latina, avanzado y propio del carácter supranacional, a diferencia de los ordenamientos jurídicos menos avanzados que sirven a los demás procesos de integración del continente; el singular nivel de crecimiento del comercio intrarregional entre los Estados miembros, pero bajo un esquema de liberalización y armonización importante del arancel externo y el fortalecimiento de algunos de los órganos e instituciones del SAI. El segundo escenario, menos posible por las circunstancias ya señaladas, consiste en la profundización del proceso hacia el mercado común y etapas más complejas y, el tercero, confluir hacia un proceso más ambicioso e integral en la Unasur, que por ahora es inviable. Decía en principio, porque creo que también es posible ensayar un cuarto escenario, consistente en inducir un alto o, al menos, un retroceso a la integración andina, situación que como contrapartida tendría una realidad caracterizada por la apuesta decidida por la dinámica multilateral y bilateral, cuyo resultado sería un número creciente de acuerdos de comercio. En el caso del Ecuador al menos, en los últimos años ha redoblado esfuerzos para negociar y suscribir nuevos tratados y acuerdos comerciales, lo que ha sucedido con la Unión Europea, la Asociación Europea de Libre Comercio (EFTA), Reino Unido de Gran Bretaña e Irlanda del Norte, Chile, El Salvador, Nicaragua, Corea del Sur, China, Costa Rica.

Resumiendo, lo que suceda próximamente con los procesos de integración en América Latina dependerá de múltiples elementos de variada índole (política, económica, social). Antes de dar un nuevo paso en la senda de la integración, estos elementos deben ser evaluados con detenimiento, en conjunto y seriamente, por los gobiernos, ya que el afán integracionista entre nuestros pueblos permanece vigorosamente, por lo que debe llevarnos a alcanzar mayores logros, antes que a desandar el difícil y largo camino recorrido —en 2024 la integración andina ha cumplido 55 años de evolución—. En esta ardua tarea no será dable dejar de considerar la injerencia de la China en nuestras economías, la posición nacionalista de los Estados Unidos, de Norteamérica, la guerra de Rusia contra Ucrania, el conflicto sangriento entre Israel y Palestina, el rol del Brasil y de algunas economías emergentes, las nuevas relaciones Sur-Sur y Norte-Sur, y aspectos contemporáneos de la geopolítica mundial como las graves situaciones derivadas del cambio climático, las migraciones descontroladas, la narcodelincuencia transnacional y la evasión y el fraude fiscal a nivel planetario.

Mención aparte merece la tendencia de gobierno denominada Socialismo del Siglo XXI, que aterrizó hace unos años en Argentina, Bolivia, Ecuador y Venezuela, con gobiernos auto denominados progresistas, la cual está en rápida decadencia debido a su manejo clientelar, al despilfarro y a cotas elevadas de corrupción en el manejo de los fondos públicos, así como a sus postulados contradictorios por una integración profunda, pero también en pro de la recuperación de la soberanía, todo lo cual ha abonado para que tal orientación política fracase estruendosamente en estas geografías.

La situación explicada en este acápite, sobre los procesos de integración en Sudamérica permite conjeturar que, al no existir una apuesta vigorosa y seria por la integración profunda, seguramente el derecho de la integración económica será el preferido, por encima del ordenamiento jurídico en la versión inherente a la integración comunitaria o supranacional andina y europea. La opción favorita en esta parte del mundo parece ser la de la integración puramente económica-comercial, puesto que permite a los Estados también desenvolverse en la arena multilateral, sin complejas ataduras especialmente de índole jurídica.

9.6. Comentarios finales

Del conjunto de procesos de integración existentes en Sudamérica, la CAN es sin lugar a duda el proceso más avanzado y completo, no solamente porque cuenta con la estructura institucional y ordenamiento jurídico avanzado —comunitario o supranacional—, sino porque sus emprendimientos y concreciones copan variados ámbitos que superan con creces lo estrictamente económico comercial. En esta línea, esta organización de integración ha traído múltiples beneficios a sus integrantes, que en contados casos han sido bien comprendidos y asimilados. Tal vez por esta razón es que los gobiernos de turno no han privilegiado decididamente el fortalecimiento de la integración andina, por lo que cabe pensar que no la han comprendido en toda su dimensión y bondades, de allí que son precisamente los gobernantes, y buena parte el empresariado, quienes resultan ser los responsables principales de los avances y retrocesos experimentados en este ámbito.

Frente a esta realidad inobjetable, debe mantenerse la esperanza de que los Estados miembros de la CAN retomen urgentemente las acciones necesarias para fortalecer el proceso, de tal forma que se logre su profundización y se alcance el enfoque hacia un esquema más eficiente de integración supranacional en América del Sur. Todo esto para optimizar el rol de nuestros países de cara a los retos del siglo XXI con la presencia de bloques regionales poderosos. Para ello, debe optimizarse y sincronizarse las políticas exteriores de los Estados miembros y respetar los compromisos adquiridos, con lo cual se podrá experimentar una mayor consolidación del derecho de la integración en la modalidad comunitaria o supranacional, lo que a su vez aportará en el fortalecimiento de la democracia, la transparencia y la gobernanza subregional.

Si los gobiernos no reaccionan con decisión, ni asumen cabalmente su responsabilidad, tanto en el diseño como en la ejecución de las políticas exteriores en lo concerniente a la integración, condenarán a nuestros pueblos a vivir en una situación de permanente zozobra y aislamiento internacional, con pérdida de presencia en el mercado mundial y graves afectaciones a las cuentas nacionales, lo que redundará negativamente en los roles que el Estado constitucional contemporáneo está obligado a cumplir en el ánimo de servir a los ciudadanos. De esta manera también habremos perdido la oportunidad de ganar como ciudadanos beneficiarios de una pujante comunidad de Derecho, con lo es la CAN.

Los problemas que preocupan al mundo en el siglo XXI sobrepasan largamente la capacidad de respuesta que el Estado nacional, individualmente considerado, pueda ofrecer; de esta realidad deduzco que el camino de la integración es obligatorio para nuestros países. Jugar solo o individualmente en la arena internacional no favorecerá a un mejor posicionamiento ni a la mejora de las condiciones de vida de los pueblos, en lo social y económico. Para este efecto, el ordenamiento jurídico de la integración juega un rol preponderante, por lo que también debe ser fortalecido a través de su estudio, difusión, aplicación y cumplimiento irrestricto por los sujetos de la integración, de esta manera la seguridad jurídica abonará para la democracia, la transparencia y la buena gobernanza en el marco de los objetivos de los acuerdos fundacionales, los cuales no difieren en sustancia de los objetivos plasmados en las constituciones nacionales.

Tal como he venido explicando en este trabajo, todo parece indicar que en la región existe preferencia clara por procesos de integración limitados o de corto alcance, de tal forma que perturben mínimamente los poderes soberanos estatales, manteniendo prácticamente el monopolio estatal en la producción de normativa jurídica de la integración, lo que permite que los Estados puedan desarrollar, sin mayores impedimentos, estrategias de relacionamiento multilateral y bilateral acordes con sus modelos de desarrollo y políticas domésticas. Como consecuencia de esto, parecería que por ahora en la región se prefiere utilizar la modesta versión del «derecho de la integración económica» antes que la más avanzada del «derecho comunitario o supranacional».

Si bien aún falta por recorrer un largo trecho, desde mi perspectiva, la modalidad de ordenamiento jurídico de la integración del tipo comunitario o supranacional, aplicada en la Comunidad Andina, con los controles a cargo del Tribunal de Justicia, parece ser la que mejores condiciones brinda para avanzar en la construcción de un proceso de integración más democrático y transparente, con todo lo que ello puede contribuir para un funcionamiento efectivo y justo de las sociedades e instituciones involucradas —la buena gobernanza efectiva—. No olvidemos que la variante «derecho comunitario o supranacional», para su vigencia efectiva cuenta con idóneas garantías institucionales que superan a las de otras variantes menos avanzadas del derecho de la integración, no solo por los órganos e instituciones que funcionan dentro del sistema de integración, sino también por los que funcionan a nivel de cada uno de los estados miembros.

Finalmente, vale resaltar que la idea de integrar los Estados y pueblos de esta parte del mundo sigue plenamente vigente, está viva, incluso se diría que es potente, aunque muestre en los hechos señales un tanto débiles. No es difícil comprobar que en Sudamérica existen simultáneamente en desarrollo varios procesos de integración disímiles en sus concreciones y ritmos, cuando vemos que, por ejemplo, en el caso europeo se privilegió prácticamente desde el incio, en los años 50 del siglo XX, avanzar en dirección a una meta común representada por la Unión Europea actual. En este sentido, en general en América Latina continuamos tentando vías, algunas más complejas que otras, empero, aún no se ha logrado, por una parte, dejar de lado la sobreideologización política antes que el pragmatismo como política internacional en algunos procesos y, por otra parte, tampoco se ha podido sintonizar plenamente el propósito de integrarnos con los modelos de desarrollo económico y social plasmados en la Constitución de cada país.

Bibliografía

BASALDÚA, Ricardo Xavier. *Mercosur y Derecho de la Integración*, 2.ª edición. Buenos Aires: Abeledo Perrot, 2011.

CONSEJO ANDINO DE MINISTROS DE RELACIONES EXTERIORES. Decisión 792, «Implementación de la reingeniería del Sistema Andino de Integración». *Gaceta Oficial del Acuerdo de Cartagena*, número 2238, Lima, 23 de septiembre de 2013.

MARÍN IBÁÑEZ, Rolando. *La «Unión Sudamericana» alternativa de integración regional en el contexto de la globalización*. Quito: Universidad Andina Simón Bolívar Sede Ecuador y Corporación Editora Nacional, 2000.

MONTAÑO GALARZA, César. *Manual de Derecho Tributario Internacional*. Quito: Universidad Andina Simón Bolívar Sede Ecuador y CEN, 2004.

MONTAÑO GALARZA, César. *Problemas constitucionales de la integración*. México: Editorial Porrúa, Universidad Anáhuac, Red Internacional de Juristas para la Integración Americana, Universidad Andina Simón Bolívar Sede Ecuador, 2013.

MONTAÑO GALARZA, César. «Las relaciones internacionales y los tratados en la Constitución de Bolivia de 2009: una respuesta innovadora». En: VICIANO PASTOR, Roberto y STORINI, Claudia (editores). *Innovación y continuismo en el modelo constitucional boliviano de 2009*. Valencia: Tirant lo Blanch, 2016.

PAMPILLO BALIÑO, Juan Pablo. *La integración americana. Expresión de un nuevo derecho global. Reflexiones y propuestas filosóficas, históricas y jurídicas para un nuevo derecho común americano*. México: Porrúa y Escuela Libre de Derecho, 2012.

PÉREZ CALVO, Alberto. «Características del nuevo Constitucionalismo latinoamericano». En: STORINI, Claudia y ALENZA, José Francisco (directores). *Materiales sobre neoconstitucionalismo y nuevo constitucionalismo latinoamericano*. Navarra: Aranzadi, 2012.

SALGADO, Germánico. *El Grupo Andino. Eslabón hacia la integración de Sudamérica*, 2 edición. Quito: Universidad Andina Simón Bolívar Sede Ecuador y Corporación Editora Nacional, 2008.

TAMAMES, Ramón. *Estructura Económica Internacional*. Madrid: Alianza, 1999.

TOKATLIAN, Juan Gabriel. «¿Unasur pierde el norte?» En: *El País*, 7 de mayo de 2014. Disponible en http://elpais.com/elpais/2014/04/23/opinion/1398278994_215974.html

Viciano Pastor, Roberto. «Problemas de legitimidad constitucional de las integraciones supranacionales». En: *Cuadernos Constitucionales de la Cátedra Fadrique Furió Ceriol*, no. 67/68, 2011.

Zelada Castedo, Alberto. *Derecho de la integración económica regional*. Buenos Aires: INTAL, Depalma, 1989.

Normativa

- Acuerdo de Integración Subregional Andino «Acuerdo de Cartagena». https://www.cancilleria.gov.co/sites/default/files/acuerdo-cartagena-decision-563.pdf
- Constitución de la República del Ecuador, Registro Oficial 449, 20 de octubre de 2008.
- Convención de Viena sobre el Derecho de los Tratados, U. N. Doc A/CONF.39/27 (1969). Vigente desde el 27 de enero de 1980.
- Decisión 571, Gaceta Oficial del Acuerdo de Cartagena, número 1023, Lima, 15 de diciembre de 2003.
- Decisión 573, Gaceta Oficial del Acuerdo de Cartagena, número 1023, Lima, 15 de diciembre de 2003.
- Decisión 617, Gaceta Oficial del Acuerdo de Cartagena, número 1221, Lima, 25 de julio de 2005.
- Decisión 618, Gaceta Oficial del Acuerdo de Cartagena, número 1221, Lima, 25 de julio de 2005.
- Decisión 636, Gaceta Oficial del Acuerdo de Cartagena, número 1372, Lima, 21 de julio de 2006.
- Decisión 670, Gaceta Oficial del Acuerdo de Cartagena, número 1520, Lima, 16 de julio de 2007.
- Decisión 671, Gaceta Oficial del Acuerdo de Cartagena, número 1520, Lima, 16 de julio de 2007.
- Decisión 716, Gaceta Oficial del Acuerdo de Cartagena, número 1752, Lima, 9 de septiembre de 2009.
- Decisión 728, Gaceta Oficial del Acuerdo de Cartagena, número 728, Lima, 17 de diciembre de 2009.
- Decisión 778, Gaceta Oficial del Acuerdo de Cartagena, número 2113, Lima, 7 de noviembre de 2012.
- Decisión 787, Gaceta Oficial del Acuerdo de Cartagena, número 2210, Lima, 17 de junio de 2013.
- Decisión 792, Gaceta Oficial del Acuerdo de Cartagena, número 2238, Lima, 23 de septiembre de 2013.

- Decisión 812, Gaceta Oficial del Acuerdo de Cartagena, número 2793, Lima, 2 de septiembre de 2016.
- Decisión 821, Gaceta Oficial del Acuerdo de Cartagena, número 773, Lima, 26 de octubre de 2017.
- Decisión 922, adoptada en la Vigésima Cuarta Reunión Extraordinaria del Consejo Andino de Ministros de Relaciones Exteriores de la Comunidad Andina, el 21 de enero de 2024.
- Resolución 1243, Gaceta Oficial del Acuerdo de Cartagena, número 1725, Lima, 22 de junio de 2009.
- Resolución 1312, Gaceta Oficial del Acuerdo de Cartagena, número 1815, Lima, 8 de abril de 2010.
- Resolución 1442, Gaceta Oficial del Acuerdo de Cartagena, número 1996, Lima, 24 de noviembre de 2011.
- Resolución 1456, Gaceta Oficial del Acuerdo de Cartagena, número 2024, Lima, 2 de marzo de 2012.
- Resolución 1684, Gaceta Oficial del Acuerdo de Cartagena, número 2340, Lima, 28 de mayo de 2014.
- Resolución 1828, Gaceta Oficial del Acuerdo de Cartagena, número 2665, Lima, 12 de febrero de 2016.
- Resolución 1952, Gaceta Oficial del Acuerdo de Cartagena, número 3104, Lima, 9 de octubre de 2017.
- Tratado constitutivo de la Unión de Naciones Suramericanas (UNASUR), Brasilia, 23 de mayo de 2008.
- Tratado de Creación del Tribunal de Justicia de la Comunidad Andina. https://www.tribunalandino.org.ec/transparencia/normatividad/Tratado_Creaci%C3%B3n_TJCA_ANT.pdf
- Tratado de Montevideo, instituye la Ásociación Latinoamericana de Libre Comercio (ALALC), Montevideo, 18 de febrero de 1960.
- Tratado de Montevideo, instituye la Asociación Latinoamericana de Integración (ALADI), Montevideo, 12 de agosto de 1980.

CAPÍTULO X.

DEMOCRACIA E DIREITOS HUMANOS: EUROPA E MERCOSUL

Jamile Bergamaschine Mata Diz

Alana Carvalho Miranda

Summary: Regional integration has as one of its foundational principles the defense of democratic ideals. In this context, the present work aims to analyze the interdependence between democracy and human rights and their centrality in integration processes, notably in Mercosur and the European Union. Respect for human rights and the existence of aspects aimed at fully guaranteeing the Rule of Law is a central theme at national, regional, and international levels in the current global context. Therefore, the aim is to analyze democracy and human rights as structuring foundations within the European Union and Mercosur to observe how these aspects become essential in the construction of regional integration processes and to delineate their foundational premises. Thus, the main regional normative documents related to the defense and protection of human rights and the strengthening of democratic ideals in both Mercosur and the European Union were examined, drawing common points between the two integration processes and highlighting how the democratic aspect is also present in the biregional relations. In this context, the methodology, based on historical and inductive methods, was structured to analyze how democracy and human rights are established inseparably in the construction of integration between states.

Keywords: regional integration, democracy, human rights, Mercosur, European Union.

Resumo: A integração regional tem como um dos seus fundamentos basilares a defesa dos ideais democráticos. Nesse sentido, o presente trabalho pretende analisar a interdependência entre democracia e direitos humanos e a sua centralidade nos processos de integração, notadamente no Mercosul e na União Europeia. O respeito aos direitos humanos e a existência de aspectos voltados a garantia plena do Estado Democrático de Direito é tema central a nível nacional, regional e internacional no atual contexto global. Nesse sentido, pretende-se analisar a democracia e os direitos humanos enquanto fundamentos estruturantes no âmbito da União Europeia e do Mercosul para observar como esses aspectos se tornam essenciais na construção dos processos de integração regionaias e delimitar quais seus pressupostos basilares. Assim, foram examinados os principais documentos normativos regionais que se vinculam com a defesa e proteção dos direitos humanos e com o fortalecimento dos ideais democráticos tanto no Mercosul quanto na União Europeia, traçando pontos em comum entre os dois processos de integração e ressaltando como o aspecto democrático também se faz presente na relação birregional. Nesse contexto, a metodologia, a partir dos métodos histórico e indutivo foi estruturada para analisar como a democracia e os direitos humanos se estabelecem de forma indissociável na construção da integração entre Estados.

Palavras-chave: integração regional, democracia, direitos humanos, Mercosul, União Europeia.

Sumario: 10.1. Introdução. 10.2. Democracia e direitos humanos. 10.3. Democracia nos processos de integração. 10.3.1. Mercosul. 10.3.2. União Europeia. 10.4. Democracia e o acordo de associação mercosul-União Europeia. 10.5.Conclusões. Referências.

10.1. Introdução

Os processos de integração, notadamente o Mercosul e a União Europeia, são marcados por constantes movimentos que buscam conjugar interesses diversos. Assim, a busca por uma coesão social e pela defesa dos direitos humanos e da democracia tornam-se latentes e centrais nos processos de integração.

A integração regional é um processo multifacetado que tem como um de seus alicerces a promoção dos ideais democráticos. A relevância da democracia e dos direitos humanos nos processos de integração é especialmente notável ao se examinar blocos como o Mercosul e a União Europeia. Este artigo busca explorar a relação de interdependência entre democracia e direitos humanos, destacando como esses conceitos são vitais para a formação e manutenção de uma ordem democrática robusta e funcional tanto em nível regional quanto internacional.

A crescente importância do respeito aos direitos humanos e da plena garantia de um Estado Democrático de Direito tornou-se um tema crucial no cenário global atual. Em um mundo cada vez mais interligado, os processos de integração regional devem ser firmemente ancorados nesses princípios. No contexto da União Europeia e do Mercosul, a promoção da democracia e dos direitos humanos não é apenas um objetivo normativo, mas uma condição fundamental para a estabilidade e o desenvolvimento das nações participantes.

Para entender como a democracia e os direitos humanos atuam como pilares nos processos de integração regional, é essencial analisar os principais documentos normativos desses blocos. Tanto a União Europeia quanto o Mercosul possuem um conjunto de normas e tratados que enfatizam a proteção dos direitos humanos e o fortalecimento dos ideais democráticos. Este artigo delineará os pontos em comum entre esses processos de integração, evidenciando como a defesa da democracia se reflete nas relações entre os blocos e seus Estados membros. Será feita também uma breve análise da relação entre os dois blocos no contexto do Acordo de Associação entre o Mercosul e a União Europeia, destacando brevemente problemas de voltados à participação democrática presentes no acordo.

A metodologia deste estudo utiliza os métodos histórico e indutivo para examinar a interdependência entre democracia e direitos humanos na construção da integração regional. Ao analisar documentos normativos e outros instrumentos legais, será possível compreender como esses princípios são aplicados na prática e influenciam as relações entre os Estados. O objetivo é demonstrar que, tanto no Mercosul quanto na União Europeia, a proteção dos direitos humanos e a promoção dos ideais democráticos são essenciais para o sucesso e a coesão dos processos de integração regional, mas que ainda há espaço para aperfeiçoamento dos mecanismos.

10.2. Democracia e direitos humanos

O estado de direito, a democracia e os direitos humanos se tornaram valores basilares no contexto de expansão da globalização e no período pós 2.° Guerra Mundial. Nesse sentido, a própria Declaração Universal dos Direitos Humanos estabelece uma relação intrínseca e de interdependência entre esses conceitos, conforme observa-se em seu art. 21 (3) que dispõe que

> A vontade do povo é o fundamento da autoridade dos poderes públicos: e deve exprimir-se através de eleições honestas a realizar periodicamente por sufrágio universal e igual, com voto secreto ou segundo processo equivalente que salvaguarde a liberdade de voto.

Assim, tem-se um quadro em que a proteção dos direitos humanos no âmbito da integração regional implica tanto na existência de um sistema normativo e institucional que respeite os princípios democráticos e os direitos humanos no âmbito nacional quanto na criação e manutenção de mecanismos e normas comuns que reforcem os meios de proteção dos Estados e a concreta proteção dos valores basilares ao Estado Democrático de Direito[1].

Ainda, a participação dos cidadãos nos processos de integração se vincula a pretensão de *"satisfazer as lacunas democráticas que possam originar-se da tomada de decisões puramente intergovernamental"*[2].

Entretanto, a integração está sob uma atuação predominantemente estatal, o que faz com que outros atores sociais possam ser afastados das decisões principais, o que pode causar um desequilíbrio significativo entre os interesses privados de cada Estado e os interesses da sociedade. Assim, a criação de uma estrutura institucional que responda às situações emergentes desse processo exige o compromisso dos atores com a construção contínua da integração. Embora essa relação não seja direta, o alcance dos objetivos e a capacidade de gerar soluções em um espaço integrado levam a uma aproximação, ainda que indireta, dos atores dos diferentes Estados[3].

10.3. Democracia nos processos de integração

Qualquer processo de integração regional baseado no modelo de Estado Democrático de Direito tem na democracia um dos seus pilares fundamentais, sendo a democracia essencial para a participação e a concretização da integração. O Estado de Direito, como garantia de um sistema jurídico eficaz e universal, levanta várias questões importantes. Apenas a existência de um sistema jurídico não assegura o acesso dos cidadãos a uma verdadeira democracia.

Esta democracia deve ser entendida como resultado da colaboração contínua entre os poderes do Estado e os cidadãos, e não apenas como um conjunto de normas formais. Assim, o Estado Democrático de Direito deve não só assegurar um corpo jurídico, mas também proteger os direitos dos cidadãos e do Estado.

A União Europeia tem a democracia, a defesa dos direitos humanos enquanto valores basilares do seu sistema normativo, sobretudo tendo em vista

---

1 Diz, J. B. M. ; Mantovani, R. O. «regime democrático na América do Sul: o caso do Mercosul». In: Fernanda Duarte Lopes; Samyra Haideé dal Farra; Maria Luiz P. de Alencar. (Org.). *O novo constitucionalismo latinoamericano: desafios da sustentabilidade*. 1ed.Florianopolis: FUNJAB, 2012, v. 1, p. 439-468.

2 Diz, J. B. M. ; Mantovani, R. «O regime democrático na América do Sul: o caso do Mercosul». In: Fernanda Duarte Lopes; Samyra Haideé dal Farra; Maria Luiz P. de Alencar. (Org.). *O novo constitucionalismo latinoamericano: desafios da sustentabilidade*. 1ed.Florianopolis: FUNJAB, 2012, v. 1, p. 439-468.

3 Mata Diz, Jamile Bergamaschine; Lemos Júnior, Eloy Pereira. «A participação cidadã nos processos de integração regional: pela efetiva construção de espaços democráticos nas relações interestatais». Rev. *direitos fundam*. democ., v. 20, n. 20, p. 92-116, jul./dez. 2016.

o art. 2.º do TFUE. O Mercosul, desde sua criação, se baseou na supremacia do direito, estabelecendo um conjunto de normas com o objetivo principal de garantir os direitos pelos próprios Estados membros[4].

10.3.1. Mercosul

No âmbito do Mercosul o Estado de Direito é também um elemento basilar e indissociável da democracia e, consequentemente, dos direitos humanos. Nesse sentido, o Estado de Direito é consagrado explicitamente em seus textos fundacionais como no Tratado de Assunção, no Protocolo de Ouro Preto e no Protocolo de Ushuaia.

A caracterização da integração dos Estados por meio de uma associação regional e, como resultado, como uma ordem baseada em um Estado Democrático de Direito, envolve várias obrigações que todos os membros do processo de integração devem respeitar[5]. Nesse contexto, considerando o aspecto democrático, tem-se que a participação por meio da eleição de representantes tem papel importante, uma vez que se atrela à garantia de direitos civis e políticos, possibilitando maior transparência e participação nos processos. No caso do Mercosul,

> (...) é mister promover a renovação dos partidos nacionais e de suas estratégias para responder à nova realidade política e social e para favorecer a consolidação de partidos representativos e de sistemas de partidos sólidos, plurais e estáveis, que sejam partícipes e não mero coadjuvantes do processo de integração. Até o momento, lamentavelmente, os partidos políticos têm estado praticamente fora das negociações levadas a cabo pelos Estados membros, exceção que pode ser feita para aqueles que participam no Parlamento do MERCOSUL. (***MATA DIZ***, 2007).
>
> Registra-se, todavia, que, enquanto não se consiga constituir um sistema eleitoral único, cada país deverá instituir as normas de aplicação para as eleições ao Parlamento, propiciando principalmente uma informação clara e precisa aos cidadãos, de modo a impulsionar uma continuada participação civil na construção do projeto de integração sub-regional[6].

4 Diz, J. B. M. ; Mantovani, R.. «O regime democrático na América do Sul: o caso do Mercosul». In: Fernanda Duarte Lopes; Samyra Haideé dal Farra; Maria Luiz P. de Alencar. (Org.). *O novo constitucionalismo latinoamericano: desafios da sustentabilidade*. 1ed.Florianopolis: FUNJAB, 2012, v. 1, p. 439-468.

5 Diz, J. B. M. ; Mantovani, R.. «O regime democrático na América do Sul: o caso do Mercosul». In: Fernanda Duarte Lopes; Samyra Haideé dal Farra; Maria Luiz P. de Alencar. (Org.). *O novo constitucionalismo latinoamericano: desafios da sustentabilidade*. 1ed.Florianopolis: FUNJAB, 2012, v. 1, p. 439-468.

6 Diz, J. B. M. ; Mantovani, R.. «O regime democrático na América do Sul: o caso do Mercosul». In: Fernanda Duarte Lopes; Samyra Haideé dal Farra; Maria Luiz P. de Alencar. (Org.). *O novo constitucionalismo latinoamericano: desafios da sustentabilidade*. 1ed.Florianopolis: FUNJAB, 2012, v. 1, p. 439-468.

Considerando a necessidade de estabelecer um sistema normativo que proteja direitos humanos, em junho de 2005 foi adotado no Mercosul o Protocolo de Assunção sobre Compromisso com a Promoção e Proteção dos Direitos Humanos do Mercosul[7]. O Protocolo destaca a necessidade de promover a proteção dos direitos humanos, observando os princípios contidos em diversos instrumentos regionais como a Convenção Americana sobre Direitos Humanos, enfatizando a interdependência entre democracia, desenvolvimento e respeito aos direitos humanos. Além disso, estabelece que o respeito aos direitos humanos e às liberdades fundamentais são essenciais para a democracia e devem ser considerados centrais em qualquer processo de integração interestatal[8].

Importa destacar também o papel do Protocolo de Ushuaia, de 24 de julho de 1998, que define a democracia como um requisito fundamental para a integração regional. O Protocolo afirma que a manutenção das instituições democráticas é crucial para a existência e crescimento do Mercosul e estabelece que caso ocorra a quebra da ordem democrática em um dos países membros, medidas podem ser tomadas contra esse Estado.

Ainda, em 2012, foi estabelecido o Protocolo de Montevidéu sobre compromisso com a democracia no Mercosul, também chamado de Ushuaia II. Esse protocolo estabelece as medidas que devem ser tomadas pelos Estados signatários em caso de ruptura da ordem democrática em um dos Estados-membros, estabelecendo os mecanismos de consulta entre os países e permitindo sanções mais contundentes nos casos de ruptura ou ameaça de ruptura do princípio democrático. Trata-se de um protocolo que visa à manutenção e consolidação do regime democrático entre os países do bloco, entretanto, não esgota os problemas que podem surgir de uma ruptura da ordem democrática ou da violação do sistema constitucional nacional, devido ao seu caráter amplo e à abertura excessiva das suas disposições[9].

---

7 MERCOSUL. *Protocolo de Assunção sobre Compromisso com a Promoção e Proteção dos Direitos Humanos. Assunção*, 2005. Disponível em: https://www.mercosur.int/documento/protocolo-de-assuncao-sobre-compromisso-com-a-promocao-e-protecao-dos-direitos-humanos/. Acesso em: 10 jun. 2024.

8 Diz, J. B. M. ; Mantovani, R. «O regime democrático na América do Sul: o caso do Mercosul». In: Fernanda Duarte Lopes; Samyra Haideé dal Farra; Maria Luiz P. de Alencar. (Org.). *O novo constitucionalismo latinoamericano: desafios da sustentabilidade*. 1ed.Florianopolis: FUNJAB, 2012, v. 1, p. 439-468.

9 Diz, J. B. M. ; Mantovani, R. «O regime democrático na América do Sul: o caso do Mercosul». In: Fernanda Duarte Lopes; Samyra Haideé dal Farra; Maria Luiz P. de Alencar. (Org.). *O novo constitucionalismo latinoamericano: desafios da sustentabilidade*. 1ed.Florianopolis: FUNJAB, 2012, v. 1, p. 439-468.

10.3.2. União Europeia

O art. 2 do Tratado de Funcionamento da União Europeia (TFUE) estabelece a dignidade humana, a democracia, o Estado de Direito, a igualdade e os direitos do Homem enquanto valores basilares que ancoram o sistema normativo europeu. Os valores dispostos no referido dispositivo devem ser respeitados para que um país solicite sua entrada na União Europeia, conforme art. 49 do Tratado da União Europeia (TUE). Ainda, o art. 21 também do TFUE estabelece a democracia e a defesa e indivisibilidade dos direitos humanos enquanto princípios norteadores da política externa europeia, considerando o disposto na Carta das Nações Unidas de 1945.

Importa destacar que um mecanismo importante de defesa da democracia é o Livro Branco sobre Governança, que pretendeu, a partir de 5 princípios basilares e da proposição de iniciativas, aproximar os cidadãos das instituições europeias. Dentre os princípios estão a abertura, a participação, a responsabilização, a eficácia e a coerência, que reforçam o princípio da proporcionalidade e da subsidiariedade presentes no direito europeu. Assim,

> Dentro da questão relativa à participação cidadã, o Livro Branco propôs instrumentos e ações propícias a formar um "espaço" aberto aos cidadãos europeus e incluí-los no processo de construção europeu. Como tal, os mecanismos fixados pelo Livro Branco se baseiam na potencialização do papel da sociedade civil, adjudicando-lhes uma posição de destaque na esfera comunitária[10].

Portanto, com o Livro Branco sobre Governança, a Comissão propôs 4 grandes eixos de mudanças com relação aos aspectos democráticos: reforço da participação dos cidadãos nas políticas comunitárias; regulamentação mais rápida e melhor para garantir adesão e confiança dos cidadãos; melhora da eficácia e da legitimidade do processo global de decisão; e redefinição clara de uma estratégia política global para a UE.

Ainda, a União Europeia, desde 2015, também ancora a defesa da democracia a partir da agenda internacional dos Objetivos de Desenvolvimento Sustentável, sobretudo nos objetivos 10 e 16 que tratam da redução das desigualdades e da tomada de decisão participativa. Tem-se também no quadro geral do direito europeu atual o terceiro Plano de Ação da UE para os Direitos Humanos e a Democracia, para o período de 2020 a 2024, que tem entre seus objetivos principais a construção de sociedades resilientes, inclusivas e democráticas e a promoção de um sistema mundial para os direitos humanos e a democracia.

---

10 Mata Diz, Jamile Bergamaschine; Lemos Júnior, Eloy Pereira. «A participação cidadã nos processos de integração regional: pela efetiva construção de espaços democráticos nas relações interestatais». Rev. *direitos fundam. democ.*, v. 20, n. 20, p. 92-116, jul./dez. 2016. P. 101

Também foi lançada em 2021 a iniciativa Team Europe Democracy (TED), com o objetivo de criar uma resposta estratégica europeia coordenada em apoio à democracia, que seja efetivamente dirigida a nível mundial. A UE também dispõe de mecanismos de financiamento voltados ao apoio da democracia, como é o caso do Fundo Europeu para a Democracia; do Instrumento de Vizinhança, de Cooperação para o Desenvolvimento e de Cooperação Internacional (IVCDCI) – Europa Global; e do Instrumento de Assistência de Pré-Adesão.

Destaca-se que a União Europeia tem em seu escopo institucional um órgão em que seus representantes são eleitos mediante sufrágio direto, o Parlamento Europeu, que encontra em seus objetivos precípuos a promoção de democracias sustentáveis em todo o mundo. Esse compromisso do Parlamento Europeu torna-se claro ao analisar a Recomendação de 9 de novembro de 2023, referente ao reforço do direito à participação: legitimidade e resiliência dos processos eleitorais nos sistemas políticos não liberais e nos regimes autoritários, no qual é recomendada, dentre outras questões, a elaboração e execução de ações mais incisivas e eficazes da UE para promover e proteger o direito de participação no âmbito de uma estratégia mais ampla de apoio aos direitos humanos e à democracia.

A União Europeia também possui o mecanismo o europeu para o Estado de direito, que é um instrumento de prevenção, que visa promover o Estado de direito e impedir a emergência ou o agravamento dos problemas. Dentro desse mecanismo são feitos relatórios anuais pela Comissão Europeia que demonstram o balanço da evolução da situação dos Estados-Membros no domínio do Estado de direito. O último relatório foi feito em 2023[11] contou com recomendações individuais aos Estados-membros e teve como base 4 pilares: o bom funcionamento e a independência plena dos sistemas judiciais; as políticas nacionais de combate à corrupção; a liberdade e pluralismo dos meios de comunicação social; e as questões institucionais relacionadas com o equilíbrio de poderes.

10.4. Democracia e o acordo de associação mercosul-União Europeia

A questão democrática também encontra espaço na política externa da União Europeia. A incorporação de normas de direitos humanos e a reafir-

11 União Europeia. Comissão Europeia. COM(2023) 800. Comunicação da Comissão ao Parlamento Europeu, ao Conselho, ao Comité Económico e Social Europeu e ao Comité das Regiões: Relatório de 2023 sobre o Estado de Direito. Bruxelas, 5 jul. 2023. Disponível em: https://eur-lex.europa.eu/legal-content/PT/TXT/HTML/?uri=CELEX:52023DC0800. Acesso em: 8 jun. 2024.

mação de princípios democráticos é trabalhada frequentemente pela União Europeia em seus acordos comerciais bilaterais, nesse sentido:

> The main mechanism for incorporating human rights into the EU's bilateral agreements consists of an 'essential elements' human rights clause that enables one party to take appropriate measures in case of serious breaches by the other party. The clause, which also covers democratic principles and often the rule of law, is more than just a legal mechanism enabling the unilateral suspension of trade commitments in times of crisis. It enshrines the parties' commitments to human rights and thus puts EU relations with third countries on a solid regulatory base, opening the path to dialogue and cooperation on human rights issues[12].

Assim, tem-se um quadro em que os valores expressos no art. 2 do TFUE encontram-se presentes também na política externa da UE, incluindo a política comercial, que deve refletir seus valores fundamentais, como a democracia, os direitos humanos e o estado de direito. Nesse sentido, a UE busca garantir que as disposições sobre direitos humanos acordadas bilateralmente também se apliquem aos seus acordos comerciais, utilizando de sua influência no contexto internacional para promover o respeito por esses direitos junto com seus parceiros comerciais[13].

No que diz respeito à relação da União Europeia com os países da América Latina, Diz e Luquini[14] estabelecem uma estrutura cronológica que demonstra quais são os momentos de maior proximidade e de estagnação das relações entre as duas regiões. A partir dessa estrutura, trazemos alguns pontos destacados pelos autores sobre a construção dessa relação birregional.

O início dos anos 1990 é marcado por um movimento de intensificação da integração regional na América Latina e na Europa com o estabelecimento de novos mecanismos advindos de reformas estruturais latino-americanas, que fortaleceram as relações e a cooperação entre as regiões. Nesse contexto surgem os acordos de terceira geração, com a presença de cláusula democrática, cláusula evolutiva e maior diversificação dos instrumentos de cooperação. Em 1994 os acordos de quarta geração são assinados, se pautando fortemente na ideia de associação política e econômica.

---

12 União Europeia. Human rights in EU trade agreements: The human rights clause and its application. Disponível em: https://www.europarl.europa.eu/RegData/etudes/BRIE/2019/637975/EPRS_BRI(2019)637975_EN.pdf. Acesso em: 18 jun. 2024.

13 União Europeia. Human rights in EU trade agreements: The human rights clause and its application. Disponível em: https://www.europarl.europa.eu/RegData/etudes/BRIE/2019/637975/EPRS_BRI(2019)637975_EN.pdf. Acesso em: 18 jun. 2024.

14 Diz, Jamile Bergamaschine Mata; Luquini, Roberto de Almeida. «As relações exteriores do MERCOSUL: análise das negociações com a União Europeia». In: *Univ. Rel. Int, Brasília*. v.9. n. 1, p. 103-130, jan/jun. 2011

Diz e Luquini[15] demonstram, ainda, que a partir de 1999, com a realização de Cúpulas birregionais, se tornam nítidos os momentos de estagnação e avanço nas relações euro-latino-americanas. De maneira paralela, a partir de 1995 têm início os esforços para negociação e assinatura de um acordo de cooperação entre União Europeia e Mercosul, acordo que também é marcado por encontros e desencontros, que só trazem um resultado concreto em 28 de junho de 2019 com a assinatura do Acordo de Associação Mercosul-União Europeia em Bruxelas, na Bélgica.

Destaca-se que existem impasses relevantes no que diz respeito ao acordo, como por exemplo a dificuldade no que tange o cumprimento de normas ambientais, junto ao diálogo deteriorado e a dificuldade de ambas as partes em traçar objetivos comuns ao longo dos últimos 20 anos[16]. Partindo dessa estrutura geral e da diferença estrutural da economia dos blocos, cabe destacar que o controle democrático do acordo é uma questão importante e que gera diversos impasses, uma vez que,

> Despite the ups and downs, the negotiation process has had one constant: secrecy, opacity, and lack of democratic control. While EU parliamentarians had access to the draft texts of the agreement, civil society did not. The most recent texts that academics and civil society were able to analyse were part of several leaks by Greenpeace in December 2017 [6]. Only large trade union confederations, such as the Southern Cone Confederation of Trade Unions (CCSCS) and the European Trade Union Confederation (ETUC) have been allowed to participate at some moments of the negotiations, but always as observers. This lack of transparency and dialogue with actors from civil society has been the subject of constant criticism and complaint[17].

Assim, ao longo dos 20 anos de negociação existem poucos relatos de participação e consulta a representantes e instituições da sociedade civil, bem como de levantamentos e análises acadêmicas a respeito de determinadas temáticas, como por exemplo sobre as mudanças climáticas[18].

---

15 Diz, Jamile Bergamaschine Mata; Luquini, Roberto de Almeida. «As relações exteriores do MERCOSUL: análise das negociações com a União Europeia». In: *Univ. Rel. Int, Brasília*. v.9. n.1, p. 103-130, jan/jun. 2011.

16 Diz, Jamile Bergamaschine Mata. «The Mercosur and European Union relationship: an analysis on the incorporation of the Association Agreement in Mercosur» [2022] 6(1): 1. *Europe and the World: A law review* [19].

17 Ghiotto, Luciana; Echaide, Javier. «Analysis of the agreement between the European Union and the Mercosur. Berlin: Bündnis», v. 90, 2020-1, 2019. P. 8.

18 Ghiotto, Luciana; Echaide, Javier. «Analysis of the agreement between the European Union and the Mercosur. Berlin: Bündnis», v. 90, 2020-1, 2019.

10.5. Conclusões

A relação entre democracia e direitos humanos é intrínseca e indispensável para a construção e manutenção de processos de integração regional sólidos e eficazes, como observado nas experiências do Mercosul e da União Europeia. O presente trabalho objetivou demonstrar que tanto o Mercosul quanto a União Europeia se baseiam em princípios democráticos e no respeito aos direitos humanos como fundamentos essenciais para a sua estrutura e funcionamento.

A promoção da democracia e a proteção dos direitos humanos não são apenas objetivos normativos, mas requisitos indispensáveis para a estabilidade e desenvolvimento dos blocos regionais. No caso da União Europeia, os valores democráticos e de direitos humanos são explicitamente mencionados nos seus tratados fundacionais, como o Tratado de Funcionamento da União Europeia e o Tratado da União Europeia. Da mesma forma, o Mercosul incorporou esses princípios em documentos importantes como o Tratado de Assunção, o Protocolo de Ouro Preto e o Protocolo de Ushuaia.

Nesse sentido, resta clara a importância de mecanismos institucionais que garantam a participação democrática e a proteção dos direitos humanos. A União Europeia implementou o Livro Branco sobre Governança, que propôs princípios para aproximar os cidadãos das instituições europeias e promover a participação civil. Além disso, iniciativas como a Team Europe Democracy (TED) e o Fundo Europeu para a Democracia reforçam o compromisso da UE com a defesa da democracia a nível global.

No Mercosul, apesar de avanços significativos, ainda existem desafios para a plena participação democrática. A criação de um sistema eleitoral único e a inclusão efetiva de partidos políticos no processo de integração são áreas que necessitam de maior atenção e desenvolvimento. Documentos como o Protocolo de Assunção sobre Compromisso com a Promoção e Proteção dos Direitos Humanos do Mercosul e o Protocolo de Montevidéu sobre compromisso com a democracia demonstram o esforço do bloco para consolidar uma ordem democrática e proteger os direitos humanos.

A relação entre o Mercosul e a União Europeia também foi analisada, com destaque para o Acordo de Associação entre os blocos. Esse acordo, assinado em 2019, enfrenta desafios relacionados à transparência, controle democrático e cumprimento de normas ambientais. A crítica constante à falta de participação da sociedade civil nas negociações do acordo revela a necessidade de maior abertura e diálogo para fortalecer a legitimidade democrática do processo.

Em conclusão, a democracia e os direitos humanos são pilares fundamentais para a integração regional. A experiência da União Europeia e do Mercosul demonstra que, apesar dos desafios, é possível construir blocos regionais baseados em princípios democráticos sólidos e no respeito aos direitos humanos. A contínua evolução e aprimoramento desses processos dependem do comprometimento dos Estados membros e da inclusão efetiva da sociedade civil, garantindo que a integração regional promova não apenas o desenvolvimento econômico, mas também a coesão social e a justiça.

Referências

Diz, J. B. M; Luquini, R., «As relações exteriores do MERCOSUL: análise das negociações com a União Europeia». In: *Univ. Rel. Int, Brasília*. v. 9. n. 1, p. 103-130, jan/jun. 2011.

Diz, J. B. M.; Mantovani, R. «O regime democrático na América do Sul: o caso do Mercosul». In: Fernanda Duarte Lopes; Samyra Haideé dal Farra; Maria Luiz P. de Alencar. (Org.). *O novo constitucionalismo latinoamericano: desafios da sustentabilidade*. 1ed.Florianopolis: FUNJAB, 2012, v. 1, p. 439-468.

Diz, J. B. M; Lemos Júnior, E. P. «A participação cidadã nos processos de integração regional: pela efetiva construção de espaços democráticos nas relações interestatais». Rev. *direitos fundam. democ.*, v. 20, n. 20, p. 92-116, jul./dez. 2016. P. 101

União Europeia. *Tratado sobre o Funcionamento da União Europeia*. Disponível em: https://eur-lex.europa.eu/legal-content/PT/TXT/?uri=CELEX%3A12012E%2FTXT. Acesso em: 8 jun. 2024.

União Europeia. *Tratado da União Europeia*. Disponível em: https://eur-lex.europa.eu/legal-content/PT/TXT/?uri=CELEX%3A12012M%2FTXT. Acesso em: 8 jun. 2024.

União Europeia. Comissão Europeia. COM (2023) 800. *Comunicação da Comissão ao Parlamento Europeu, ao Conselho, ao Comité Económico e Social Europeu e ao Comité das Regiões: Relatório de 2023 sobre o Estado de Direito*. Bruxelas, 5 jul. 2023. Disponível em: https://eur-lex.europa.eu/legal-content/PT/TXT/HTML/?uri=CELEX:52023DC0800. Acesso em: 8 jun. 2024.

União Europeia. *Human rights in EU trade agreements The human rights clause and its application*. Disponível em: https://www.europarl.europa.eu/RegData/etudes/BRIE/2019/637975/EPRS_BRI(2019)637975_EN.pdf. Acesso em: 18 jun. 2024.

Made in United States
Cleveland, OH
05 November 2026

47659896R00136